POCHES ODILE JACOB

DU MÊME AUTEUR
aux éditions Odile Jacob

Éric Albert (avec L. Chneiweiss), *L'Anxiété,* 1989.
Éric Albert, *Comment devenir un bon stressé,* 1994.
Alain Braconnier, *Le Sexe des émotions,* 1996,
« Poches Odile Jacob », 2000.
Alain Braconnier, Daniel Marcelli, *L'Adolescence au mille visages,* nouvelle édition, 1998.
Alain Braconnier, *Le Guide de l'adolescent. De 10 ans à 25 ans,* 1999.

ÉRIC ALBERT
ALAIN BRACONNIER

TOUT EST DANS LA TÊTE

ÉMOTION, STRESS, ACTION

POCHES
ODILE JACOB

15, rue Soufflot
75005 Paris

www.odilejacob.fr

ISBN : 2-7381-0974-8
ISSN : 1621-0654

Introduction

« Lorsque Gregor Samsa s'éveilla un matin au sortir de rêves agités, il se retrouva dans son lit changé en un énorme cancrelat. Il était couché sur son dos, dur comme une carapace et, lorsqu'il levait un peu la tête, il découvrait un ventre brun, bombé, partagé par des indurations en forme d'arc, sur lequel la couverture avait de la peine à tenir et semblait à tout moment près de glisser. Ses nombreuses pattes, pitoyablement minces quand on les comparait à l'ensemble de sa taille, papillotaient devant ses yeux.

« " Que m'est-il arrivé ? " pensa-t-il. Ce n'était pas un rêve. Sa chambre, une chambre humaine ordinaire, tout au plus un peu exiguë, était toujours là entre les quatre cloisons qu'il connaissait bien. »

Il y a fort à parier, surtout si vous lisez ce livre, que vous n'avez encore jamais connu pareil réveil. D'ailleurs, vous auriez sans doute pris les choses avec moins de détachement que Gregor Samsa, l'étrange homme-cancrelat inventé par Franz Kafka dans *La Métamorphose* [1].

La plupart du temps, heureusement, lorsque vient le matin, vous vous levez, vous prenez votre petit déjeuner, vous vous habillez et partez à votre travail. Devant votre bol de café, vous vous remémorez les événements de la veille : vous avez rencontré plusieurs personnes qui vous ont plu, vous avez oublié une formalité urgente, vous n'avez pas rappelé un client mécontent, vous êtes allé au cinéma voir un bon film. Bien évidemment, tous ces souvenirs qui reviennent ne changent rien à la manière dont vous versez votre café, au nombre de tartines que vous vous proposez de manger, à la confiture que vous avez choisie ce matin... Quelques instants plus tard, lorsque vous sortez de la salle de bains, vous apercevez le givre sur les arbres. Il fait froid, il faut mettre un manteau, une écharpe. Cette fois, votre comportement se trouve affecté par vos représentations, par « ce que vous vous dites ».

Toute la journée, une foule de pensées, de souvenirs, de projets vous viennent. Certains sont sans conséquence sur vos actes, d'autres vous inclinent à vous comporter de telle ou telle manière. Ainsi, votre existence quotidienne entrelace-t-elle ce que vous vous dites et ce que vous faites. L'un et l'autre peuvent sembler indépendants : on peut penser sans agir et agir sans penser. Mais on peut aussi agir en fonction

---

1. F. Kafka, *La Métamorphose et autres récits*, Paris, Gallimard, 1990, coll. « Folio » (trad. et éd. de Cl. David).

de ce que l'on est en train de penser ou de ce que l'on vient de penser. La plupart du temps, c'est même préférable.

Mais vous ne vous contentez pas de penser et d'agir. Certains matins, dès le réveil, vous êtes de mauvaise humeur. Vous avez mal dormi et vous appréhendez la matinée qui commence. D'autres fois, la journée s'annonce délicieuse. Pourtant, le soir, vous rentrez chez vous l'air sombre. Entre temps, votre humeur n'a cessé de changer, d'osciller. Vous éprouvez ainsi toute une gamme d'émotions qui viennent se mêler à vos pensées et à vos actions pour constituer le flux continu de votre existence.

Et pourtant, ce n'est pas si simple... La difficulté commence dès lors que vous vous demandez qui vous êtes et comment tout cela fonctionne. La connaissance de soi est une gageure. Vous savez bien que ce n'est pas en décrivant vos sensations, vos sentiments, vos représentations et en vous efforçant d'expliquer vous-même votre comportement que vous parviendrez au fameux « Connais-toi toi-même ». L'introspection a ses limites. Montaigne n'a eu de cesse d'allonger et de réécrire les *Essais*, jusqu'à sa mort...

Pourtant, des dizaines, des centaines, des milliers de chercheurs passent leur temps à se pencher sur votre sort pour expliquer les raisons de votre comportement à travers leur prisme préféré : sociologues, linguistes, politologues, neurobiologistes, ethnologues étudient ainsi vos modes d'être, vos manies et vos travers, vos tendances, pour donner une description objective de ce que vous êtes. Les uns privilégient les facteurs économiques, les autres le milieu social, les uns telle structure, les autres telle autre. Force est de constater que ces différentes tentatives d'explication sont éloignées de la manière dont, au jour le jour, il vous apparaît que vous vivez.

Et pourtant l'enjeu est loin d'être négligeable. Il n'est pas un domaine qui ne bute sur les mystères du psychisme humain. C'est vrai en politique, en économie, aussi bien pour ce qui est des conduites d'achat des consommateurs que de la bourse. C'est vrai aussi au sein des entreprises pour ce qui est de la gestion des hommes. C'est vrai en sport, où les limites des performances sont bien souvent plus dans la tête que dans les jambes.

« Tout est dans la tête. » « C'est psychologique. » Au-delà de la banalité admise par tous, cette phrase tombe comme un constat d'impuissance. Comme si, après l'avoir prononcée, c'était le vide, comme s'il n'y avait plus rien à dire, ou plutôt comme si on ne savait plus rien dire d'autre. C'est dans la tête qu'il faut chercher le comment de nos actions. La question essentielle est alors celle de l'efficacité. Qu'est-ce qui m'a rendu intelligent et efficace, et plus encore, pourquoi ai-je fait quelque chose d'inutile ou ai-je été inefficace ? Or c'est à ces interrogations que la psychologie et ceux qui l'exercent doivent donner des éléments de réponse.

Le problème des psychologues, dont nous faisons partie, est qu'ils ont trop souvent tendance à privilégier une des dimensions qui forment le tissu de votre vie quotidienne, au détriment des autres. C'est ainsi que (caricaturalement) les psychanalystes considèrent les pulsions comme le moteur de la vie mentale, que les comportementalistes privilégient l'analyse des actes dans des situations données au moyen du paradigme stimulus/réponse, tandis que les cognitivistes s'intéressent avant tout aux modalités de la pensée. En fait, ce qui transparaît dans ces théories du fonctionnement psychique, c'est chaque fois une vision déterminée du monde dans lequel évolue l'individu concret. Chaque fois, on court le risque de reconstruire la réalité en fonction du prisme à travers lequel on l'observe.

Pour véritablement comprendre notre vie quotidienne, des comportements les plus simples aux plus complexes, des plus personnels aux plus collectifs, des plus routiniers aux plus exceptionnels, il est au contraire indispensable de prendre en compte ces trois dimensions fondamentales que sont le penser, le faire, le ressentir. Seule l'étude de leurs articulations nous permettra d'éviter les pièges dans lesquels toutes les théories psychologiques risquent de tomber : d'un côté le réductionnisme, qui produit des modèles trop rudimentaires, de l'autre la complexité, qui nous donne une image de notre vie quotidienne aussi éloignée de nous que la mécanique quantique l'est du calcul mental.

« Ce qui est simple est faux, ce qui est compliqué est inutilisable », écrivait Paul Valéry. Entre ces deux écueils, l'effort doit donc porter vers une psychologie qui soit effectivement explicative, mais qui reste compréhensible par tous. Telle est en tout cas l'ambition de ce livre : esquisser une explication des comportements quotidiens à travers les actions les plus caractéristiques de la vie professionnelle ou privée, en termes simples, accessibles et utilisables par tous.

Aujourd'hui, les fondements théoriques sur lesquels peut s'appuyer la recherche ont radicalement changé. À l'explication causaliste linéaire du comportement s'est substituée une explication de type circulaire, qui a été rendue possible par les apports de la théorie des systèmes, de la cybernétique, de la théorie générale de la communication. On ne peut plus prétendre que l'on fait ceci parce que l'on pense cela, et que l'on pense ceci parce que l'on ressent cela. On ne peut plus considérer nos actions, lorsque par exemple nous nous levons, prenons notre petit déjeuner en pensant aux événements de la veille et partons travailler, comme des états isolés dans leur structure et leur fonction. Il faut au contraire les regarder comme des organisations complexes, formées elles-mêmes de sous-systèmes, articulées les unes aux autres et orientées vers un but.

Cette perspective rend attentif aux articulations entre le penser, le faire et le ressentir. Mais elle met aussi l'accent sur le rôle du contexte. Nos actions, nos pensées, nos émotions n'existent pas de manière séparée : elles s'inscrivent dans un cadre qui interagit avec elles. Le concept de stress, si souvent évoqué et utilisé aujourd'hui, prétend justement rendre compte de ces interactions décisives entre les dimensions fondamentales de la vie psychique et le milieu. Considérons un exemple simple.

Au petit matin, à peine arrivé à son bureau au dernier étage de la tour qui porte son nom, le PDG d'une grande entreprise internationale prend connaissance de la liste des problèmes qu'il doit résoudre. Plus ils sont nombreux, plus ils sont complexes, plus il se sent stimulé. Une journée bien remplie s'annonce :

c'est comme ça qu'il se sent vivre. Il sourit à sa secrétaire, la complimente sur sa tenue et décroche son téléphone avec énergie. Le soir, tout est différent. Le bureau est un peu en désordre, il a desserré sa cravate. Il ne remarque plus les petits détails de la tenue qu'arborent ceux qui entrent dans son bureau. Sa secrétaire lui apporte une télécopie de Tokyo qui annonce de mauvaises nouvelles. L'effort de la journée et plusieurs mois de négociations n'ont pas porté leurs fruits. À l'allégresse du matin succède l'irritation : il n'a pas de mots assez durs pour exprimer sa colère.

Comment comprendre ces réactions si différentes en début et en fin de journée, dans un contexte si semblable ? Le stress a tout d'abord été défini par les psychologues comme un mode indifférencié de réponse aux stimulations du milieu. Plus récemment, on en est venu à appeler stress les stimulations elles-mêmes. Aujourd'hui, les scientifiques s'accordent pour dénommer ainsi l'interaction elle-même entre l'individu et le contexte dans lequel il évolue. Comme le montre la journée de notre PDG, cette interaction est permanente. Ainsi limite-t-on le stress aux situations au cours desquelles l'individu doit s'adapter à son environnement. S'il est d'usage de distinguer éventuellement un « bon stress » et un « mauvais stress », cette distinction est nécessairement très floue. En effet, ce qui était bon le matin devient un calvaire le soir et la manière dont les événements sont ressentis varie selon les individus. Plutôt que d'essayer en vain de définir les conditions d'un « bon stress », qui diffèrent nécessairement d'un individu à l'autre, il s'agit donc d'examiner de quelle manière chacun d'entre nous s'efforce de faire face à l'environnement. Comment, par exemple, notre PDG va-t-il pouvoir atteindre la fin de la journée sans exploser, si en plus de ses soucis professionnels il apprend que ses enfants ont échoué à leur examen ou que sa femme le trompe avec son principal collaborateur ?

Il est probable que le lendemain d'une mauvaise journée il n'aura pas grand cœur à l'ouvrage. Mais, de même que vos réveils atteignent rarement le degré d'horreur auquel s'élève celui de Gregor Samsa, toutes vos journées ne sont pas aussi pénibles. La plupart du temps vous atteignez la nuit sans catastrophe notable. Une suite de petits événements en eux-mêmes négligeables témoigne en effet de votre capacité à vous adapter à ce qui se passe autour de vous afin de continuer à vaquer à vos occupations sans trop vous désespérer. Votre voiture démarre mal : il va falloir la faire réparer et ce n'était pas prévu. Mais vous allez tout de même à votre travail. Au déjeuner, il a fallu attendre une demi-heure le plat du jour que vous aviez commandé. Mais vous n'avez pas quitté le restaurant en vociférant. Le centre-ville est embouteillé de sorte qu'il va vous falloir reporter un rendez-vous important. Vous n'en écrasez pas pour autant les piétons qui se trouvent là. Vous trouvez une solution de rechange, vous patientez en pensant à autre chose... et vous vous remettez à la tâche.

À l'inverse, aujourd'hui, un collaborateur que vous venez de recruter a fait la preuve que vous l'aviez bien choisi. Vous avez décroché un contrat inespéré, fait bonne impression à un client nouveau, à un professeur ou à un supérieur hiérarchique plutôt revêche.

Une jeune femme qui semblait plutôt dédaigneuse vous a souri. Décidément, quelle bonne journée ! Encore un peu et vous gagneriez au loto ! Ce genre de petites satisfactions forment le tissu de votre existence la plus quotidienne. En fait, toutes ces situations heureuses, au même titre que leurs équivalents malheureux, constituent les éléments auxquels votre psychisme doit faire face.

C'est tout cet entrelacs complexe de superpositions et de successions d'actions qui vous conduit à répondre à votre environnement. De leur efficacité dépend votre vie quotidienne, voire le cours même de votre vie. L'objet de ce livre est précisément de dégager une pragmatique de l'action qui fasse accéder à une forme de « sagesse pratique ». Car tout ne marche tout de même pas toujours aussi bien ! Cette psychologie de la vie quotidienne doit s'enraciner dans les spécialités de la vie au jour le jour de chacun. Elle n'est évidemment possible que compte tenu des développements les plus récents aussi bien de la biologie du cerveau, de la linguistique et de la psychologie moderne que des sciences économiques ou des sciences cognitives et de l'intelligence artificielle. Ce livre s'inscrit à la croisée de ces disciplines. Il n'est pas le produit d'une recherche universitaire mais un essai de formulation de principes par lesquels pourrait se construire une psychologie de la vie quotidienne. Elle modifiera l'image qu'on peut se faire de l'homme : non plus simplement soit un être réagissant à son environnement, soit un complexe d'énergies pulsionnelles, soit enfin un animal pensant, mais un potentiel d'actions en interaction constante avec le monde qui l'entoure.

Avant d'en venir là, peut-être convient-il de montrer brièvement les limites des théories classiques et de présenter les concepts fondamentaux qui nous serviront ensuite à appréhender les principales situations autour desquelles s'édifie notre vie quotidienne.

Première partie

Pour une psychologie de la vie quotidienne

« Une aube pâle suintait par les stores entrouverts, et moi, en traçant ainsi le bilan de mon existence, je rougissais et je poussais, dans les draps, des ricanements indécents, mais j'éclatai soudain d'un rire animal, mécanique, un rire de pieds, comme si on m'avait chatouillé les talons et comme si ce n'était pas mon visage mais ma jambe qui riait. Il fallait en finir au plus vite, rompre avec l'enfance, prendre une décision et recommencer à zéro, il fallait faire quelque chose ! [...] Soudain, ma bouche devint amère, ma gorge se serra : je n'étais pas seul. Il y avait quelqu'un dans un coin de la pièce, près du poêle, à un endroit encore obscur – il y avait un autre homme dans la chambre.

« Pourtant la porte était fermée à clé. Donc, ce n'était pas un homme, mais une apparition. Une apparition ? Un diable ? Un fantôme ? Un revenant ? Je sentis aussitôt que ce n'était pas un revenant, mais bien un vivant, et tout mon corps se hérissa : j'avais flairé un homme comme un chien flaire un autre chien. La bouche sèche de nouveau, le cœur qui bat, le souffle coupé. C'est moi-même qui me trouvais près du poêle ! Cette fois, ce n'était pas un rêve : il était vraiment mon sosie. Je remarquai cependant qu'il avait plus peur que moi. Il se tenait la tête basse, les yeux baissés, les mains aux côtés, et sa crainte me donna du courage. De dessous ma couverture, à la dérobée, je le regardai comme s'il ne s'agissait pas de moi et je vis ce visage qui n'était pas le mien. Il émergeait d'une végétation dense et vert sombre, il était d'un vert plus clair. Voilà mon nez... Voilà mes lèvres... mes oreilles, ma maison. Salut, recoins bien connus ! Combien connus ! Comme je la connaissais, cette crispation de la bouche qui masquait l'angoisse ! Voilà les commissures des lèvres, voilà le menton, cette oreille que Ted m'avait jadis à moitié arrachée. Signes et symptômes d'une double influence, visage que se disputaient deux forces, l'une extérieure et l'autre intérieure. Cela était moi, ou c'est moi qui étais cela, ou bien ce n'était pas moi, et j'étais cela quand même [...] [1]. »

Lorsque nous contemplons notre corps, qui est nous sans être nous, qui est un corps comme les autres sans l'être tout à fait, comment nous représentons-nous notre vie ? Et surtout, comment nous expliquons-nous ce que nous éprouvons, ce que nous pensons, ce que nous faisons ? Depuis le philosophe Emmanuel Kant et la fin du XVIIIe siècle, nous savons que la connais-

1. W. Gombrowicz, *Ferdydurke*, Paris, UGE, 1973, coll. « 10/18 » (trad. G. Sédir).

sance de soi est aussi sûrement impossible que celle de Dieu. Lorsque nous nous efforçons de rendre compte de ce que nous sommes, pour nous-mêmes ou pour les autres, nous savons bien que c'est alors une image déformée que nous élaborons. Parce que beaucoup de nous-mêmes nous reste étranger. Et parce que nous ne pouvons nous représenter notre vie sans nous référer à ceux qui nous entourent, aux liens qui nous unissent à eux, au contexte général dans lequel nous évoluons. Qu'elle soit agréable ou désagréable, notre vie quotidienne met en jeu une *pratique de représentations.* Selon la personne, telle ou telle activité est ainsi décrite différemment : un médecin, par exemple, ne se représente pas le processus qui le conduit à un diagnostic de la même manière que son patient, un joueur de football ne parle pas du but qu'il a marqué comme un simple spectateur ou comme son entraîneur... L'idée que nous avons de nous-mêmes varie avec le contexte général, elle change selon nos interlocuteurs, selon ce que nous voulons leur signifier et ce que nous estimons être leur image de nous-mêmes...

Outre ce jeu de miroir, la représentation que nous avons de notre vie est impossible sans référence aux relations logiques qui unissent les actions accomplies, elles-mêmes subdivisées en sous-actions reliées entre elles. Toutefois, une action ne se résume pas à une somme de phénomènes physiques, à un système de causes et d'effets, à une mécanique et à une logique objectives. Il faut nécessairement prendre en compte des intentions.

Cette nécessité a suscité l'idée que représenter notre existence quotidienne revient à représenter des « plans », c'est-à-dire des processus qui permettent de contrôler l'ordre dans lequel une séquence d'opérations doit être accomplie pour atteindre un but. Ces plans forment des programmes contenant à la fois les déterminants de l'action et les ressources dont on dispose. Ils constituent un outil par lequel la pratique peut être représentée. L'essentiel de notre vie quotidienne consiste ainsi à déterminer la pertinence de nos plans à l'égard de situations concrètes qui surviennent les unes après les autres durant l'activité qu'ils aident à organiser : en contemplant la piste de ski que nous devons descendre, il est très probable que nous préparons la manière dont nous allons la descendre. Représenter notre vie quotidienne d'un point de vue beaucoup plus général revient donc bien à représenter nos plans pour l'action. Ce constat est en grande partie la base d'une nouvelle psychologie : la psychologie de l'action.

Chapitre 1

Les limites des théories classiques

Il existe une psychologie « ordinaire » que nous utilisons tous spontanément pour expliquer et prédire les événements de notre vie quotidienne : il ne *veut* pas être dérangé, elle *croit* que Claire viendra à son rendez-vous, nous *craignons* que Jean-Philippe ne termine pas son travail, nous pensons que Catherine *désire* nous rencontrer... Pour expliquer et prévoir le comportement des autres, nous leur attribuons spontanément des volontés, des croyances, des craintes, des désirs du même type que ceux que nous éprouvons nous-mêmes.

Ces formes d'explications ou de prédictions ne s'appliquent pas seulement à nous-mêmes et à nos semblables. Nous sommes capables de les attribuer également aux animaux, aux plantes, et dorénavant même aux machines. Il vous arrive sûrement de donner un petit nom affectueux à votre voiture et peut-être vous amusez-vous parfois à agir comme si c'était une personne. Lorsqu'un petit bruit inhabituel se déclenche, lorsqu'une panne se déclare, vous vous demandez ce qui *lui* prend. Cette machine familière paraît avoir une vie propre et la place qu'elle prend dans la vôtre lui confère presque le statut d'une personne. Pourtant, sauf par jeu, vous n'allez pas jusqu'à lui attribuer une pensée. Elle *souffre* dans les côtes quand le coffre est chargé... mais il est clair que si elle n'a pas démarré ce matin, ce n'est pas en vertu d'une décision rationnelle ou de la volonté malveillante de contrarier vos projets !

Il en va tout autrement face à un jeu électronique. Vous vous efforcez d'anticiper le comportement de l'ordinateur, de prévoir la trajectoire de la cible, le mur qui surgit devant le personnage en mouvement, la réponse sur l'échiquier, etc. Vous attribuez à cette console de jeux l'*intention* de déplacer sa tour parce qu'elle *veut* protéger sa reine, parce qu'elle la *croit* menacée. Vous formez donc spontanément l'hypothèse que cette machine est pourvue d'intentionnalité, c'est-à-dire de désirs, de craintes, de croyances, de volonté.

Ces représentations élémentaires que nous utilisons tous dans la vie quotidienne, les psychologues les ont regroupées sous le terme de « psychologie du sens commun ». Et cet ensemble d'intentions, de désirs, de croyances, plus ou moins communs à tous les hommes, passionne aujourd'hui les chercheurs, tout particulièrement ceux qui s'interrogent sur les supports matériels physico-chimiques, sur les mécanismes psychologiques et sur les effets comportementaux de nos « états mentaux » ou, en termes plus précis, de ce que, depuis le philosophe Bertrand Russell, on appelle des « attitudes propositionnelles ».

Pour les scientifiques, la question se pose de savoir si ces états mentaux correspondent bien à une réalité ou s'ils ne sont qu'un mode d'interprétation du comportement. Il s'agit également de comprendre les relations entre ces états mentaux, en d'autres termes l'esprit, et la machinerie cérébrale, le cerveau. Les phénomènes mentaux constituent-ils un domaine d'étude distinct ? Peuvent-ils s'expliquer uniquement en termes purement psychologiques ou bien est-il indispensable de prendre en compte également le cerveau et ses mécanismes ? On reconnaît là un vieux débat : celui de l'âme et du corps.

À ces questions, les psychologues répondent de manière différente : les behavioristes, à la suite de J. B. Watson et de B. F. Skinner, s'abstiennent de recourir à des états mentaux pour expliquer les comportements ; les cognitivistes recherchent une modélisation rationnelle susceptible de concilier aussi bien les phénomènes mentaux que les données neurobiologiques concernant le fonctionnement du cerveau ; les psychanalystes adoptent une position résolument dualiste et postulent l'irréductibilité du corps et de l'esprit. Mais il est un autre courant, celui de la psychologie de l'action. C'est précisément dans sa mouvance que nous allons nous situer pour esquisser une psychologie de la vie quotidienne qui aille au-delà du simple sens commun.

Si la psychologie, jusqu'ici, n'a pas réussi à proposer une psychologie de la vie quotidienne satisfaisante pour le plus grand nombre, c'est, on l'a dit, parce qu'elle a toujours plus ou moins privilégié soit la pensée, soit le comportement, soit les émotions, oubliant, ou faisant semblant d'oublier, que ces trois dimensions constituent ensemble l'activité humaine. Dès lors, pour progresser dans notre compréhension de la vie quotidienne, il pourrait sembler suffisant de combiner ces trois approches, comportementaliste, cognitiviste et psychanalytique. Pourtant, rares sont ceux qui ont tenté une telle synthèse. C'est que chacune des théories en question, tout en choisissant un éclairage particulier, repose en fait sur une vision de l'homme et du monde on ne peut plus globale.

Les contradictions de ces théories dans l'interprétation des phénomènes psychologiques ont été maintes fois illustrées et nourries par des querelles de chapelle. En revanche, il est moins fréquent de mettre en évidence la grille de lecture du monde dans son ensemble qui sous-tend chacune de ces théories. Et pourtant, il est aujourd'hui courant que des psychologues tiennent rubrique dans la presse et analysent tel ou tel événement à la lumière de leurs principes. Du reste, Freud lui-même a ouvert la voie dans certains de ses ouvrages, comme *Malaise dans la civilisation.* Et Skinner a bâti une théorie générale du monde à partir des principes comportementalistes.

Or c'est précisément parce qu'elles se veulent globalisantes que ces théories sont devenues exclusives. Ainsi, leurs limites ne tiennent pas tant à la conception de l'homme qu'elles développent – pour être partielle, elle n'en est pas moins pertinente – qu'à cette volonté de généraliser une vision du monde. Par exemple, l'énergie pulsionnelle et l'inconscient pour les uns, le conditionnement pour les autres ne sont pas seulement des outils susceptibles d'éclairer le comportement des individus, mais deviennent la base épistémologique du monde dans lequel nous évoluons.

Est-il pour autant interdit au psychologue de considérer le contexte dans lequel évoluent les individus ? Ne doit-il prendre en compte que les actions individuelles ? Sûrement pas. Car ce serait oublier que bon nombre de nos comportements, de nos attitudes, de nos émotions sont directement affectés par le monde qui nous entoure et avec lequel nous interagissons. Cependant, nous allons montrer comment la lecture de certains éléments clés de notre environnement rend incompatibles ces théories entre elles et par là même en dessine les limites.

Nous sommes tous des nomades

Aujourd'hui, le sentiment d'appartenance à une classe sociale décline. À la question « Avez-vous le sentiment d'appartenir à une classe sociale ? », le nombre de réponses positives est passé de 68 % en 1976 à 62 % en 1983 et 56 % en 1987 [1]. Alors que tous constatent une baisse des adhésions aux grands systèmes de valeurs (idéologiques, religieux et politiques), parallèlement on assiste à la réduction de certains éléments de stabilité de l'individu (familial, professionnel).

1. Sondage SOFRES, *L'Expansion*, 19 juin 1987.

Paradoxalement, à l'heure du chômage incompressible, certains choisissent la mobilité pour mener leur carrière. L'un des critères de compétitivité des cadres est aujourd'hui leur capacité à se déplacer, à travailler successivement ou même simultanément dans des villes différentes. L'habitude américaine de mobilité du personnel des entreprises, tous les quatre ou cinq ans, est en train de gagner la France. De même, rester trop longtemps dans une même entreprise est considéré, souvent, comme le signe d'une stagnation personnelle, tandis que c'était jadis un indice de compétence. Les jeunes cadres pensent au contraire que, pour réussir, il faut bouger et aspirent à diversifier leurs activités. Le mouvement, presque le zapping, semble devenir une finalité en soi : il faut bouger pour bouger. On préfère ainsi la diversité, la nouveauté à l'approfondissement. D'après une étude réalisée par *Entreprise et Progrès*, la mobilité fonctionnelle et géographique est la méthode privilégiée pour préparer les dirigeants de demain. Il ne s'agit plus seulement de changer d'entreprise et donc de s'adapter à différents projets, à différentes cultures d'entreprise, mais aussi de changer de fonction, voire de domaine de compétence. Si l'on en croit certains chantres du nomadisme professionnel, nous vivrons bientôt dans notre véhicule et notre adresse ne sera plus qu'un numéro de téléphone. Sans doute s'agit-il là d'une utopie. Il n'en demeure pas moins que l'orientation générale de notre vie professionnelle et même de l'habitat confirme cette tendance au mouvement perpétuel.

Moins d'appartenance familiale : la sphère privée non plus n'a pas résisté à la turbulence générale. Un divorce pour quatre mariages en France, un pour deux à Paris : à l'heure du concubinage officiel, la vie à deux prend la forme d'un contrat à durée déterminée. Les mentalités ont profondément évolué par rapport au mariage. Même si les jeunes continuent d'envisager le lien conjugal comme durable, il est bien souvent une cohabitation temporaire et surtout l'occasion de faire des enfants. L'apparition du SIDA pourrait entraîner un retour à la fidélité. Mais, en profondeur, ses effets restent marginaux puisque seulement 9,4 % des Français reconnaissent avoir modifié leurs pratiques sexuelles à cause de cette maladie.

Au-delà des comportements, ce sont les convictions qui semblent atteintes par la perte des points d'ancrage. Si ce n'est la défaite de la pensée, c'est certainement celle des idéaux. Plus d'appartenance politique : 59 % des Français considèrent que ce qui est le plus important au moment de voter, ce n'est pas l'étiquette politique et 41 % souhaiteraient que les partis politiques jouent un rôle moins important à l'avenir [2]. Derrière cette désaffection pour la politique se dissimule la perte de crédibilité des idéologies qui la sous-tendent. Un nombre croissant d'électeurs a du mal à différencier la gauche de la droite. Le vote n'en est que plus impondérable. Après « le changement » en 1981, voici venu le temps du « consensus mou » et peut-être des majorités flottantes. Les événements d'Europe de l'Est confortent les Occidentaux dans leur choix du réalisme et constituent un désaveu flagrant de l'idéologie politique d'une manière générale.

2. Sondage *L'Express*-Louis Harris, 10 novembre 1989.

Plus d'appartenance religieuse : malgré le mouvement intégriste, très marginal en France, les communautés religieuses continuent de constater la baisse de fréquentation des lieux de culte. Le « retour du religieux » n'est-il pas plutôt le signe de son déclin ? Plus de morale universelle : la morale traditionnelle dont les principes sont régulièrement rappelés par le pape ne trouve qu'un écho très réduit dans les pratiques occidentales. Il en est de même pour la morale laïque. L'obsession de qui est *politically correct* aux États-Unis, la fameuse « génération morale » en France traduisent-elles le poids accru des questions éthiques ou sont-elles les symptômes de l'effacement des références morales communes au profit de l'individualisme ? Le cinéma des années soixante-dix fut celui des « anti-héros », ratés, paumés, marginaux. Le vol, la violence, la révolte avaient un contenu subversif : leur image transgressait le code des valeurs reçues. Les voleurs sympathiques sont aujourd'hui devenus chose courante, comme les couples adultères. Qui s'en émeut ? On est bien loin de Jean Valjean et du bagne pour le vol d'une miche de pain.

Du reste, la charité, qui s'appelle désormais solidarité, devient surtout l'occasion et même le prétexte de grandes messes médiatiques aux quêtes profuses. En 1989, les Français ont ainsi donné huit milliards de francs aux organisations caritatives, soit huit fois plus qu'en 1980. La grande différence par rapport à hier, c'est l'instabilité de cette générosité. Elle ne s'inscrit pas dans un projet global, dans une perspective générale, dans la durée, dans un cadre éthique régi par des règles stables, mais suit les événements et répond à leur écho médiatique. On donne... au plus émouvant et l'on s'en remet à l'arbitraire des médias.

À la question « Qui êtes-vous et à quoi croyez-vous ? », la grosse majorité des Français, il y a encore quelques années, pouvait répondre avec une précision du type « fils de Paul et de Marie, nantais, commerçant, catholique, socialiste, marié à Claire et ce toute sa vie durant ». Aujourd'hui, au contraire, l'identité est volatile. Dans ces conditions, comment être confiant dans le futur si, en plus de l'imprévisibilité croissante des événements, le statut de chacun devient flou ? « L'empire de l'éphémère » dissout la certitude de soi-même.

Il est, en effet, incontestable que la stabilité sociale et culturelle contribuait auparavant à asseoir et à structurer l'identité de chacun. Celle-ci dépend d'une histoire, d'une filiation, d'un lieu géographique et d'une activité. Or ce sont précisément tous ces critères constitutifs de l'individu qu'une souplesse nouvelle et une volonté de liberté accrue ont rendus mobiles. À l'aube de la grande Europe, l'identité collective, inscrite dans la nation, est elle aussi mise à mal. Et lorsqu'un certain discours politique réaffirme que l'identité nationale ne doit pas se diluer, on a bien du mal à discerner, par-delà le rejet de l'autre, quels contours, quels contenus positifs peuvent la définir. À l'inverse, le mouvement écologiste s'efforce d'élargir nos perspectives en défendant des thèses planétaires. Mais qui donc sommes-nous, noyés dans la grande Europe ou citoyen de la Terre ?

Cette instabilité générale est peut-être la clé même de « la condition post-moderne ». Comment les grands courants de la psychologie classique interprètent-ils ce cadre général nouveau ?

Le comportement, rien que le comportement

Le comportementalisme, produit de l'associationnisme et du behaviorisme, postule que le comportement d'un sujet est le résultat de l'environnement. Les stimulations extérieures conditionnent les individus, qui apprennent des réponses appropriées en fonction des résultats plus ou moins positifs qu'ils obtiennent. C'est ce que l'on appelle le renforcement, élément clé des mécanismes d'apprentissage selon les comportementalistes. Le rôle du sujet est donc relativement passif : il se contente de sélectionner les bonnes réponses.

Dans le cadre d'un environnement mouvant où les points d'ancrage sont moins marqués, les individus sont encouragés à adopter un comportement d'adaptation qui les gratifie. C'est ainsi que les mouvements géographiques, professionnels et familiaux incitent l'individu à avoir des contacts sociaux renouvelés et à s'intégrer facilement dans les lieux nouveaux qu'il rencontre. Il a plus de satisfaction à être vite adopté par les réseaux qu'il croise. Le contexte promeut ainsi un individu social à forte capacité d'intégration, qui apprend à ne pas trop s'attacher aux lieux, aux choses et aux gens. C'est « la civilisation du jetable », si caractéristique de ces Américains un peu caricaturaux, très chaleureux lors de contacts superficiels et dont les meilleurs amis sont souvent les plus proches voisins.

La carrière professionnelle n'est plus déterminée à l'avance, sauf peut-être dans la fonction publique. Les postes et les fonctions changent souvent à la demande des individus eux-mêmes, qui ne veulent pas se lasser en accomplissant toujours le même travail. Mais aussi bien sûr sous l'effet des contraintes économiques... Cette fois encore, le comportement gratifiant consiste à faire preuve d'une bonne capacité d'adaptation à des positions nouvelles.

Plus mobile, la famille oblige à s'adapter à des configurations toujours nouvelles : changement de conjoints, enfants de nouveaux partenaires, profession du conjoint, adolescent en révolte, etc. Pour éviter les désagréments liés aux conflits que pourraient engendrer des attitudes rigides ou stéréotypées, les comportements sont ou cherchent à être plus souples.

On le voit, le point de vue comportementaliste amène à observer et comprendre comment l'individu est « moulé » par le contexte dans lequel il évolue. Les troubles surviennent lorsqu'il ne peut s'adapter suffisamment bien aux contraintes extérieures. La perte des points d'ancrage engendre donc des individus qui s'habituent à ne pas s'attacher à leur environnement socio-professionnel et qui, au contraire, trouvent des gratifications dans le changement. En retour, ils recherchent ce changement.

Cette théorie rend bien compte de l'uniformisation des modes de vie tant décriée par certains auteurs. De fait, le mécanisme même de la mode correspond très bien au raisonnement comportementaliste type : si, lorsque je suis « à la mode », on me fait des compliments, je suis gratifié. Je m'efforce donc de rester « à la mode ». Cependant, les limites de cette approche sont évidentes, tant pour comprendre tous les phénomènes marginaux que pour appréhender la complexité des comportements individuels même les plus ordinaires.

De l'information, sinon rien

Le cognitivisme est la science qui étudie le mode de traitement de l'information chez l'homme. La question à laquelle cherchent à répondre les cognitivistes est la suivante : comment, à partir de l'ensemble des données fournies par l'environnement, la pensée fonctionne-t-elle ? Comment le sujet, se fondant sur son champ de connaissances et d'expériences passées, dégage-t-il un certain nombre de pensées qui lui servent ensuite à structurer son mode de traitement de l'information qu'il reçoit ?

Pour ce faire, il a recours à des « cartes » cognitives, à des jugements faisant appel à des intuitions, à des interprétations ou à des raisonnements. Ces algorithmes procèdent généralement d'un mécanisme d'assimilation : on ne retient que les informations ou les fragments d'information qui correspondent à des schémas préexistants qui nous sont propres. À l'inverse, modifier ses schémas pour les rendre compatibles avec la réalité extérieure relève d'un processus d'accommodation.

Parmi ces « cartes » cognitives, celle qui correspond à l'« ancrage » joue un rôle majeur. Elle explique les difficultés que peuvent éprouver les individus pour réviser leurs croyances, même si celles-ci ne sont pas confirmées ou sont inadaptées aux situations rencontrées. Le principe de l'ancrage a pu être mis en évidence dans le mode de raisonnement des scientifiques, y compris chez des mathématiciens.

Pour les cognitivistes, tout raisonnement ou tout traitement d'une information extérieure est « déformé » par les croyances qui sont propres à chacun. Cette « déformation » de la réalité constitue ce qu'ils appellent une distorsion cognitive. Les « cartes » d'ancrage peuvent donner lieu à des distorsions cognitives qui ont pour conséquence des erreurs d'interprétation ou des erreurs logiques qui peuvent conduire à un état pathologique. Par exemple, l'inférence arbitraire résulte d'un mécanisme qui amène à aller directement à une conclusion sans preuve. C'est le postulat de base du sujet qui produit ces conclusions standardisées : « Il porte les cheveux longs, c'est donc un voyou. » L'abstraction sélective se produit lorsque le sujet se concentre sur un détail du contexte. Il réduit le sens général de la situation pour n'en retenir que ce qui correspond à ses postulats de base. Si l'on est triste, on ne retiendra d'un film que la scène finale, une rupture évidemment. La maximalisation résulte d'un phénomène d'amplification des informations qui vont dans le sens de l'idiosyncrasie du sujet : « Qui vole un œuf vole un bœuf. » La surgénéralisation consiste à appliquer à toutes les situations potentielles les résultats d'une expérience ponctuelle : « S'il m'a trompé une fois, je ne pourrai plus jamais lui faire confiance. »

Apparaît ici une limite du cognitivisme, qui a toujours considéré ces distorsions cognitives en un sens négatif : échec, danger, autodévalorisation, impuissance, etc. Comme le signale Michel Cicurel : « La découverte de la liberté s'accompagne le plus souvent d'une extrême anxiété. [...] C'est l'anxiété des immigrés soviétiques, ayant choisi la liberté mais rapidement effrayés par la société d'initiative et de responsabilité de leurs choix. C'est l'anxiété des chefs d'entreprises qui réclament moins d'État mais tremblent lorsqu'il s'efface, ou des syndicats qui s'irritent de l'autorité patronale mais refusent d'en hériter, fût-ce d'une parcelle [3]. » L'analyse cognitiviste de la perte des points d'ancrage est assez proche de celle-ci. Dans la mesure où cette perte entraîne une incertitude sur le lendemain, elle est génératrice d'anxiété : si plus rien n'est acquis définitivement, demain est potentiellement dangereux. L'incertitude devient alors un postulat de base et est amplifiée par les mécanismes de distorsion cognitive : les informations sélectionnées vont dans le sens d'un danger potentiel. Si les représentations mentales sont déformées de cette manière, les conditions sont réunies pour l'apparition de troubles anxieux.

Par exemple, devant un changement de domicile, une distorsion cognitive dans un sens de danger conduira à ne voir dans ce changement que les risques qu'il comporte en termes d'insertion, de sécurité ou simplement d'agrément. De même, l'avenir de la planète est toujours considéré comme potentiellement dramatique, et lorsqu'un événement « heureux » arrive, il paraît surprenant et presque anormal. Une catastrophe, elle, est toujours dans l'ordre des choses.

---

3. M. Cicurel, *La Génération inoxydable*, Paris, Grasset, 1989.

Quand ça parle

La théorie psychanalytique n'est évidemment pas une, mais multiple. Il est donc difficile de donner une exégèse sociétale analytique parfaitement homogène et claire. Mais il nous suffit de donner ici quelques repères.

Rappelons seulement que la théorie analytique repose sur le constat que l'appareil psychique peut être décrit dans le cadre d'une conception à la fois topique et dynamique formulée en termes d'« instances » : il est ainsi constitué du Ça, qui regroupe les pulsions inconscientes, du Surmoi, dont le rôle est assimilable à celui d'un juge et d'un censeur et qui résulte de l'intériorisation des interdits et des idéaux parentaux, et du Moi, qui est un médiateur tant à l'endroit des exigences du Ça que des impératifs du Surmoi et des exigences de la réalité. La perte des points d'ancrage a donc deux conséquences principales : la première, liée à l'évanescence des valeurs et des idéaux, concerne la formation du Surmoi et de l'Idéal du Moi ; la seconde, en rapport avec la mobilité et les ruptures successives qu'elle entraîne, est la multiplication des expériences de deuil.

Le Surmoi se constitue par la réappropriation des idéaux ou des valeurs parentales. Il forme ainsi un référentiel, représentant symbolique d'une continuité, qui est propre au sujet et qui a un rôle de censeur et d'arbitre entre ses pulsions et la réalité. La perte des points d'ancrage, qui a fait disparaître la plupart des idéaux ou des valeurs, pourrait expliquer dans certains cas la faiblesse du Surmoi. Que peuvent se réapproprier des sujets qui se développent dans un contexte où il n'y aurait rien à s'approprier ? La faiblesse du Surmoi se manifesterait par une difficulté à se forger des lignes de conduite ou une éthique personnelle stable. Ce qui pourrait permettre de comprendre le double mouvement qui d'une part consiste à refuser une morale toute faite et, d'autre part, place les problèmes éthiques au premier rang des préoccupations.

Chaque « perte » suscite une réaction psychologique de deuil. L'effacement des points d'ancrage est une succession de ruptures. Il faut donc à chaque fois accomplir un travail de deuil, c'est-à-dire parcourir le processus psychique qui permet de se détacher d'un objet d'amour ou de sécurité et est indispensable à de nouveaux investissements affectifs. Cette suite de deuils dans tous les champs de la vie est à rapprocher de l'augmentation de la morbidité dépressive dans nos sociétés industrialisées.

Les limites de ce genre d'analyse ont été maintes fois évoquées et elles viennent aisément à l'esprit : en passant ainsi de l'individuel au collectif, ne risque-t-on pas de plaquer des schémas inappropriés ? Plus généralement, de l'évolution de la société, caractérisée par la perte des points d'ancrage, chacune des théories psychologiques actuelles tire des conséquences différentes pour l'individu. Pour les cognitivistes, l'individu confronté à une incertitude devient anxieux, tandis que, pour les comportementalistes, il devient plus adaptable, plus souple et que, pour les psychanalystes, il rencontre des problèmes de repères et de rupture. Chacune de ces perspectives surestime sans doute son prisme privilégié. Mais la réalité est si complexe que chacune détient sans doute aussi une part de vérité, même si ces interprétations sont contradictoires.

L'évaluation permanente

À la précarité de la perte des points d'ancrage s'ajoute une nouvelle pratique qui se généralise : tout est évalué, classé, coté. Les entreprises, les écoles, les émissions de télévision, les individus. Testez votre forme, mesurez votre poids, votre QI, votre attention, évaluez votre sexualité ! L'évaluation permanente déborde de la sphère professionnelle vers le domaine privé : au bureau, il faut réaliser ses objectifs annuels, trimestriels, mensuels, et jouer le jeu de la compétition interne ; à la maison, pas une semaine sans qu'un magazine ne propose un test pour évaluer si l'on est de bons parents, de bons enfants, de bons conjoints, de bons amants, de bons cuisiniers, de bons diététiciens. Il ne s'agit pas seulement de s'évaluer mais aussi de se comparer aux autres ou à une norme. La forme ludique que peuvent prendre de tels tests ne doit pas masquer leur fonction principale : l'audit. L'audit permanent.

Or celui-ci est fondé sur des critères qui sont parcellaires ou partiellement inexacts. Les résultats commerciaux d'un cadre sont-ils suffisants pour apprécier l'ensemble de son travail ? La qualité de l'animation de son équipe, l'image qu'il a donnée de son entreprise, l'investissement personnel et bien d'autres paramètres ne peuvent être tous pris en compte. L'évaluation est nécessairement biaisée par ce que les évaluateurs privilégient. Mais après tout, c'est le jeu. Et si l'on évalue, c'est pour vérifier l'adéquation des réalisations à un projet global. Même s'il existe toujours un décalage entre une réalité complexe et une mesure réductrice, on peut également admettre que les audits des salariés se fondent sur des objectifs définis au départ.

En revanche, tous les tests qui prétendent mesurer des caractéristiques de notre vie privée sont par définition inexacts. D'une part, ils prétendent déterminer à notre place nos propres objectifs, qui sont évidemment multiples et dont la réduction typologique est toujours une grossière caricature. D'autre part, ils ne peuvent prendre en compte la diversité des situations effectivement vécues : ils présupposent donc que tous ceux qui se prêtent à l'évaluation vivent dans un environnement identique.

Plus profondément, l'évaluation permanente comporte le défaut majeur de remettre en question l'individu pris dans sa globalité. Tout se passe comme si l'on jouait sa vie à chaque instant et sur une question ponctuelle. Je n'ai pas atteint mon objectif de ventes, donc je suis un raté. Mes enfants peinent en classe, donc je suis un mauvais père ou une mauvaise mère. Yannick Noah, lors d'une interview télévisée, se plaignait ainsi du lien trop étroit entre ses performances et l'opinion de son public à l'égard de sa personne. L'issue de chaque match décidait s'il allait être adulé ou déprécié. C'est précisément le propre de l'idole moderne que d'osciller ainsi sans cesse entre le statut de héros et celui de minable. Du reste, il faut reconnaître que la renommée de Noah ne s'est pas seulement bâtie sur ses performances objectives, mais sur l'impression qu'il donnait de précisément jouer sa vie à chaque match, à chaque balle, comme en une tragédie indéfiniment recommencée. Fait marquant de cette évaluation permanente : elle est indéfinie, mais toujours définitive. Elle vaut dans l'instant, mais comme pour toujours. On ne dit pas que tel joueur a raté son match tel jour, mais qu'il est mauvais : sa performance n'est pas de l'ordre du faire, mais de l'être. À cette nuance près que l'être ici change sans cesse.

À un degré moindre cette remise en cause globale en fonction de performances ponctuelles et présentes se retrouve dans tous les audits. Cette attitude, qui consiste à fonder un jugement sur l'immédiat aux dépens de l'acquis, sur l'instant aux dépens de la durée, procède d'un mouvement général qui privilégie le présent. Elle prend dans le cadre de l'audit une ampleur particulière, comme si le polaroïd devait remplacer l'album de photos d'une vie.

Pour les comportementalistes, cet audit constitue autant d'auto-évaluations qui stimulent l'individu et le poussent à se dépasser. Cette pratique de l'audit, les comportementalistes l'avaient déjà adoptée avant qu'elle ne devienne un fait de société. L'une des particularités des traitements comportementalistes est précisément d'instituer un système d'auto-évaluations (le *monitoring*) qui rend compte des performances des patients au cours de la progression thérapeutique. On ne retient alors que l'aspect positif des résultats qui sert de renforcement pour progresser, le reste étant mis sur le compte du contexte défavorable.

Les cognitivistes, quant à eux, se demanderont en quoi cette nouvelle pratique modifie la façon de traiter l'information propre aux individus qui y sont soumis. Le fait que cet audit repose sur des critères parcellaires risque d'entraîner une forme de distorsion cognitive, l'abstraction sélective : à partir de quelques informations, on tire des conclusions générales. Le danger serait alors de transformer ces conclusions en postulats de base à partir desquels des phénomènes de maximalisation pourraient se produire, c'est-à-dire d'amplification des informations qui vont dans leur sens. Ces postulats peuvent aussi être à l'origine de surgénéralisations qui consisteraient à étendre à toutes les situations les résultats d'une expérience malheureuse. La conséquence peut être de confondre la valeur personnelle avec la performance. Cette distorsion cognitive est fréquente chez les cadres : l'idée qu'ils ont d'eux-mêmes fluctue au gré des aléas de leurs résultats. Ils ne différencient pas la notion de valeur personnelle, qui est construite et stable, de celle de performance, qui est nécessairement variable et passe par des hauts et des bas.

La remise en cause du passé par le présent, à travers ces audits, instaure un doute permanent. Si aucun élément solide ne permet d'asseoir des certitudes sur ce que l'on est et ce que l'on vaut, chaque nouvel audit peut sembler faire apparaître une vérité sur soi-même. C'est la roulette russe à chaque minute. Dans ces conditions, de l'auto-évaluation à l'autodépréciationtion le pas est vite franchi, créant un terrain favorable à la dépression.

En termes psychanalytiques cette fois, dans un contexte d'instabilité généralisée, ces audits prennent valeur de Surmoi. Ils jouent, en effet, le rôle de référentiel de contrôle et de censure du sujet. Mais une évaluation est une sorte de miroir qui restitue une image à celui qui s'y prête. Sa multiplication place l'individu dans la position de Narcisse qui, ne pouvant détacher son regard de son propre reflet, en meurt. Le narcissique est celui qui a besoin de miroirs rassurants et dont l'image nécessite d'être étayée en permanence. Dès lors, une société d'audités, c'est une société de défaillance narcissique, ce qui se traduit par un individualisme marqué, mais aussi par ce qu'Alain Minc a appelé une « dépression sociétale ».

***

On comprend les divergences d'analyse entre chercheurs et praticiens qui ont choisi l'une de ces trois approches théoriques. Elles sont d'autant plus vives qu'ils ont à résoudre des problèmes identiques, comme c'est le cas dans le traitement des troubles de l'adaptation de l'individu à son contexte. Quand le spécialiste du comportement voit un stimulus et le cognitiviste une occasion d'autodépréciation, l'analyste déchiffre une faille narcissique. L'honnête homme y perd son latin. Toute approche scientifique rigoureuse implique l'élaboration de modèles grâce auxquels sont fixés des concepts qui sont ensuite utilisés pour analyser et expliquer les phénomènes. Mais il est clair, ici, que la contradiction entre ces modèles théoriques et leur écart par rapport à la réalité vécue pose problème. Ces approches sélectives mènent incontestablement à une impasse et voilent la compréhension des phénomènes psychologiques. Parce qu'elles généralisent à l'excès des concepts restreints, mais aussi parce qu'elles s'appuient sur des situations tout à fait particulières. Cognitivisme et comportementalisme donnent lieu à des théories qui valent dans un contexte expérimental. De même pour la psychanalyse, qui prend sens dans le contexte de la cure. Un fossé est ainsi creusé entre ces démarches qui se veulent scientifiques et la vie quotidienne telle que chacun la perçoit et la comprend, dans sa variété. De plus, ces théories ne prennent pas toujours en compte les modalités liées au changement temporel, aux modifications du contexte, à l'aspect incertain du milieu, donc à la combinatoire dans laquelle le sujet est engagé en permanence. En un sens, plus la psychologie se veut scientifique, moins elle l'est : plus elle cherche à élaborer des instruments sophistiqués, plus elle s'éloigne de son objet.

C'est précisément le but de cette esquisse d'une psychologie de l'action que d'analyser le fonctionnement psychologique humain en situation quotidienne tout en restant le plus proche possible de la réalité vécue. Dans cette perspective, il s'agit en particulier de réduire l'écart entre la psychologie du sens commun, celle qui est partagée par chacun, et la psychologie scientifique. Leur méfiance l'une vis-à-vis de l'autre doit s'estomper. Surtout, il convient de privilégier l'indissoluble unité entre les buts, les moyens et les résultats de nos actions quotidiennes plutôt qu'une observation parcellaire de nos seuls comportements, de nos seuls états mentaux ou de nos seules pulsions. En ce sens, il convient également de dépasser l'attitude qui consiste à considérer chaque intention comme un simple reflet, un décalque d'un état interne du système nerveux. Ce « réalisme » apparent, incarné par le philosophe Jerry Fodor, est en fait une forme de dualisme. Enfin, il faut partir du principe que si nos comportements quotidiens sont des actions et non de simples mouvements corporels, c'est parce qu'ils résultent d'intentions, c'est-à-dire toujours de la visée d'une fin. À l'inverse, une action ne se limite pas à certaines représentations, à certains états mentaux. Elle comporte toujours des manifestations extérieures, des effets physiques, même minimes. Notre vie quotidienne ne comporte pas d'un côté des comportements et de l'autre côté des états mentaux : elle se compose essentiellement d'actions intentionnelles efficaces ou inefficaces. Si nous voulons mieux nous comprendre, ce sont elles que nous devons apprendre à connaître. C'est justement le propos de ce livre.

Chapitre 2

Vers une nouvelle psychologie

L'analyse de la vie quotidienne présente des difficultés telles qu'on a parfois pensé que des méthodes plus simples que la recherche psychologique seraient plus appropriées. Cette tentation se manifeste en particulier dans la vogue actuelle pour les enquêtes d'opinions. On croit ainsi mieux connaître par exemple la place qu'occupe la sexualité dans la vie quotidienne des Français, sujet toujours passionnant et rentable. Cette démarche satisfait notre tendance à la simplification sans pour autant mettre en question nos comportements personnels. Nous pouvons ainsi en même temps nous comparer aux autres et nous déculpabiliser si nous abusons du sexe. Les résultats de ces enquêtes n'expliquent rien, mais ils sont simples et ils ne coûtent qu'à ceux qui les commandent. En outre, ils permettent d'escamoter des problèmes plus amples que la tradition philosophique et les recherches scientiques ne sont pas parvenues à résoudre, comme les rapports entre l'acteur et le système social ou entre l'affectif et le rationnel chez l'individu [1].

Cependant, les limites de ces méthodes pour comprendre et agir sur notre vie quotidienne sont évidentes. Elles ne reflètent que des données statistiques obtenues non par introspection ou par observation, mais grâce à des questionnaires préétablis, qui comportent nécessairement de nombreux biais (type de question posée, limite des réponses possibles, intérêt de l'enquête, etc.). Ensuite, elles s'efforcent de saisir le fait humain comme une série de comportements ou d'attitudes dont elles n'étudient ni l'enchaînement tout au long d'une journée, ni le changement selon les circonstances, ni la place par rapport aux intentions ou aux significations qui les accompagnent. En cela, elles sont contraires à ce qui fait le mouvement même de notre vie quotidienne. De plus, d'après ces méthodes, le découpage, le regroupement et la généralisation des conduites sont interprétés de manière arbitraire. Enfin, l'impasse est faite sur la question du rapport entre action, pensée et langage, sur les constituants de la psychologie humaine.

Ces limites inhérentes à l'étude statistique des faits humains en général et de notre vie quotidienne en particulier ont conduit à l'idée que les conduites humaines ne formeraient pas une série de comportements objectivement observables, structurés et soumis à des lois quasi mathématiques, mais avant tout des actions qui peuvent être énoncées. L'action ne résulte

1. P. Champagne, *Faire l'opinion*, Paris, Minuit, 1991.

pas d'un mécanisme mystérieux, c'est un événement concernant un sujet à propos duquel on peut former une phrase ou un énoncé. Celle-ci exprime nécessairement une disposition à agir, une intentionnalité ; elle est dirigée vers un but, prête à se réaliser, se réalisant ou ayant été réalisée. L'action se différencie ainsi du mouvement, du geste, du comportement. « Son bras se lève » ne correspond pas à une action, car nous n'y déchiffrons pas d'intentionnalité sous-jacente. Au contraire, « il téléphone » traduit une action dont on peut repérer le but, évaluer l'utilité et l'efficacité.

Cette conception est issue en droite ligne de l'étude du langage ordinaire. On peut également y voir un lointain écho des analyses aristotéliciennes, développées en particulier dans l'*Éthique à Nicomaque*, première véritable théorie de l'action [2]. Mais cette approche renouvelle aussi l'examen de l'action comme réalité observable, comme objet de la psychologie. Sur cette base, on ne peut plus seulement considérer l'action comme un pur comportement sans tenir compte du discours que les acteurs tiennent sur elle ou en le critiquant. On ne peut plus se contenter d'une simple

2. Partant d'une réflexion sur les types de vie que l'on doit désirer mener, Aristote s'est élevé pour la première fois à une théorie complète et extrêmement fine de l'action dans tous les domaines. Elle fait ressortir les liens entre affectivité, cognition, efficacité et moralité. Son analyse de la *phronésis* a également le mérite d'insister sur l'importance des processus intellectuels dans l'action : l'opposition entre pensée et action s'estompe au profit de la notion d'intelligence pratique, centrée sur les cas particuliers, le concret, à la différence de l'intelligence théorique, dont le domaine est nécessairement plus abstrait, plus général. C'est qu'Aristote a parfaitement saisi ce qu'en termes modernes on appellerait l'influence du milieu, de l'environnement : le fait qu'une action doit prendre en compte la situation, toujours plus ou moins unique, dans laquelle elle intervient. On ne s'étonnera donc pas que la redécouverte de ces aspects méconnus, voire méprisés, de la pensée d'Aristote soit contemporaine de certains approfondissements généraux dus à la psychologie et à la philosophie moderne de l'action. L'analyse aristotélicienne de la *phronésis* reste un modèle du genre...

grille d'analyse cherchant à lire dans les actes la traduction directe des motifs, des buts ou des intentions des acteurs. La marche à suivre consiste au contraire à étudier les représentations des actions et à élucider avec les acteurs eux-mêmes ce qu'ils ont fait ou voulu faire. Si cette interprétation est la bonne, elle doit alors apporter aux acteurs une meilleure compréhension d'eux-mêmes.

Pour avancer dans cette voie, nous devons donc tout d'abord examiner le déroulement même de l'action. Mais il nous faut aussi clarifier la conception de l'homme que sous-tend cette perspective.

L'homme, un personnage en quête d'action

Le sens commun distingue en général les comportements suscités par le milieu extérieur (« il a peur parce qu'il fait noir », « il est stressé à cause du bruit », « elle est malheureuse à cause de son mari », etc.) et ceux qui résultent de nos états internes (intentions, volontés, désirs, etc.). En fait, cette distinction n'a pas lieu d'être : nos comportements dépendent tout autant du contexte que de la manière dont nous l'évaluons à partir des pensées qui nous sont propres. Lorsque, au cours de son repas, le bébé pleure, c'est autant parce qu'il n'a pas faim que parce que sa mère le limite dans son avidité gloutonne.

Cette distinction entre l'extérieur et l'intérieur est sans doute due au fait que certaines de nos actions semblent répondre aux changements de l'environnement alors que d'autres sont plutôt destinées à anticiper ces changements et paraissent résulter de notre volonté. Il n'empêche, lorsqu'on regarde le déroulement continu de nos comportements, formé tout à la fois de réactions et d'anticipations, cette distinction est dans la plupart des cas artificielle. La question des sources de nos comportements se déplace alors vers une nouvelle *terra incognita* : l'origine de notre répertoire d'actions.

La question n'est pas nouvelle : tout au long de l'histoire, de l'âme des philosophes spiritualistes au cerveau des matérialistes contemporains en passant par les pulsions des freudiens, les philosophes, les médecins, les psychologues se sont demandé quelle était l'origine de nos actions. Remontons le temps : quelle mère ou quel père n'a été confronté aux agaçants pourquoi de son enfant. Pourquoi tu fais la cuisine ? Pour manger. Pourquoi il faut manger ? Pour prendre des forces ? Pourquoi il faut prendre des forces ? Parce que. Parce que c'est comme ça... Tôt ou tard, l'explication s'arrête, l'enfant a gagné et perdu à la fois : il a mis son père ou sa mère en défaut, mais il n'a pas de réponse. Il en va de même quant au pourquoi de nos actions. Et de guerre lasse, philosophes, médecins, psychologues ont cherché à désigner cette origine fantôme, toujours recherchée, toujours insaisissable.

Le langage ordinaire nous fait volontiers dire « il a agi sous le coup de la colère », « son comportement a été dicté par l'orgueil », « sa douleur, c'est dans sa tête ». Sans nous en rendre compte, nous exprimons ainsi une conception de notre fonctionnement et donc de nous-mêmes qui dissocie le corps et son comportement de l'esprit qui en serait le moteur. L'homme posséderait à la fois un corps poursuivant une « carrière publique » faite de mouvements observables et par ailleurs un esprit menant une « vie privée », peuplée de pensées, de volontés, de désirs. Ceux-ci constitueraient des événements mentaux se déroulant dans un monde intérieur où ils seraient autant de causes occultes. Le corps, la « machine », et l'esprit, le « fantôme », seraient deux entités en interaction de telle sorte que les événements de l'un seraient la cause des événements de l'autre.

La question des rapports de l'esprit et du corps figure en bonne place parmi ces vieux problèmes qui n'ont de cesse de toujours revenir sur le tapis et de toujours susciter plus ou moins les mêmes positions, les mêmes affrontements. Les partisans d'un dualisme absolu (Platon, Descartes, etc.) se sont de tout temps opposés aux défenseurs d'une position moniste (Démocrite, les matérialistes du XVIIIe siècle, etc.). En fait, les uns et les autres ont déployé toute leur finesse, en fonction de leur option métaphysique, à rendre compte de la différence, somme toute intuitive, entre ce qui relève de l'« âme » et ce qui est de l'ordre du « corps ». Et la psychosomatique moderne n'est en fait qu'une tentative de compromis qui emprunte certains de ses concepts de base aussi bien au dualisme qu'au monisme [3]. Plus essentiel pour notre perspective est ce

3. On insiste trop rarement sur le fait que l'un des précurseurs les plus décisifs aussi bien de la psychosomatique que de la neurophysiologie est Descartes lui-même : précisément parce que, postulant la distinction radicale entre la

dogme « populaire », cette préconception du « fantôme dans la machine », qui renvoie à l'idée que l'homme possède un corps gouverné par des lois physiques et un esprit constitué d'événements par principe non physiques, lesquels télécommandent les manifestations corporelles.

Doit-on toujours, pour *expliquer* le comportement humain, faire référence à un lieu, un état, un processus énigmatique qui jouerait le rôle d'unité de contrôle et de commande ? Comment ce « fantôme » peut-il influencer la « machine » ? Comment ce « fantôme » peut-il percevoir le monde qui l'entoure à travers la « machine » ? Comment peut-on inférer à partir du comportement d'autrui, les états internes, « fantomatiques », qui l'animent ?

Qu'il s'agisse du behaviorisme et de sa fameuse « boîte noire », précisément inaccessible, ou de la psychanalyse et de ses concepts d'inconscient et de pulsion, dernier recours quand une explication « rationnelle » n'est plus possible, qu'il s'agisse de l'« âme » pour une certaine métaphysique ou du cerveau pour les biologistes les plus positivistes, chacun paraît recourir à un « fantôme », quitte à faire remarquer que l'on ne peut rien en savoir.

Cette fumeuse entité, ce démon dont parlait déjà Socrate, cet « homoncule » auquel tant de philosophes,

---

substance matérielle et la substance pensée, il ne pouvait manquer de se battre avec le problème de l'unité de l'âme et du corps ainsi que de leur interaction chez le sujet humain. On peut aujourd'hui sourire des naïvetés scientifiques qui émaillent le traité *De l'Homme* ; Descartes, néanmoins, et précisément parce qu'il était dualiste, avait mis le doigt sur des problèmes absolument fondamentaux, dont on sait qu'ils constituent le terrain de prédilection des neurosciences contemporaines.

de scientifiques et de psychologues ont fait référence, est en fait un artefact théorique censé pallier une ignorance : je ne sais pas expliquer un phénomène, donc je postule une cause cachée... qui plus est une entité distincte, un être, presque une personne. Il en va ici comme de l'hypothèse selon laquelle l'existence et la nature du monde dépendraient d'une création. Nous ne pouvons assigner une cause à ce qui est. Or toute notre expérience quotidienne nous apprend qu'une suite d'événements dépend toujours d'une cause première et de l'action exercée à l'origine par un être. De plus, notre action consiste bien souvent à fabriquer des objets, à les concevoir et à les réaliser. Dès lors, l'ensemble du monde ne résulterait-il pas d'une gigantesque création à porter au crédit d'un être à sa mesure ? De même que le potier doit nécessairement précéder ses poteries, de même Dieu préexiste au monde. De même que le potier est nécessairement une entité supérieure à ses poteries, de même Dieu par rapport au monde. Par analogie et par extrapolation, nous parvenons ainsi à donner une explication causale de phénomènes dont nous ne percevons pas les causes. La démarche est similaire pour ce qui est de l'esprit et du corps, et le « délire » explicatif va aussi loin qu'en matière cosmologique : le Je est ainsi le *deus ex machina* de la psychologie, tout aussi énigmatique que le Dieu créateur [4].

---

4. Comme par hasard, reprenant la critique spinoziste de la causalité, c'est précisément le philosophe empiriste David Hume, au XVIIIe siècle, qui a poussé le plus loin la déconstruction conjointe du « délire » cosmologique et psychologique inhérent à l'esprit humain : les *Dialogues sur la religion naturelle* démontent avec autant d'humour que de rigueur le raisonnement créationniste tel qu'il se forme en quelque sorte naturellement dans notre esprit. L'idée de Dieu créateur

Qui est ce Je dans « je veux », « je crois », « je désire » ? S'agit-il d'une subjectivité insaisissable, d'un « fantôme dans la machine », d'un démon autosuffisant et tout-puissant, d'un homuncule interne ? Le mécanisme même de la conscience implique que nous puissions référer de manière synthétique la diversité de nos contenus de pensée à un pôle d'identité. Est-ce à dire pour autant que le Je corresponde effectivement à une entité déterminée qui serait en nous, qui serait nous sans l'être tout à fait ? Ou bien le Je n'est-il qu'une « idée », qu'un contenu de pensée correspondant à un certain nombre de mécanismes, de dispositifs, lesquels constitueraient ce que nous appelons la conscience de soi ?

Au milieu du XVIIIe siècle déjà, David Hume écrivait : « Si je laisse de côté quelques métaphysiciens [...], je peux m'aventurer à affirmer du reste des hommes qu'ils ne sont rien qu'un faisceau ou une collection de perceptions différentes qui se succèdent les unes aux autres avec une rapidité inconcevable et qui sont dans un flux et un mouvement perpétuels. Nos yeux ne peuvent tourner dans leurs orbites sans varier nos perceptions. Notre pensée est encore plus variable que notre vue ; tous nos autres sens et toutes

---

telle qu'elle nous vient spontanément est en fait une extrapolation analogique de notre expérience courante. Le *Traité de la nature humaine* reprend la même démarche à l'égard cette fois de l'idée de subjectivité : c'est une abstraction sans réalité psychologique, une « illusion » qu'engendre notre esprit. Hume est ainsi le premier à oser affirmer que le Je, à proprement parler, n'« existe » pas, que c'est une idée, une construction dépourvue de « vérité », même si elle est utile non seulement pour soutenir les théories psychologiques, mais aussi pour notre propre vie intérieure. On sait les développements que cette perspective aura ensuite, aussi bien chez Kant (Dieu comme idée, comme postulat de la raison théorique ; le Je comme postulat de la psychologie rationnelle) qu'à l'époque moderne...

nos autres facultés contribuent à ce changement : il n'y a pas un seul pouvoir de l'âme qui reste invariablement identique peut-être un seul moment. L'esprit est une sorte de théâtre où diverses perceptions font successivement leur apparition ; elles passent, repassent, glissent sans arrêt et se mêlent en une infinie variété de conditions et de situations. Il n'y a proprement en lui ni simplicité à un moment, ni identité dans les différents moments, quelque tendance naturelle que nous puissions avoir à imaginer cette simplicité et cette identité. La comparaison du théâtre ne doit pas nous égarer. Ce sont les seules perceptions successives qui constituent l'esprit ; nous n'avons pas la connaissance la plus lointaine du lieu où se représentent ces scènes ou des matériaux dont il serait constitué [5]. »

En d'autres termes, peut-on faire l'économie des incidences explicatives qu'induit le Je considéré comme une entité ? Peut-on, en matière psychologique comme c'est le cas en physique depuis Newton, éviter de « multiplier les êtres plus qu'il n'est nécessaire » et de « former des hypothèses » ? Peut-être, si l'on suit les fracassantes déclarations de Freud, la psychologie a-t-elle réalisé sa révolution copernicienne... mais elle n'a qu'à peine abordé sa révolution newtonienne.

Pourtant, il semble bien exister une alternative. Il faut alors parler de l'homme et du comportement humain en termes de dispositions à agir ou d'intentions au sens du psychologue allemand de la fin du XIXe siècle Franz Brentano, au sens d'habileté acquise, de style

5. D. Hume préfigure en cela la théorie du flux de conscience et des états de conscience que William James développera plus tard (*Traité de la nature humaine*, Paris, Aubier, 1983, trad. André Leroy, p. 344).

de comportement. Dans cette conception, l'homme devient un réservoir de savoir, et de savoir-faire, un potentiel d'actions, c'est-à-dire de comportements intentionnels activés par les situations. Il cesse d'être commandé par un fantôme.

Cette représentation de l'homme privilégie évidemment l'auto-organisation et l'intentionnalité. Nous devons ainsi nous considérer, dès notre naissance, comme des sujets autorégulés, qui agissent sur l'environnement en sélectionnant parmi l'ensemble des actions et des programmes d'actions possibles hérités de l'évolution des espèces et de nos expériences successives. Pour se retourner ou pour tenter de s'asseoir, le bébé doit-il faire appel à une commande centrale qui dirige l'organisation de ses différents muscles ou bien au contraire sélectionne-t-il fonctionnellement une action (se retourner) constituée d'une variété de stratégies de mouvements activées par la situation ? Cette sélection et cette confrontation nécessitent de considérer que toutes nos actions sont intentionnelles, c'est-à-dire qu'elles constituent dès la naissance des dispositions à réaliser un but. De même, la relation entre soi et autrui ne peut être comprise qu'en termes de perspectives intentionnelles. Le sens commun est alors, selon l'expression de Daniel Dennett, une « stratégie prédictive » qui définit nos attentes à l'égard d'autrui.

Nous sommes tous confrontés à cette question déconcertante : quoi de plus familier et en même temps de plus étrange que nos actions quotidiennes ? De tous les phénomènes vivants, les agissements de nos semblables sont parmi les plus intéressants et les plus complexes. Si nous essayons de les décrire et de les prédire en utilisant les mêmes notions et les mêmes méthodes que ce que nous avons développé pour rendre compte de l'érosion planétaire ou de la vitesse de la lumière, nous parvenons à former quelques hypothèses importantes. Mais la plus grande partie des activités ou des comportements de nos voisins et même de nos proches nous reste alors désespérément imprévisible. Les humains sont bien moins prévisibles que l'arrivée des nuages. Chacun en fait l'expérience aussi bien en famille qu'au travail.

Heureusement pour nous, notre univers quotidien est constitué de milliers d'actes qui tous relèvent d'une psychologie spontanée. Nous sommes incontestablement tous de petits génies capables d'expliquer ce que nous pensons, voulons, craignons, espérons, mais également ce que les autres pensent, veulent, craignent ou espèrent. C'est ce que l'on appelle ordinairement le sens commun. Et pourtant, nous avons souvent le sentiment que nous faisons des erreurs de jugement, que nous prenons de mauvaises décisions, que nous nous trompons sur les intentions de nos semblables, même lorsque nous les connaissons bien. Pourquoi donc notre univers quotidien est-il à la fois si familier et si étrange ? C'est cela qu'il nous faut expliquer, non en substituant au sens commun un édifice théorique ésotérique et abstrait, mais en partant de la psychologie spontanée pour en rendre compte de manière compréhensible. C'est ainsi que nous pourrons nous rendre un peu plus transparents à nous-mêmes et nous élever à une forme de rationalité pratique.

Comprendre nos actions

Expliquer le comportement humain est la base de toute psychologie. Quand votre enfant travaille mal à l'école, quand votre mari vous trompe, quand votre entreprise est en crise, vous attendez du psychologue qu'il vous explique quoi faire. Le plus souvent il se contente de vous en apprendre un peu plus sur la situation à laquelle vous êtes confronté, sur vous-même, sur les autres. Pour cela, il vous interroge sous une forme qui révèle surtout les principes théoriques vers lesquels il penche. Et vous n'êtes guère plus avancé. Il est donc nécessaire de proposer une psychologie compréhensible par tous.

Tel est le but de la psychologie de l'action. Elle définit l'action comme un comportement humain dirigé vers un but, planifié, c'est-à-dire organisé (bien ou mal) et intentionnel. Les actions sont donc plus que des mouvements corporels : elles peuvent être accomplies par une suite extrêmement variée de mouvements physiques et même de types de mouvements physiques ; par exemple, si vous avez un message à transmettre, vous pouvez l'écrire, le taper à la machine, le téléphoner ou l'enregistrer sur une cassette, etc.

L'action humaine comporte en fait trois caractéristiques spécifiques.

1. Son déroulement est objectivement observable et suit une séquence temporelle comportant plusieurs étapes, certaines étant nécessaires, d'autres occasion-

nelles. Pour préparer des œufs au plat, on peut utiliser du beurre ou de l'huile, ajouter du sel, du poivre ou du paprika... mais on ne peut se passer de poêle. La description de l'action peut être plus ou moins complexe : on peut par exemple décrire le trajet parcouru par quelqu'un qui se rend à son travail, mais on peut aussi préciser tous ses mouvements à chaque étape. Une action ne doit donc pas seulement être considérée comme une séquence de plusieurs événements, mais aussi comme une organisation en niveaux d'activité. Une action de niveau élevé (aller de son domicile à son travail) comporte plusieurs unités de niveaux moins élevés (mouvements du corps). *L'action est donc hiérarchiquement organisée et ordonnée.* C'est en ce sens qu'elle peut être représentée par un plan schématisant les différentes opérations accomplies et précisant leurs liens logiques.

2. Une action correspond à une expérience subjective bien particulière : *elle renvoie à la conscience d'un but à réaliser et d'un plan permettant d'y parvenir.* Nos actions dépendent en grande partie de ce que nous pensons être en train de faire. Lorsque nous pensons nous promener sur les bords de la Seine, il se passe en fait beaucoup d'autres choses : nos chaussures s'usent, nos cheveux s'agitent au vent, une foule de particules élémentaires se trouvent excitées, etc. Pourtant, aucune de ces descriptions ne rend compte de l'essentiel de notre action, de ce qu'elle est en réalité. Les buts répondent eux aussi à une structure hiérarchique. Par exemple, dans l'action de préparer le petit déjeuner, ce but est « supérieur » à celui de craquer une allumette pour faire chauffer de l'eau, car il est

plus global. Le plan, lui, a deux fonctions : déterminer le chemin pour atteindre le but en suivant une procédure et évaluer presque continuellement les étapes accomplies. La hiérarchie des buts qui guide notre comportement est parallèle à une hiérarchie des plans correspondants. Enfin, bien évidemment, la réalisation de cet ensemble de plans répondant à des buts ordonnés les uns aux autres suppose une volonté. Beaucoup de difficultés psychologiques correspondent à une inadéquation entre cette volonté et la réalisation, en raison d'un mauvais ordonnancement dans les buts, dans les plans, ou dans les deux à fois.

3. *Une action a toujours une signification sociale* : elle s'inscrit toujours dans un contexte où elle prend sens. Ce sens entraîne une compréhension générale propre au groupe dans lequel l'acteur intervient et un système de communication intersubjective. La signification sociale ne peut exister que si l'acteur lui-même est conscient du but de son action, mais aussi s'il sait qu'il en va de même pour autrui. Dès lors, elle est toujours comprise dans un champ de « conventions sociales ». C'est pourquoi on parle d'interaction et non d'inter-réaction. Cela veut-il dire qu'il n'y a pas d'action spontanée ou que toutes nos actions sont préméditées ? L'expérience commune infirme ce point de vue : nous agissons souvent sans avoir réfléchi auparavant. La psychologie de l'action ne nie pas qu'il existe de nombreuses actions automatiques, sans intention préalable et apparemment spontanées. Pour autant, cela ne signifie pas qu'il n'existe pas d'état intentionnel. Celui-ci se situe en fait dans l'action elle-même. Il se construit et se manifeste en même temps que nous

effectuons concrètement l'action. En général, on ne peut l'expliquer que rétrospectivement, ce qui pose le problème fondamental de la reconstruction du sens, de la finalité et de l'intention de l'action que l'on cherche à expliquer : c'est ce problème qui est généralement posé au psychologue.

En quoi l'action ainsi définie se différencie-t-elle du comportement analysé par les behavioristes et des processus étudiés par les cognitivistes ? Les psychologues de l'action admettent volontiers les apports du behaviorisme et de ce qu'on a appelé le « paradigme S-R »[6]. Cependant, à considérer les comportements simplement comme des réactions à des stimulations, on en vient à oublier la distinction, pourtant essentielle, entre réaction et action : la première s'apparente toujours plus ou moins à un réflexe, tandis que la seconde est toujours dirigée vers un but et intégrée dans un système élargi de représentations et de comportements. L'interprétation behavioriste tenant pour négligeables les états internes du sujet, elle ne peut qu'ignorer l'intentionnalité de l'action et dénier son caractère spontané.

De même, les psychologues de l'action, à l'instar des cognitivistes, admettent la notion de cognition et acceptent l'idée que la représentation cognitive de l'action est importante. Néanmoins, pour les cognitivistes, elle prend la forme de buts, de plans, c'est-à-dire de programmes préexistants. Contrairement aux

---

6. À la suite des travaux de J. B. Watson, les psychologues behavioristes prétendaient expliquer tous les comportements, des plus simples aux plus complexes, en termes de stimulus (S) et de réponse (R) : d'où le « paradigme S-R ». Pour une présentation critique des arguments et des méthodes behavioristes, voir J. Mehler et E. Dupoux, *Naître humain*, Paris, Éditions Odile Jacob, 1990.

théories cognitives, la théorie de l'action retient que ces cognitions ne sont ni antérieures ni même extérieures à l'action, mais appartiennent à son contenu. Il n'y a pas, au départ, une réserve de cognitions qui, correctement agencées, permettraient une action ; il y a, au départ, un potentiel d'actions qui, selon les situations, s'organise et se développe. L'action n'est pas, comme les cognitions, au service du sujet ; elle sert surtout à son adaptation au monde extérieur, et ce, compte tenu du fait que l'individu a toujours à faire face à la fois aux besoins de son système cognitif, relativement autonome, et aux contraintes extérieures.

Dans cette conception de l'action humaine, quelle part ménager aux acquis de la psychanalyse ? Les psychologues de l'action ne nient pas l'intérêt de la psychanalyse. La psychologie telle qu'ils la conçoivent n'est nullement en contradiction avec le concept d'inconscient au sens freudien. Certaines actions reflètent bel et bien un conflit entre des buts conscients et inconscients contradictoires entre eux, comme l'a très bien montré Freud dans sa *Psychopathologie de la vie quotidienne*, en étudiant lapsus et actes manqués. On peut ainsi penser qu'une action peut être orientée vers un but et exécutée à un niveau conscient, même si le but plus élevé dont elle relève est inconscient. Ainsi, l'action peut être consciente à un certain niveau d'organisation et inconsciente sur un autre plan. Toutefois, selon certains théoriciens de l'action, l'existence de buts inconscients relève uniquement de modes psychopathologiques de comportement et constitue donc une exception qui met en péril l'adaptation de l'action. Cette vision nous paraît toutefois bien trop restrictive.

Pas d'action sans projet

Peut-on agir sans représentation ou sans idée préalable ? Lorsque vous enfilez un fil dans le chas d'une aiguille, devez-vous avoir la représentation d'un but, d'un plan pour y accéder et d'une intention, ou bien pouvez-vous le faire sans ce préalable ? La situation « fil-aiguille » peut-elle entraîner la réponse motrice « fil dans le chas de l'aiguille » sans intervention de représentations internes ? Lorsque le rat dans son labyrinthe doit trouver la sortie après apprentissage, a-t-il besoin d'une carte du labyrinthe dans sa petite cervelle, c'est-à-dire de la représentation d'un but, d'un plan et même d'une intention ? Cette question a été à l'origine de polémiques entre les behavioristes et les cognitivistes. Les seconds reprochaient aux premiers de faire l'impasse sur la « boîte noire », c'est-à-dire sur ce qui se passait entre l'arrivée du stimulus à l'entrée de l'information et la réponse comportementale à la sortie. Les premiers ont contre-attaqué en prétendant que le rat dont parlaient les cognitivistes se comportait comme s'il possédait une vie intérieure impossible à pénétrer.

Ce débat a sans doute été faussé par deux problèmes, toujours présents et jamais explicites dans les polémiques. Le premier est celui de la finalité pragmatique : en d'autres termes, est-il plus efficace pour apprendre à réaliser une tâche de s'intéresser à la « boîte noire » ou peut-on en faire l'économie et ne considérer que le paradigme stimulus-réponse ? Le second concerne la place qu'il convient d'accorder aux phénomènes mentaux inconscients. Nous sommes plongés dans « un abîme d'inconscient journalier » disait Henri Michaux. Mais ce fonctionnement souterrain, quel est-il ?

Il n'est pas d'action sans représentation consciente ou inconsciente et sans opération mentale portant sur elles. On ne réagit pas à une situation, on interagit en réorganisant les données perceptives de manière inédite. Mais si nous acceptons l'idée que la majorité de nos comportements ne sont pas de simples réponses à des stimulations externes et des produits de l'apprentissage, nous devons expliquer comment ils sont régulés. L'hypothèse la plus souvent proposée consiste à dire qu'un comportement est nécessairement régi par un « schéma anticipatoire », lequel comporte deux éléments : une représentation ou une image mentale de l'action et un programme qui engage, maintient et clôt l'action, qui l'informe et la contrôle.

L'existence d'une représentation mentale centrale participant à la régulation du comportement a été extrêmement discutée depuis de nombreuses années. Une expérience passionnante sur la régulation du mouvement du corps a été réalisée en 1977. S. G. Gandevia et D. I. McCloskey ont d'abord demandé à des sujets d'appuyer le pouce de leur main dominante sur un levier afin d'établir la pression limite qu'ils pouvaient exercer. Puis, ils devaient appuyer chaque pouce sur un levier de telle sorte qu'ils aient l'impression d'égaler la pression maximale du pouce de référence. Seulement, cette fois, celui-ci était paralysé partiellement. Un effort supplémentaire important devait donc être produit pour atteindre le seuil demandé. En fait, les sujets dépassèrent de beaucoup le seuil avec leur pouce sain, comme s'ils avaient enregistré dans leur cerveau une nouvelle représentation de l'effort à accomplir. Ainsi, l'hypothèse d'une représentation centrale dirigeant le mouvement et variant selon la situation était confirmée.

Mais comment cette représentation centrale régule-t-elle le comportement ? Marc Jeannerod propose deux types de systèmes représentationnels. Le premier est limité à des mécanismes d'autorégulation d'erreurs ou d'écarts vis-à-vis de références centrales : c'est le cas des actions-réflexes, comme par exemple le réflexe pupillaire à la lumière, système analogue à la régulation du glucose du sang en référence au maintien d'une glycémie constante. Nous avons alors affaire à des représentations génétiquement prédéterminées, activées par des récepteurs et contrôlant des effecteurs. Le second type serait constitué de systèmes de représentation de plus haut niveau, dotés de propriétés auto-organisantes et qui répondraient aux besoins que se fixe le sujet. Dans ce cas, les actions sont conçues comme des programmes comportant à la fois des opérations et des tests sur ces opérations, véritables systèmes comparateurs entre l'état de l'organisme et l'état recherché. C'est en ce sens que l'on peut parler de systèmes de représentations ayant des propriétés auto-organisantes.

On peut alors distinguer les actions selon leur but recherché et atteint, c'est-à-dire selon les modifications de la situation résultant de l'exécution du comportement et non plus selon ce comportement lui-même.

D'après cette définition, à un même mouvement peuvent correspondre plusieurs actions. Par exemple, en appuyant sur un bouton électrique, je peux allumer la lumière, éclairer la pièce, être vu de l'extérieur, et alerter un cambrioleur. S'agit-il d'une seule action ou de plusieurs ? Si nous nous référons aux mouvements ou aux comportements, il ne s'agit que d'une seule ; si nous nous référons au but ou à l'intention du sujet, il s'agit de plusieurs, chacune renvoyant à des schémas anticipatoires, à des représentations centrales différentes.

Mais ces représentations centrales doivent n'être considérées que comme des représentations abstraites, sémantiques. Elles concernent le but de l'action, ou les intentions de l'action, mais elles ne rendent pas compte des moyens ou des procédés à mettre en œuvre pour atteindre le but final. Comment alors passer de représentations abstraites, de nature sémantique, à des représentations opératoires ? Pour cela, il faut prendre en compte l'image ou le programme de l'action.

Appuyer sur un bouton électrique n'est pas un programme d'action. C'est seulement un mouvement, un comportement, un procédé sans intention ou sans but. De même, si l'on parle seulement d'allumer la lumière, on ne fait pas référence à une action, car on n'évoque pas le moyen de la réaliser. Par contre, « appuyer sur le bouton électrique pour éclairer la pièce » ou « appuyer sur le bouton électrique pour être vu de l'extérieur » désignent des programmes d'action, car ces phrases contiennent à la fois la fin et le moyen. Même si elles semblent automatiques, ces deux actions peuvent être considérées comme des mouvements régulés par des schémas centraux anticipatoires qui les dirigent grâce à des programmes contenant nécessairement à la fois des savoirs, des « déclarations », et des savoir-faire, des descriptions de « procédés », ou des moyens pour atteindre le but ou l'intention de l'acteur, préalable ou concomitante à l'action qui se déroule. L'intention, qui détermine la satisfaction de l'acteur, peut ainsi se définir comme la partie du programme qui reste encore en suspens, qui n'est pas réalisée.

L'étude de nos actions ne peut donc se limiter à la seule observation du mouvement. Elle doit obligatoirement se référer à son expression langagière, qui permet seule d'en connaître, si on le souhaite, les plans, les buts, les intentions.

Pas d'action sans émotion

Et l'affectif dans tout cela ? Un affect correspond à un état de tension neurophysiologique, agréable ou désagréable, en fonction d'une situation donnée, autrement dit à une certaine activation. Il est clair que toute action fait intervenir une part d'affectivité. L'activation n'est pas une simple réaction biologique primaire et en ce sens inintelligente, c'est une potentialisation ou une dépotentialisation biologique de systèmes d'organisation cognitifs et comportementaux supérieurs. La douleur, par exemple, abaisse le seuil d'activation d'unités complexes servant à chercher une sécurité ou à éloigner la souffrance. Le plaisir, au contraire, dépotentialise ces unités en élevant leur seuil.

Mais l'affectivité correspond aussi à un processus complexe, intelligent, dont il faut prendre en compte l'ensemble des facettes. Cette réalité va à l'encontre du cliché courant qui veut que l'homme d'action soit froid et sans émotion.

Le bouton de votre veste vient de se découdre. La réunion à laquelle vous devez assister est importante et vous vous sentez mal à l'aise dans cette veste qui ne peut fermer. Un bouton manquant, bien en évidence, ça fait mauvais effet. Bien sûr, il y a plus grave dans la vie, mais vous allez tout de même chercher un fil et une aiguille... Ne vous est-il jamais arrivé d'essayer en vain d'enfiler un fil dans le chas d'une aiguille ? Les uns vous diront que vous êtes maladroit, les autres que votre inconscient refuse un acte vraiment trop sexuel, d'autres encore étudieront attentivement si le but que vous voulez atteindre est accessible grâce aux moyens que vous avez choisis. (Prenez-vous un fil suffisamment fin ? Est-il adapté au chas de l'aiguille ? Prenez-vous le fil au bon endroit ?)

Si vous ne réussissez pas dans cette opération délicate, chacun constatera, et vous le premier, l'inefficacité de votre action. Si vous examinez attentivement le cheminement que vous avez parcouru pour tenter de résoudre ce problème, vous constaterez qu'une série d'opérations mentales se sont succédé dans votre esprit : tout d'abord une catégorisation de la situation, puis une sélection de la réponse, enfin une exécution de celle-ci. Si une de ces phases achoppe, vous constatez alors une période de fébrilité et d'agitation croissante, puis, si vous échouez encore, une résignation et la recherche d'une autre aiguille, d'un autre fil ou plus sûrement d'une personne qui pourrait vous aider et réussir mieux que vous.

Imaginez maintenant que depuis plusieurs mois vous essayiez de convaincre vos collaborateurs de l'intérêt, non pas d'embaucher une couturière à temps plein, mais d'opter pour une nouvelle orientation technique. Le problème est différent : l'effort s'étend sur un temps plus long, les facteurs humains jouent d'emblée un rôle capital... Toutefois, si on observe attentivement la succession d'opérations mentales impliquées ici, on peut constater le même déroulement que pour votre petit problème de couture : une phase de contrôle de la situation, une phase de recherche de solution, une phase de tentative d'exécution et, cette fois encore, en cas d'échec, une phase d'énervement et d'agitation, puis éventuellement de résignation.

Ainsi, quelle que soit la situation qui réclame une action, de la plus banale à la plus complexe, qu'il s'agisse de monter une sauce hollandaise ou de tenter de régler la crise yougoslave, l'inefficacité, si elle persiste, déclenche une réaction en chaîne très caractéristique. Un chercheur américain, M. Seligman, a utilisé l'expression *learned helplessness* pour désigner cette réaction lorsqu'elle est menée à son terme, c'est-à-dire jusqu'à la résignation. Cette phase serait commune à toutes les situations d'échec persistant. En laboratoire, les animaux qui reçoivent des chocs électriques avant une tâche à exécuter, et ce, sans pouvoir les éviter, sont incapables de la moindre tentative pour trouver une solution. Par contre, ceux qui ont appris à éviter les chocs essaient toujours de s'en sortir d'une manière ou d'une autre. Dans le premier cas, tout se passe comme si les animaux avaient appris qu'ils n'avaient aucune emprise sur les événements. Leur résignation résultant de leur impuissance serait le produit de l'apprentissage. Comment ne pas faire le rapprochement dans nos sociétés avec la dramatique situation des chômeurs de longue durée qui semblent être allés d'échec en échec jusqu'à une résignation acquise ? À l'inverse, chez les autres, l'espace de liberté qui leur est laissé stimulerait leur « imagination » et renforcerait leur tendance à l'initiative...

Qu'il s'agisse des animaux de Seligman ou de votre essai pour recoudre votre bouton, vous voyez que la série d'opérations concernée nécessite la référence à un feed-back, c'est-à-dire à un système comparateur entre l'état actuel de l'action, la situation et le processus interne susceptible de résoudre le problème. Toute la question est de savoir si cette « résignation apprise » peut être généralisée à l'ensemble des actions ou pas. Ceux qui ont vu en elle une des causes possibles de dépressions nerveuses le pensent. Le déprimé est fondamentalement un résigné : il devient inefficace quoi qu'il entreprenne, pas seulement dans le domaine où il a échoué ou cru échouer. Néanmoins, les personnes confrontées à un problème insoluble ne sont pas nécessairement handicapées pour en résoudre d'autres, sauf si ces derniers sont analogues au premier ou s'ils ont tendance à attribuer leur échec à une défaillance qui leur est propre. La « résignation apprise » n'est donc pas un phénomène général.

En fait, nous touchons ici le cœur même de ce que

l'on appelle l'intelligence affective. L'inefficacité de l'action d'enfiler un fil dans une aiguille ou de convaincre ses collaborateurs est indissociable de représentations et de processus de contrôle et de pouvoir sur la situation.

Pas d'action sans interaction

Le sens commun nous pousse souvent à considérer que nous réagissons plutôt que nous n'interagissons. Vous avez choisi d'emmener un invité dans un restaurant et en chemin, vous lui vantez les excellentes soles meunières que prépare le chef. Au moment de prendre la commande, le serveur vous annonce que, justement ce jour-là, il n'en a plus. Vous imaginez déjà la réaction de la personne qui est en face de vous : il va se montrer agacé ou bien il va s'empresser de choisir le turbot... qu'il préfère. Non, finalement, il prend tout son temps pour chercher un autre plat : une blanquette. Vous faites un effort pour détendre l'atmosphère et vous vous exclamez d'un air léger que c'est une bonne idée, que cela change, que justement vous en aviez envie vous aussi... Manque de chance : il n'y en a plus. Votre invité sourit et demande gentiment si c'est un sketch de la Caméra invisible : il contrôle et domine la situation et, après tout, vous êtes surtout là pour parler... Mais il peut aussi se fâcher : il contrôle encore la situation (... en l'occurrence surtout le serveur), mais ne la domine plus.

L'idée la plus répandue en matière de comportement reste le schéma behavioriste, le paradigme stimulus-réponse. En fait, toute situation, celle-ci ou une autre, suscite une réponse, mais le sujet ne se contente pas de réagir, il interagit en fonction d'éléments complexes. Au cours de votre laborieux déjeuner, l'attitude de votre invité dépendait beaucoup de son humeur, de ses expériences récentes au restaurant, de ses relations avec vous, du motif de votre rencontre, etc. Les spécialistes eux-mêmes ont mis longtemps à comprendre la nécessité de distinguer la réaction et l'interaction. Une réaction est une réponse à une situation donnée plus ou moins commune, plus ou moins standardisée ; elle renvoie toujours plus ou moins à l'idée de demande insatisfaite, de révolte, de défense vis-à-vis de la situation considérée comme agressive. Au contraire, une interaction est une réponse multiforme dépendant de nombreux facteurs, comme le caractère nouveau ou au contraire répété de la situation, la disposition du sujet dans l'instant, ses expériences antérieures, le contexte relationnel ou social de la scène, etc.

Dès lors, lorsqu'on examine ses propres comportements ou ceux des autres, on ne doit pas seulement décrire des réactions, on doit aussi considérer tout le potentiel d'actions en jeu et la palette d'attitudes, riches de dominantes mais aussi de couleurs secondaires dont chacun dispose face à une situation donnée. Ainsi, l'homme ne doit plus être regardé comme le réceptacle d'un nombre limité de programmes réactionnels typiques, mais comme un être capable de varier considérablement ses réponses.

L'étude de cette palette d'attitudes correspond à un changement fondamental dans la conception de notre intelligence, mais aussi dans celle de notre affectivité.

On ne cherche plus à décrire les réactions affectives, la colère, la peur, la joie, la tristesse, par le déclenchement de réactions innées, mais à comprendre, selon les situations auxquelles le sujet est confronté, la manière dont le sujet met en œuvre son intelligence et son affectivité. *Les émotions ne sont plus des réactions événementielles, mais des dispositions à répondre à une situation nouvelle.* On comprend mieux alors pourquoi elles sont plus ou moins associées au processus de résolution des problèmes, et ce quels qu'ils soient.

*
* *

Alors que selon l'approche cognitiviste proprement dite, le cerveau serait une machine à traiter de l'information et la pensée une simple suite d'opérations logiques modélisables, les néoconnexionnistes conçoivent l'architecture mentale en termes de réseaux : une opération mentale résulterait de l'activation globale d'éléments interconnectés et non d'une suite d'opérations logiques simples. Selon la perspective à laquelle nous nous référons, au contraire, le cerveau ne ressemble ni à un ordinateur ni à un réseau, mais à un organisme vivant en situation. La pensée se constitue par l'action, par l'interaction avec l'environnement, par apprentissages successifs d'essais et d'erreurs. Or ces processus mentaux sont issus du vivant. C'est ainsi que l'on passe du réflexe le plus élémentaire à la pensée la plus élaborée. Notre compréhension du monde fait appel à une connaissance du sens du monde qui nous entoure et donc à une somme considérable de connaissances et d'expériences. Le nombre de paramètres est tel que la combinatoire est incommensurable : l'informatique devient non signifiante, même si l'on suppose des ordinateurs suffisamment puissants et astucieux pour traiter un nombre incalculable d'informations. Surtout, la considération de nos actions quotidiennes conduit à déplacer l'action de nos mouvements, de nos pensées, de nos émotions, pris isolément, vers leur agencement global en unités correspondant à des énoncés ayant un sens pour soi-même et pour autrui. En fin de compte, une action est une scène, un scénario sous-tendant la coexistence d'un comportement, d'un but, d'une intention consciente ou inconsciente et d'un programme pour accéder à ce but.

Deuxième partie

Du stress à l'action

L'homme est né pour l'action comme le feu tend en haut et la pierre en bas. N'être point occupé et n'exister pas est la même chose pour l'homme.

Voltaire

L'homme est un potentiel d'actions. Mais celles-ci ne surviennent pas *ex nihilo*, indépendamment du contexte dans lequel on évolue. Pas d'action sans but, nous l'avons vu. Et pas de but sans contexte. De même, pas d'action sans émotions, lesquelles sont la plupart du temps déclenchées par les situations dans lesquelles on se trouve.

Aussi notre réflexion doit-elle maintenant s'orienter vers le déclenchement des actions en fonction des situations. Autrement dit, dans une situation identique, comment se fait-il que j'agisse d'une manière différente de mon frère ou de mon voisin ? Répondre à cette question impose d'explorer nos interactions avec l'environnement, c'est-à-dire ce que l'on appelle le stress. Comme on va le voir, au-delà de ce mot passe-partout se cache en fait un concept bien précis susceptible de nous faire mieux comprendre comment nous agissons dans la vie quotidienne.

Chapitre 3

Le coping

L'effort pour s'adapter

Tous les livres ou les articles consacrés au stress commencent par évoquer la difficulté d'un tel sujet. Vient ensuite un long développement sur les définitions possibles : « Le mot stress vient du latin *stringere,* qui signifie tendre, raide, serré... » Puis, on mentionne les différentes théories qui se sont succédé en la matière.

Lorsque, dans la vie de tous les jours, on parle du stress de la vie moderne, du stress au travail, c'est à l'environnement que l'on pense. Lorsque au contraire on se dit stressé, c'est la réponse individuelle à l'environnement que l'on invoque. Première équivoque. Et pourtant, la plupart des gens croient employer une notion claire désignant une réalité bien définie. Au point même qu'elle semble coller à notre époque et constituer presque le « mal du siècle ». Les magazines savent bien que le stress à la une est une garantie de ventes élevées et la publicité s'est emparée du mot. Une grande marque d'équipement de bureau propose la « semaine antistress », presque toutes les marques de cosmétiques ont leur crème de beauté et leur shampoing antistress, un groupement d'agences immobilières propose ses services antistress et bien sûr les voyagistes ont tous une destination antistress à proposer. Le terme semble ainsi avoir gardé ou retrouvé la signification qu'il avait en Angleterre au XVIIe siècle : il désignait alors la dureté de la vie, la fatigue et plus généralement l'adversité.

Plus récemment, la physique s'est emparée du mot dans le sens de force *(stress)* produisant une tension *(strain)*. Puis, en 1936, Hans Selye, un physiologiste émigré au Canada, a mis en évidence ce qu'il a appelé le syndrome général d'adaptation. Pour cela, il a soumis des rats à diverses « agressions » physiques (froid, traumatismes, chocs électriques, etc.) et il a observé les variations de certaines constantes physiologiques. Il s'est d'abord aperçu que quel que soit l'agent agresseur, la réponse physiologique du rat était toujours la même : c'est le syndrome général d'adaptation (SGA). Globalement, on constate d'une part une montée d'hormones appelées catécholamines (adrénaline et noradrénaline), qui ont notamment des effets sur le système cardiovasculaire et sur l'ensemble du métabolisme, et d'autre part, une montée des hormones corticosurrénales, qui régulent également le système métabolique et ionique, et qui ont des fonctions anti-inflammatoires. En réalité, comme l'organisme est un système, bien d'autres modifications hormonales, immunologiques et nétaboliques sont entraînées par les situations de stress.

On est donc passé de la description d'un mal-être, d'une vague souffrance en rapport avec l'environnement à l'idée de pression physique, pour en arriver à celle d'enchaînement de réactions neuro-endocriniennes. Au moins les scientifiques pensaient-ils avoir une définition stable du phénomène. Mais la science évolue : le syndrome général d'adaptation a très vite été mis à mal par de nouveaux travaux. La réaction physiologique en réponse aux agressions de l'environnement n'est contestée par personne. Ce qui l'est, c'est sa non-spécificité et l'idée qu'elle serait le résultat direct du stimulus et non de l'émotion produite par le stimulus. J. W. Mason a refait les expérimentations de Selye sur les rats en prenant des précautions pour éliminer les biais psychologiques : les rats n'avaient plus de réaction générale d'adaptation, mais des manifestations spécifiques en fonction du type d'agression auquel ils étaient soumis [1].

Le modèle de Hans Selye semble également avoir été transposé un peu rapidement à l'homme. Il était, en effet, facile de présenter l'homme comme un sujet victime des contraintes de son environnement, lesquelles, à force d'engendrer des réactions physiologiques, finissaient par le rendre malade, voire le faire mourir. C'est ainsi que l'on est arrivé au stress comme maladie du siècle. Cette façon de présenter l'environ-

---

1. J. W. Mason, « A Re-Evaluation of the Concept of " Non-Specificity " in Stress Theory », *Journal of Psychiatric Research*, 8, 323-333, 1971.

nement comme nuisible et l'homme comme une victime impuissante faisait probablement écho à l'idée, courante alors, que seule l'action sur les structures de la société dans son ensemble serait efficace. Si les idéologies ne sont plus d'actualité, cette conception du stress comme un mal diffus et omniprésent reste vivace.

Pourtant, les travaux les plus récents attestent qu'il était erroné de réduire le stress humain à celui qui peut être observé chez le rat de laboratoire. Mason en particulier a montré que chez les sujets dans le coma, les stimuli n'entraînent pas de sécrétion d'hormones surrénaliennes. C'est donc que les stimuli n'ont pas d'impact direct sur la physiologie du sujet, mais qu'ils doivent être filtrés par sa conscience. D'autres études ont ensuite mis en évidence que, selon qu'on est actif ou passif, une même situation entraîne des réactions différentes. Par exemple, si vous êtes en avion et si le pilote annonce que le train d'atterrissage est bloqué et qu'il va tenter de se poser sur le ventre, vous n'aurez pas la même réponse physiologique que le pilote. De même, les catécholamines des spectateurs et des joueurs d'un match de football ne sont pas stimulées de la même manière. C'est pourquoi on parle de stress actif et de stress passif.

Progressivement, on le voit, la communauté scientifique s'est écartée de la position de Selye. On préfère aujourd'hui parler comme Robert Dantzer de « mosaïque de réactions » [2]. Le stress n'est plus défini comme une pression qui pèse sur les individus ou comme la réponse de ce dernier, mais comme l'inter-

2. R. Dantzer, *L'Illusion psychosomatique*, Paris, Éditions Odile Jacob, 1989.

action entre un environnement et la réponse adaptative de l'individu à ce milieu. Un nouveau paramètre est ainsi introduit, qui est central : l'*adaptation.* Pour certains, on ne peut utiliser le terme de stress que lorsque les capacités d'adaptation sont dépassées, ce qui pose le problème de la limite à partir de laquelle on peut parler de dépassement ; pour d'autres, il y a stress à chaque interaction. Or il est clair que ces dépassements et ces interactions, par leur diversité et leur multiplicité, constituent le principal de notre vie quotidienne. On revient donc à un concept flou.

Aujourd'hui, aucun consensus véritable ne s'est établi autour de la définition du stress. Certains scientifiques s'accrochent aux réponses physiologiques, mais toutes les situations de stress, comme par exemple le décès d'un proche, n'entraînent pas systématiquement de réponse physiologique de l'organisme. Pour d'autres, le stress est la base de la psychosomatique. D'autres enfin se contentent de cette notion d'interaction sans vraiment préciser ce qu'ils entendent par là. Est-ce que le dimanche matin, lorsque je vais acheter des croissants, je suis stressé ? Je ne le ressens pas comme tel, et pourtant, il y a bien interaction entre l'environnement et moi-même. Faut-il alors conclure comme Hans Selye à la fin de sa vie, probablement découragé par tous ces rebondissements dans l'étude du stress, que « le stress, ça n'existe pas ; c'est une abstraction » ?

Notre hypothèse est qu'au contraire *le stress est un concept opératoire* pourvu qu'on le recadre. En effet, dès que l'on parle de stress, on fait nécessairement référence au sujet et à son environnement. Jusqu'ici tous les auteurs s'accordent. On a vu que certains préfèrent focaliser leurs études sur l'environnement lui-même, comme par exemple les ergonomistes qui étudient le stress professionnel à travers les qualités d'adaptation des outils pour celui qui les utilise. D'autres se penchent plutôt sur le sujet, soit sur sa biologie, soit sur son traitement cognitif conscient ou inconscient de la situation, soit enfin sur son comportement. Le risque dans un cas comme dans l'autre est de négliger une des spécificités du stress : l'interaction. En fait, pour comprendre le stress, il importe tout particulièrement d'être attentif à *l'impact des éléments contextuels sur les actions de l'individu*, autrement dit à toutes les manières que nous avons de *faire face* à l'environnement.

Le terme anglais de *coping* est aujourd'hui devenu courant en psychologie pour désigner ce qu'en français on appellerait « faire face ». Il recouvre aussi bien le traitement cognitif de l'information que le type d'action que l'individu développe face à des stresseurs. Ces différentes réponses ne relèvent pas seulement du domaine de la conscience. En effet, il semble que les réponses de l'individu vont de pair avec des phénomènes physiologiques bien particuliers. C'est ainsi par exemple que dans une situation donnée, si l'individu a l'impression qu'il peut contrôler ce qui lui arrive, il libère plutôt des hormones appelées catécholamines alors que s'il pense qu'il a perdu le contrôle de la situation, il libère une autre hormone : le cortisol. Ce constat a été fait par Marianne Frankenhaeuser, une psychologue suédoise. Depuis, on a pu montrer, dans certaines situations expérimentales, que la seule illusion de contrôle modifiait la réponse physiologique.

Prenez deux groupes d'individus auxquels vous allez envoyer de petites décharges électriques qui ne sont pas douloureuses mais tout de même assez désagréables. L'un des groupes dispose pendant l'expérience d'un bouton sur lequel les individus peuvent appuyer et qui sert à diminuer le nombre de décharges qu'ils reçoivent pendant les trois minutes que dure l'expérience. L'autre n'a pas cette possibilité. Compte tenu des résultats de M. Frankenhaeuser, il semblerait normal que les membres des deux groupes aient des réponses physiologiques différentes. Sauf que, durant cette expérience, le bouton ne sert à rien et que les deux groupes reçoivent toujours exactement la même décharge. Les membres du premier groupe ont donc seulement une illusion de contrôle qui suffit à modifier leur réponse physiologique.

L'étude de la manière dont les individus font face à leur environnement, si elle se focalise sur l'individu, doit prendre en compte les situations. On sait bien que chacun d'entre nous réagit à sa façon aux événements qu'il rencontre. Si l'on considère que le stress est le contexte qui nous pousse à nous adapter, le coping décrit à la fois les modes d'évaluation de la situation et les types d'action développés pour répondre à cette nécessité. Le coping permet donc de comprendre pourquoi, à contexte identique, un individu est stressé et un autre ne l'est pas. Comment se fait-il que votre secrétaire soit nerveuse et irritable dès que sa charge de travail augmente, alors que celle de votre collègue demeure souriante en toute occasion ?

La difficulté vient du fait que le coping comme l'interaction n'est pas suffisamment restrictif pour être un objet d'étude précis. De même que tout est interaction, tout est coping. Votre journée commence par votre manière de faire face à la sonnerie du réveil et se termine par votre façon de faire face à votre épouse qui vous souhaite une bonne nuit. Entre les deux, tout a été coping, car tout a été interaction avec l'environnement. Mais tout n'a pas été stress, car tout n'a pas nécessité un effort d'adaptation.

L'adaptation est donc caractéristique du stress. Encore faut-il préciser ce que l'on entend par là. Il y a adaptation à chaque fois que l'individu doit fournir un effort dans le contexte auquel il est confronté. Lorsque votre réveil sonne le matin et qu'il faut passer de la position couchée à la position debout, vous devez vous adapter. Donc, vous êtes stressé. Puis, en descendant, vous devez faire face à l'éternelle mauvaise humeur de votre concierge. Vous devez vous adapter : donc stress. Lorsque enfin vous affrontez le froid de l'hiver, il y a effort d'adaptation. Donc stress.

On voit bien qu'une fois encore, ces concepts sont très larges, trop larges pour être heuristiques. Il s'agit donc de déterminer précisément ce que recouvre l'expression effort d'adaptation. Un effort est une tentative consciente pour résoudre une difficulté. La notion d'adaptation suppose que cette résolution aille dans le sens de l'harmonie entre la situation et l'individu. Il n'y a effort d'adaptation que lorsqu'il existe des alternatives dans la manière de faire face à la situation. Lorsque votre réveil sonne le matin, si vous n'envisagez pas d'autres possibilités que de vous lever, il peut y avoir effort, mais pas effort d'adaptation. En revanche, si dans la même situation vous envisagez de vous rendormir et de ne pas faire ce que vous avez prévu, cette alternative vous offre la possibilité de vous adapter plus ou moins bien. Toute situation à laquelle le sujet répond de façon automatisée ne sollicite pas un effort d'adaptation et ne peut donc pas être considérée comme une situation de stress. Toute action purement automatisée, qui déroule des plans d'action s'enchaînant de façon répétitive, doit être exclue du champ d'étude du stress.

Cette restriction permet de dissocier stress et désagrément. Initialement, et encore aujourd'hui dans le langage courant, le stress était associé à une impression désagréable. C'est ce qui a conduit à distinguer le mauvais et le bon stress. La sonnerie du réveil induit une impression désagréable sans pour autant créer de stress si vous répondez par une attitude automatisée. Le stress ne correspond pas à un malaise ressenti et attribué à un contexte, mais à un degré d'adaptation de la réponse de l'individu par rapport à ce contexte.

On en arrive ainsi à un objet d'étude plus précis, bien que toujours complexe. *Le stress est alors défini par l'interaction du contexte et de l'individu, laquelle se traduit par des modalités de coping visant à permettre une adaptation à la situation.* Les deux paramètres classiquement pris en compte sont d'une part les caractéristiques de la situation, d'autre part celles du sujet, et ce en vue d'une performance, d'une réponse adaptée à la situation. L'homme étant un potentiel d'actions, celles-ci sont déclenchées par un contexte, au sens large, puisque des sensations internes comme la faim sont considérées comme contextuelles. La question essentielle est alors celle de l'efficacité des actions. Il est évident que c'est en fonction d'elle que l'individu s'adapte ou non et est plus ou moins stressé. Qu'est-ce donc qu'une action efficace ou inefficace ?

Faire face

Quelle différence entre le conducteur qui, brusquement, voyant surgir sur la route un animal, freine efficacement pour l'éviter et celui qui, en raison de la surface détrempée, perd le contrôle de sa voiture ? Si vous avez été confronté à ce genre de situation, vous pouvez vous rappeler ce qui vous est arrivé. Dans le premier cas, ce qui est remarquable, c'est qu'en une fraction de seconde, vous avez analysé la situation, puis organisé et enfin réalisé un plan d'action. Bien que complexes, toutes ces opérations n'ont pris que très peu de temps. La réaction de peur ou d'angoisse n'a surgi que dans un second temps. La pensée et sa réalisation motrice sont allées plus vite que l'émotion. D'ailleurs, celle-ci est restée relativement modérée car elle n'a surgi que lorsque tout a été réglé. Dans le second cas, il en va tout autrement : notre conducteur est impuissant, et son émotion s'accentue au fur et à mesure qu'il s'approche de l'obstacle, c'est-à-dire au fur et à mesure que ses plans d'actions apparaissent inefficaces. Dans les deux cas, le conducteur développe une réponse physiologique et psychique en regard de la situation, mais son intensité et sa spécificité semblent en rapport avec l'efficacité de l'action.

Chez nos deux conducteurs, il existe un point

commun. Ils tentent tous deux de contrôler la situation : l'un y parvient, l'autre non. Si le second finit par avoir un accident, c'est qu'il n'a pas su tenir compte du feed-back lui montrant l'inefficacité de son action ou qu'il n'a pas su mettre en place un autre plan d'action efficace. Autrement dit, la capacité à résoudre le problème de façon efficace et la faculté de tenir compte des effets d'une action alors qu'elle se déroule sont deux variables de la manière de traiter une situation stressante. Le conducteur qui perd le contrôle de son véhicule « sait » que ça ne va pas, mais échoue à mettre en place un plan d'action qui le ferait sortir de sa procédure.

Ces deux variables font partie des paramètres de ce qu'on appelle le coping. Parmi les différentes écoles qui étudient les modalités de coping, les tenants du modèle animal, comme N. E. Miller, considèrent que c'est un comportement appris en réponse à une situation dangereuse ou nocive qui permet d'avoir les perturbations physiologiques les moins fortes [3]. Cette définition est bien adaptée aux animaux, mais ne tient pas compte de la diversité des réactions humaines. De plus, elle limite l'efficacité du comportement à l'intensité des réactions physiologiques, ce qui ne correspond pas à bon nombre de situations de la vie. Aussi adopterons-nous la définition de Lazarus : *le coping serait l'ensemble des pensées et des actes développés par le sujet pour résoudre les problèmes auxquels il est soumis et ainsi réduire le stress qu'ils engendrent.*

---

3. N. E. Miller, *in Stress and Coping*, Monat et Lazarus eds., New York, Columbia University Press, 1991.

Depuis une quarantaine d'années que les chercheurs travaillent dans ce domaine, de nombreuses questions sont apparues. Il s'est tout d'abord agi de limiter le concept. Le coping est différent du comportement d'adaptation automatisé, dans la mesure où il suppose que le sujet fasse un effort d'adaptation. Autrement dit, nos conducteurs, tant qu'ils ne rencontraient pas de difficulté particulière, avaient un comportement automatisé ; au moment où l'animal survient sous leurs roues, ils développent un mode de coping.

Il convient également de distinguer le coping du résultat de l'action. Pour des auteurs comme Hann et Menninger, le coping est efficace et s'oppose aux mécanismes de défense qui sont inefficaces. Mais, comme le fait remarquer Vaillant, le coping peut être une application adaptée des modes de défense. La confusion entre coping et résultat reviendrait à confondre les moyens avec la fin. On doit au contraire considérer l'ensemble des efforts développés indépendamment de leur efficacité. Enfin, il n'existe pas de stratégie qui soit bonne en soi. L'efficacité d'une stratégie est seulement déterminée par les effets qu'elle produit à moyen et long terme. Ainsi, une étude menée dans un premier temps par Wolff, en 1964, puis par Hofer, en 1972, montre que les parents d'enfants leucémiques qui réagissaient en niant la maladie avaient moins de signes physiologiques de stress que les autres. En revanche, ces mêmes parents, deux ans après la mort de leur enfant, avaient des marqueurs physiologiques de stress supérieurs à ceux qui avaient accepté dès le début la maladie. Dès 1958, d'ailleurs, Janis avait insisté sur l'importance du facteur temps et indiqué que les patients les moins inquiets avant une intervention sont précisément ceux qui éprouvent le plus de détresse après.

Il reste à mesurer le coping. La tâche est d'autant plus ardue qu'une foule d'observations indique que c'est un amalgame complexe de pensées et de comportements. Il convient donc de différencier les bonnes manières de s'adapter des mauvaises. Ainsi, en 1959, Gardner a indiqué que certaines formes de contrôle cognitif sont en fait des styles de coping cognitif mis en place par l'individu pour s'adapter aux événements extérieurs. L'un d'eux vient de l'opposition entre le *leveling*, qui est la faculté de voir les choses de façon similaires à des expériences antérieures, et le *sharpening*, manière de voir les choses en termes de différence avec ce qui a été vécu antérieurement [4].

Si l'on s'accorde en général à considérer qu'il n'est pas de bon mode de coping en soi, il n'en demeure pas moins que chacun cherche à établir une typologie et à vérifier que ceux qui correspondent à telle ou telle typologie sont moins stressés ou plus adaptables en fonction des circonstances. C'est dans cet esprit que Salvatore R. Maddi et Suzanne C. Kobasa ont développé le concept de « personnalité hardie », qui comprend le sens du contrôle sur ce qui arrive, l'investissement dans les différents champs de vie et la

---

4. On pourrait ainsi voir en Gardner l'un des précurseurs de la distinction entre les modes d'action procédural et déclaratif (voir chapitre 4). Mais si le *leveling* est un mode de contrôle qui relève du procédural, en revanche, le *sharpening* n'est pas à proprement parler un mode de contrôle déclaratif mais s'oppose aux procédures antérieures. Gardner ne souligne pas explicitement ce qui fait la spécificité du fonctionnement déclaratif, à savoir la progression en réseau et par association contrairement à la progression procédurale qui est linéaire et par déduction.

manière de voir les changements comme des défis. La personnalité hardie permettrait de minimiser les risques de devenir malade dans les situations où le sujet est soumis à de forts stresseurs.

Pearlin et Schooler, quant à eux, ont proposé un questionnaire pour mesurer le coping dans quatre cadres [5] : mariage, gestion de l'argent du foyer, relations familiales, relations professionnelles. Ils mesurent le coping plus comme un mode de fonctionnement usuel, un « habitus », que comme une manière de faire actuelle. L'analyse met en évidence les facteurs essentiels dans chacun de ces cadres :

– Six facteurs de *coping marital* : confiance en soi vs recherche de conseil ; contrôle des réflexes vs décharge émotionnelle ; négociation ; comparaison positive ; patience passive vs affirmation de sa volonté ; ignorance sélective.

– Cinq facteurs de *coping parental* : ignorance sélective ; comportement non punitif vs confiance dans la discipline ; confiance en soi vs recherche de conseil, comparaison positive ; exercice du pouvoir vs résignation.

– Quatre facteurs de *gestion de l'argent du foyer* : ignorance sélective ; optimisme ; comparaison positive ; dévalorisation de l'argent.

– Quatre facteurs *professionnels* : substituts ; comparaison positive ; action optimiste ; ignorance sélective.

Cependant, les résultats sont parfois caricaturaux et conduisent à des évidences. Ainsi, dans cette même

5. *In Stress and Coping*, *op. cit.*

étude, la comparaison des différents milieux socio-économiques montre que ceux qui utilisent les meilleures stratégies sont ceux qui ont reçu une éducation poussée, qui sont aisés et de sexe masculin. En dehors de la dernière assertion, qui paraît surprenante, les deux premières semblent assez corrélées entre elles. Elles ne font pas véritablement progresser la réflexion sur le coping.

Si les modes de coping s'apparentent à des dispositions habituelles, il faut toutefois les distinguer des traits de personnalité stables dans le temps et identiques dans toutes les situations. La stabilité dans le temps du coping est discutée : si Gorzynzki affirme que certains traits sont stables dans le temps, S. Folkman et R. S. Lazarus soutiennent le contraire. Contrairement aux traits de caractère souvent considérés comme fixés, la manière d'appréhender les situations et les plans d'action mis en place serait variable en fonction des expériences vécues par les individus. Or il est évident que les plans d'action sont plus pertinents à étudier dans le cadre du coping que les traits de caractère. Certains auteurs ont différencié les rôles sociaux en formant l'hypothèse que les modes d'adaptation ont leur spécificité dans chacun d'eux. Nous avons cité plus haut les travaux de Pearlin et Schooler qui distinguent quatre cadres ; cette pratique est en accord avec beaucoup d'autres auteurs qui considèrent qu'il faut prendre en compte la complexité de la vie.

La plupart des questionnaires de coping mettent en évidence des dimensions assez disparates qui vont de l'évitement à la recherche d'un support social en passant par le contrôle de soi ou l'acceptation des responsabilités [6]. En fait, trois des variables essentielles sont le contrôle, la prévisibilité et le feed-back [7]. Elles permettent de comprendre les données d'un problème précis, de traiter l'imprévu et de réduire l'incertitude. Grâce au contrôle, l'organisme élimine ou du moins régule la durée et l'intensité des stimuli. La prévisibilité atténue l'incertitude. Le feed-back réduit également cette incertitude dans la mesure où il apporte à l'organisme des informations sur l'efficacité et le succès de l'action en cours.

Cependant, un autre élément doit être pris en compte : la peur ou l'angoisse suscitée par la situation. Cette prise de conscience est évidemment liée aux réactions physiologiques que le corps manifeste, lesquelles surviennent dès le début du problème que le sujet doit résoudre, les études sur l'élévation du cortisol plasmique, véritable hormone du stress, l'ont bien montré. Toutefois, la prise de conscience de cette réaction physiologique est plus lente que la prise de conscience mentale et le traitement mental et moteur de la situation. De plus, cette réaction physiologique s'accroît d'autant plus que le sujet est impuissant pour faire face à la situation.

C'est clair, l'étude du coping cherche à mettre en évidence les modes de traitement de l'information et d'action des individus en situation. L'objectif est-il atteint ? En effet, les questionnaires mettent en évi-

6. S. Folkman et R. S. Lazarus, *Manual for the Ways of Coping Questionnaire*, Palo Alto, Consulting Psychologists Press, 1988.
7. D. S. Palermo, *Coping with Uncertainty*, Hillsdale, New Jersey, L.E.A., 1989.

dence un certain nombre d'événements cognitifs et de plans d'action qui sont remarquables par leur caractère répétitif. Ainsi, on peut dire que tel père de famille a une tendance à l'ignorance sélective ou encore que tel époux contrôle ses réflexes. Puis, on forme l'hypothèse qu'ils reproduiront ce type de coping dans les différentes situations qu'ils rencontrent. À ce stade du raisonnement, on ne tient plus compte de la spécificité de la situation et on considère que l'individu répète globalement une même attitude.

C'est là que se trouve la plus grande faiblesse des études consacrées au coping. Elles identifient des attitudes face aux situations d'adaptation que rencontrent les individus, puis considèrent qu'elles sont reproductibles. Jusqu'à quand ? Les auteurs s'accordent à considérer que ce n'est pas fixé dans le temps, mais ne savent répondre plus précisément à cette question. Pour faire avancer la réflexion, il faut différencier dans l'action ce qui est répétition et ce qui au contraire tient compte de l'unicité ou de la nouveauté du contexte pour introduire un changement de coping. Cela suppose que l'on précise les deux modes de fonctionnement essentiels qui structurent l'action : le fonctionnement procédural et le fonctionnement déclaratif. Ce sera l'objet du chapitre suivant. Mais on ne fait pas toujours face... Il est des cas aussi où, face à une situation stressante, nous ne parvenons pas à poursuivre le fil de nos actions. Ce n'est pas encore la dépression, mais nous restons comme bloqués sur ce qui vient de se passer, sur notre échec par exemple, que nous ressassons.

Chacun sa vérité

Faire face à un événement indésirable ou imprévu, une maladie physique, une perte d'emploi, le décès d'un être cher déclenche plusieurs événements physiques et psychiques : une réaction émotionnelle, de la peur, de la colère, de l'angoisse, une dépression, la recherche et l'attribution de causes ou de reproches à soi-même ou aux autres, la recherche d'un sens à cet événement, de l'aide que les autres pourraient fournir. L'analyse de ces différents domaines et de leur interrelation est à l'origine de nombreux travaux. Les chercheurs ont tenté de comprendre pourquoi par exemple certaines personnes victimes d'événements imprévisibles et incontrôlables s'accusaient d'avoir fait des erreurs ; d'autres ont cherché à savoir si les attitudes de reproche favorisaient ou défavorisaient l'adaptation à l'événement et si l'effet sur cette adaptation était immédiat ou retardé ; d'autres ont encore cherché quel était l'effet de l'attitude qui consiste à minimiser les événements désagréables en se comparant avec des gens plus malheureux, etc. L'analyse de ces différentes variables renvoie à des champs théoriques différents, la réaction émotionnelle à la psychobiologie, la capacité de trouver un sens à la psychanalyse, l'attribution de causes ou de valeurs à la psychologie cognitive, le rôle reçu de l'extérieur à la psychologie sociale, tous ces essais d'explication n'étant pas incompatibles les uns avec les autres.

Paradoxalement, une question toute simple a été peu étudiée : pourquoi les personnes qui ont été confrontées à un événement désagréable ou imprévu dans leur vie ont-elles ensuite du mal à s'engager et à maintenir des activités qu'elles souhaitaient réaliser pour faire face à ces événements ? Ce type de stress peut certes réduire la capacité du sujet à développer des intentions, mais il influence aussi les relations entre l'intention et le comportement. En d'autres termes, chez des gens qui expriment une capacité et une motivation pour réaliser un but à la suite d'un traumatisme, pourquoi constate-t-on qu'ils échouent souvent dans ce projet après avoir été confrontés à un événement désagréable ou imprévu ? Les relations habituelles entre intention et action semblent alors avoir été rompues ou entravées.

Différentes théories ont été proposées pour expliquer cette absence d'action appropriée ou souhaitée. La théorie behavioriste a proposé l'hypothèse que le sujet manque alors de stimulus pertinent ou de stimulus conditionnel de renforcement pour que le comportement intentionnel se réalise. Une autre théorie behavioriste repose sur l'idée que le programme intentionnel ne peut se dérouler en raison de l'absence des capacités nécessaires pour l'action envisagée. Par exemple, un sujet se déplaçant dans un pays dont il ne connaît pas la langue souhaite se faire aider pour trouver son chemin, mais il n'y parvient pas en raison de ses difficultés à se faire comprendre. Une autre théorie d'orientation behavioriste a soutenu que la probabilité de réussir une action intentionnelle dépendait de la perception qu'avait le sujet de l'image de lui-même, c'est-à-dire de sa capacité à réaliser cette action.

Mais aucune de ces théories n'a expliqué pourquoi ces personnes n'arrivent pas à réaliser la tâche qu'elles se fixent alors qu'elles ont une motivation, des capacités et des stimuli suffisants. La théorie dite du « contrôle de l'action » a alors proposé l'explication suivante : il existe des individus qui sont « orientés vers l'action » et d'autres qui sont « orientés vers la réflexion de l'état tel qu'il est vécu ». Selon cette théorie, un haut degré d'orientation vers l'action dirige et contrôle le processus affectif et cognitif qui facilite la réalisation d'une intention et ce, à l'inverse d'un haut degré d'orientation vers la réflexion.

Une personne est donc dite orientée vers l'action lorsque son esprit est simultanément ou successivement concentré sur :

– les caractéristiques de l'état présent,
– les caractéristiques de l'état à venir,
– les caractéristiques de l'écart entre ces deux états,
– au moins une action alternative qui peut réduire ou faire disparaître cet écart.

À l'inverse, on constate qu'une personne s'oriente vers la réflexion si une au moins de ces étapes fait défaut.

L'auteur de cette théorie, Julius Kuhl, défend l'idée que le degré de contrôle de l'action d'une personne dépend des paramètres dispositionnels, ou si l'on veut des caractères personnels, et de paramètres situationnels. En particulier, l'imprévisibilité et l'incontrôlabilité des résultats de l'action envisagée empêchent une orientation vers l'action et déclenchent une orientation vers sa réflexion, si ce n'est une rumination.

Il existe une situation extrêmement pénible dans laquelle le résultat de ce qu'on peut faire est imprévisible et incontrôlable : il s'agit du moment où l'on apprend qu'un être que l'on aime est atteint d'une maladie mortelle. Les psychologues se sont penchés attentivement sur ce problème afin de venir en aide aux personnes confrontées à cette situation. Ils ont alors constaté que plus cet événement est inattendu, c'est-à-dire plus le délai entre cette annonce et le décès de l'être aimé est court, plus la personne proche manifeste pendant longtemps une rumination : 61 % des personnes qui avaient appris l'issue fatale d'un être cher dans au plus quinze jours se demandaient toujours pourquoi cette mort était survenue deux à quatre ans plus tard. Ce pourcentage était nettement inférieur chez ceux qui avaient pu se préparer beaucoup plus longuement à ce stress. L'effet de surprise d'un événement grave favorise chez les personnes qui y sont confrontées des « intentions sans action », c'est-à-dire des intentions, des souhaits, des désirs qui ne peuvent pas se réaliser parce qu'elles sont incapables de se détacher d'objectifs devenus impossibles. Même si les sujets constatent que leurs désirs sont irrationnels (faire un voyage avec l'être cher disparu, réaliser un projet qui avait été envisagé à deux), ils ressentent une très forte tendance à s'engager dans ce type d'actions irrationnelles qu'ils savent cependant ne plus pouvoir réaliser. Évidemment, ces ruminations interfèrent avec la possibilité d'envisager de nouveaux projets et encore plus de les exécuter.

Un autre exemple d'intention sans action est la

tendance à persévérer dans des rôles sociaux qui ne sont plus appropriés. Cette situation se rencontre tout particulièrement chez des sujets qui brusquement se trouvent au chômage ou encore à la retraite sans s'y être préparés. Ils souffrent beaucoup de cette situation et sont envahis par des pensées qui tournent tout autour de leur situation passée, du rôle social que cela représentait, et du maintien à tout prix de ce rôle. Ils se focalisent sur le passé ou sur le présent mais ne peuvent penser à l'avenir. Cette orientation vers la rumination n'est pas seulement due au développement d'intention sans action ; elle peut être la conséquence d'une évaluation excessive d'actions alternatives. Par exemple, une femme qui considère avoir fait un mauvais mariage peut passer son temps à ruminer toutes les alternatives qui la sortiraient de cette impasse : divorcer, tromper son mari, se séparer momentanément, travailler à une meilleure compréhension de son époux, faire un dernier effort, demander conseil à une amie, consulter un spécialiste, etc. L'orientation vers la rumination lui suggère un trop grand nombre d'actions possibles qu'elle ne peut hiérarchiser ; elle ne peut se décider sans ressentir une angoisse, une culpabilité ou un sentiment de perte par rapport à telle ou telle autre possibilité.

Les situations particulièrement pénibles, surtout lorsqu'elles sont imprévues et incontrôlables, déclenchent ainsi une orientation vers la rumination, par intention sans action ou par excès d'actions possibles et ce quelles que soient les dispositions naturelles.

Si nous sommes plongés dans une phase prolongée d'orientation vers la réflexion ou vers l'état tel qu'il est vécu, beaucoup d'actions importantes pour la pré-adaptation à l'environnement ne sont pas engagées. Le problème est encore plus crucial en situation de crise ou de stress. L'expérience d'échec répétée d'engagements dans l'action peut mener à un sentiment d'impuissance secondaire : par exemple, une femme qui vient de perdre son mari peut inviter une amie pour ne pas se retrouver seule, elle peut demander conseil à son notaire, elle peut ranger les affaires de son mari ou donner à ses enfants certains objets. Si elle est prise par un état prolongé de rumination, elle ne s'engage dans aucune de ces actions et vivra un sentiment d'échec ou d'impuissance qu'elle peut s'attribuer. Elle se sent alors plus incompétente encore. En raison de cette orientation vers la rumination, tout ce qu'elle a planifié de faire est stoppé. Se développe alors une attribution globale stable et interne d'incapacité d'agir. Un cercle vicieux s'installe entre l'inaction et la rumination.

Dans certains cas d'orientation vers la rumination, le sujet peut éviter de s'engager dans une action qui devrait être réalisée au moment de cet état, par exemple une démarche auprès d'un nouvel employeur, la vente ou l'achat d'une nouvelle habitation. Une preuve expérimentale de ces effets négatifs a été donnée par J. Kuhl. Ce dernier a soumis à un questionnaire, destiné à mesurer les dispositions vers l'action et les dispositions vers la réflexion, des patients qui avaient été opérés d'une hernie. Ceux qui étaient considérés au départ comme orientés vers la réflexion disaient souffrir plus et réclamer deux fois plus de sédatifs que ceux qui étaient considérés comme orientés vers l'action.

Une question reste cependant posée : est-il toujours mauvais d'être orienté vers la réflexion ? Chacun peut comprendre que, dans certaines situations, il peut être utile de ne pas s'engager trop vite dans l'action et de rester expectatif ou réflexif. Cela permet de mieux comprendre la situation, d'imaginer des solutions nouvelles, de prendre du recul face à une situation pour laquelle il n'y a pas de solution. La psychanalyse et Freud le premier ont bien montré l'intérêt d'un travail mental d'élaboration et de perlaboration, qui consiste à considérer à plusieurs reprises l'expérience ou les expériences traumatiques que l'on a vécues afin de leur donner un sens et de parvenir à une meilleure maîtrise de l'événement. Le déni ou la négation de tout problème ou de toute particularité importante, la fuite en avant par l'action intempestive ou l'hyperactivité peuvent être à l'origine d'une inadaptation encore plus grande que l'attitude de rumination.

De plus, cette attitude correspond mieux aux capacités physiques et énergétiques d'un individu confronté à une situation particulièrement difficile ou pénible, qui est toujours source d'accroissement de fatigue physique. Une période de réflexion peut aider le sujet à conserver un minimum d'énergie pour faire face à la situation et attendre une période plus propice pour développer des activités dont les chances de réussite sont alors physiquement plus probables.

Cependant, il n'est pas possible de répondre simplement à la question de savoir s'il vaut mieux être orienté vers l'action ou vers la réflexion pour faire face à une situation importante de stress. Surtout, durant les tout premiers temps d'une situation pénible, imprévue et incontrôlable, une orientation vers la réflexion peut être bénéfique si le temps le permet. Par contre, certains événements de la vie réclament des réactions rapides et appropriées, qui sont ensuite irréalisables si elles n'ont pas été exécutées au bon moment.

Il ne faudrait pas non plus croire que l'orientation vers l'action ou l'orientation vers la réflexion sont les seuls moyens de faire face à une situation de stress. L'énergie physique est tout aussi importante, tout comme la signification que prend l'événement pour un sujet par rapport à son histoire personnelle et le support positif ou négatif que fournit l'environnement familial ou social.

L'orientation vers la réflexion n'est pas nécessairement mauvaise, du moins pour un temps. Néanmoins, la question qui se pose tôt ou tard est celle du passage de la réflexion ou de l'intention à l'action. Chacun s'accorde pour reconnaître que ce passage ne peut être effectué que par le sujet lui-même. Tout conseil ou attitude censé décourager l'orientation vers la réflexion a plutôt pour effet de décourager l'individu stressé d'agir. Toutes les études montrent que décourager la réflexion et encourager l'orientation vers l'action ne sont pas considérés comme une aide par les personnes en crise. Au contraire, beaucoup suggèrent que les victimes de stress recherchent avant tout la possibilité d'exprimer leurs sentiments et leurs pensées et donc de s'orienter vers des réflexions qu'ils puissent communiquer aux autres. Cette possibilité est vécue selon la majorité de ces recherches comme l'aide la plus efficace. Le fameux « Secoue-toi » est inutile s'il ne vient pas du sujet lui-même. Pourtant, il est toujours tentant pour l'entourage de proposer cette recette, tellement l'inaction, la réflexion tournant à la rumination et l'évocation sempiternelle des problèmes du sujet stressé sont pénibles pour les proches.

La question reste donc de savoir comment les sujets fortement stressés passent d'eux-mêmes de la rumination à l'action. Si l'entourage écoute, comment le sujet stressé bénéficie-t-il de cette aide et parvient-il à effectuer ce passage ? Il semble que l'étape intermédiaire est celle de l'image de l'action, c'est-à-dire de la représentation imagée de l'état futur et du chemin pour y arriver. Cette image mentale de l'action n'est donc plus tout à fait une rumination, mais pas encore tout à fait un engagement dans l'action.

En somme, si dans une situation fortement stressante les facteurs personnels favorisent une orientation vers la réflexion et à un degré de plus vers la rumination, l'engagement dans l'action n'est pas toujours d'emblée la solution. Mais elle ne doit pas non plus être retardée. Pour permettre au sujet fortement stressé ce passage de la rumination à l'action, le fameux « Secoue-toi » est plutôt décourageant ; par contre, la possibilité de confier aux autres ses réflexions et de se constituer une représentation imagée de l'action et de son déroulement sont les meilleurs moyens pour réaliser ce passage de l'intention à l'action et renouer le fil de nos activités.

Chapitre 4

Savoir et savoir-faire

Lors d'un *Apostrophe* enregistré à Stanford, aux États-Unis, et consacré à René Girard et à Michel Serre, Bernard Pivot demandait à ce dernier ce qui les différenciait l'un de l'autre. Michel Serre choisit une comparaison de registre animalier et, se présentant comme un renard, il identifia René Girard à un sanglier. Le sanglier, lorsqu'il sent quelque chose, creuse, s'enfonce, va au fond des choses. Le renard, lui, furète au gré de ses rencontres et fait des associations entre les différents lieux par lesquels il passe.

De même, notre vie quotidienne doit répondre à deux impératifs : utiliser, en fonction des situations, les connaissances conscientes ou inconscientes dont on dispose, par le biais d'un réseau associatif, et les organiser en vue de réaliser des buts. Le fonctionnement en réseau et par association est appelé *déclaratif* et celui qui obéit à un ordre hiérarchisé est appelé *procédural.* (Nous avons gardé ces termes qui font référence à des travaux de cognitivistes, même s'ils sont peu explicites par rapport à ce qu'ils sont censés dire.) Cette distinction correspond à l'opposition classique entre le « savoir que » et le « savoir comment ». Un ami nous racontait que sa grand-mère, fine cuisinière, avait en vieillissant conservé ses capacités à réussir des recettes délicieuses, mais elle ne pouvait plus expliquer ce qu'elle faisait. On retrouve la différence entre savoir et savoir-faire. Du reste, elle correspond à l'opposition désormais familière en informatique entre base de données et programme. Certains sont même allés jusqu'à proposer l'idée que notre cerveau comportait deux types de mémoire, l'une déclarative contenant des informations, des idées, des données, et l'autre procédurale composée de méthodes, de règles, de procédures permettant de gérer ces informations, ces idées, ces données. Des études ont en effet bien montré que ces différences s'accentuent dans certaines maladies dégénératives du cerveau : la mémoire procédurale est conservée beaucoup plus longtemps et bien mieux que la mémoire déclarative.

Si l'homme est un potentiel d'actions, il nous faut comprendre les mécanismes essentiels qui président à leur succession. L'action est provoquée en interaction avec l'environnement, mais elle n'est évidemment pas entièrement dépendante de l'environnement. C'est cette interaction entre le déroulement des actions de l'individu et l'environnement dans lequel il évolue qui relève du coping. En effet, comment comprendre que certaines personnes sont bloquées face à une situation, alors que d'autres sont stimulées et comme dopées ?

En fait, l'étude de ces deux modes de fonctionnement semble propre à élucider l'ensemble des registres de la vie quotidienne. Le *déclaratif* et le *procédural* forment également une grille de lecture de l'action humaine qui permet de comprendre de façon nouvelle le stress, dans la mesure où elle est directement liée aux capacités d'adaptation.

Le maniaque et le déprimé

Commençons par la pathologie. C'est souvent une caricature du mode de fonctionnement de l'individu normal. La maladie maniaco-dépressive est caractérisée par des états pathologiques opposés survenant successivement chez un même sujet. Au cours des phases maniaques, le sujet est rapide et désordonné à l'excès dans sa manière de penser et d'agir. Il fait des coq-à-l'âne en permanence, il entreprend tout et ne finit jamais rien et il est euphorique. Tout fonctionne trop vite et les éléments contextuels viennent en permanence parasiter le cours de ses actions et de ses pensées en les modifiant. Il fait des jeux de mots inattendus, capte un bruit, une image et leur donne un sens exagéré ou inattendu. Le même sujet au cours des périodes dépressives est ralenti ; tout est long, difficile et douloureux. Il se désintéresse de son environnement ou alors c'est pour y trouver de quoi accroître son sentiment de douleur, de culpabilité et de tristesse. Il ne fait plus rien, n'a envie de rien et est envahi d'idées de mort. Certains sujets n'ont que des accès maniaques, d'autres seulement des accès dépressifs. Pour simplifier, nous opposerons le maniaque, c'est-à-dire le sujet en état maniaque, et le déprimé, c'est-à-dire le sujet en dépression.

La différence entre le maniaque et le déprimé est évidente : tout semble les opposer et, depuis un siècle, les descriptions et les analyses concernant cette pathologie abondent. Mais si l'on s'intéresse au mécanisme des actions du déprimé et du maniaque, la différence est de deux ordres. La première est évidemment le rythme : le déprimé est « lent », le maniaque « agité ». Toutes leurs actions sont fonction de cette modification de cadence. Le maniaque pense, agit et ressent vite, trop vite. À l'inverse, le déprimé est d'une lenteur désespérante pour lui aussi bien que pour son entourage.

L'autre différence essentielle entre le déprimé et le maniaque concerne la manière dont s'organisent leurs actions. Le maniaque multiplie les actions. Au lieu de poursuivre une action par étapes logiques, il s'interrompt pour se lancer dans une nouvelle action dont il a eu l'idée par association. Alors qu'il se rase, la mousse à raser lui fait penser à des blancs d'œufs montés en neige et le voilà parti préparer une mousse au chocolat pour ses enfants sans même finir de se raser. Mais le livre de cuisine dont il dispose ne lui plaît plus : il court en acheter un autre et, en chemin, repensant au goûter de ses enfants, il songe qu'un cadeau serait bienvenu. Oubliée la librairie ! Le voilà poussant la porte d'un magasin de jouets. Et ainsi de suite. En fait, le maniaque *a perdu ce qui ordonne et hiérarchise ses plans d'action.* En revanche, il regorge d'idées et fait des jeux de mots à profusion, car ses mécanismes associatifs sont particulièrement facilités. Une des raisons qui font de cet état une pathologie est d'ailleurs liée à cette incapacité à organiser des plans d'action et à faire aboutir une action, car pour le reste le maniaque est euphorique et heureux de son sort, même s'il est parfois très anxieux. Son état est surtout pénible à supporter pour son entourage.

Le déprimé, tout au contraire, n'a plus qu'une idée : tout ce qu'il perçoit est intégré à une même procédure qui vise à confirmer son incapacité, sa culpabilité et son souhait de fuir le monde dans lequel il souffre, soit par le sommeil, soit par la mort. Il ne se rase plus, mais s'il le faisait, la mousse à raser ne lui suggérerait pas de préparer une mousse au chocolat pour sa petite famille. Non, il songerait surtout au rasoir et à sa propre souffrance ou même à sa mort. Le déprimé a de moins en moins d'activités et de pensées et celles qu'il a encore s'inscrivent dans une procédure dominée par un fond de culpabilisation et de dépréciation : si je le fais (ou si je le pense), je le fais mal (ou je le pense mal). Outre sa tendance à fonctionner sur un mode procédural, le déprimé perd ses capacités déclaratives de deux façons. D'une part, il ne s'intéresse plus au monde environnant, ce qui diminue d'autant les « déclenchements » associatifs, d'autre part, il ne semble plus avoir accès à son réseau associatif. Ainsi, outre la douleur psychique, le déprimé souffre de n'avoir plus d'idées et d'avoir perdu toute capacité d'adaptation aux situations nouvelles.

Chez le maniaco-dépressif, on constate que les phases pathologiques sont caractérisées par un mode d'action privilégié. Maniaque, il fonctionne principalement par associations avec des successions que nous appellerons déclaratives, qui n'aboutissent jamais ; déprimé, il fonctionne surtout sur une procédure interne marquée par la culpabilité.

Il est frappant de constater que les thérapies fonctionnent de façon privilégiée dans l'un et l'autre des registres. Si l'on revient à la polémique entre comportementalistes et psychanalystes, on note que les premiers reprochent aux seconds d'être flous, d'entraîner les patients dans des cures sans fin ni but précis, alors que ce qui est reproché aux comportementalistes, c'est d'être trop schématiques et de proposer à tous des thérapies identiques. De fait, la pratique analytique favorise la démarche déclarative, notamment par les associations d'idées et par la recherche de chaînons sémantiques signifiants pour le thérapeute. Il n'y a évidemment pas de visibilité précise sur la fin de la thérapie, car on ne peut avoir d'*a priori* sur ce à quoi mènent les associations. C'est d'ailleurs l'une des garanties d'une bonne analyse. De même, rien ne permet d'avoir des certitudes sur la validité des associations qui sont faites et qui, indépendamment de la qualité des thérapeutes, sont différentes de l'un à l'autre. La pratique des comportementalistes, à l'inverse, s'inscrit dans un cadre procédural rigoureux : la thérapie répond à un but précis (débarrasser le patient de son symptôme), comporte un nombre de séances à peu près déterminé à l'avance et suit une technique thérapeutique parfaitement reproductible d'un thérapeute à l'autre. Ainsi les reproches faits aux analystes trouvent-ils une de leurs origines dans l'apparent manque de procédure de leur pratique, tandis que le prétendu simplisme des comportementalistes s'expliquerait par l'impression qu'ils donnent de rester figés dans des procédures non déclaratives.

Le procédural et le déclaratif

L'action telle que nous l'avons définie, c'est-à-dire mêlant le penser, le ressentir et l'agir, est en permanence une combinaison de procédural et de déclaratif. Nous formons l'hypothèse que les modes de fonctionnement procéduraux et déclaratifs constituent les deux composantes essentielles de toute action.

Le premier cas résulte de l'enchaînement d'unités d'actions qui sont organisées selon une loi séquentielle. Une unité d'action en appelle une autre dans un déroulement pré-organisé en fonction d'un but précis. Le matin pour vous raser, vous commencez par humidifier votre visage, puis vous appliquez la mousse à raser pour enfin passer le rasoir. Chacune de ces actions entraîne l'autre selon une procédure acquise qui se déroule toute seule dès qu'elle est enclenchée, comme une table de multiplication que l'on récite. Certaines expressions populaires, du type « on connaît la chanson », illustrent bien ce mode de fonctionnement. Pour mieux comprendre ce qu'il faut entendre par action procédurale, amusez-vous à demander à vos proches de répéter dix fois le mot « fourquette ». Puis, demandez-leur avec quoi ils mangent leur soupe. Vous serez surpris du résultat : la plupart des gens répondent « avec une fourchette ». Nous disposons ainsi de quantités de procédures, qui vont de conduire sa voiture à être amoureux. Leur caractéristique principale est de répondre à un système organisé hiérarchisé. Une procédure n'est pas obligatoirement automatisée ; elle est hiérarchisée en fonction d'un but précis et déterminé. En effet, l'amoureux est procédural dans la mesure où ses actions sont hiérarchisées de façon à accéder à l'objet aimé mais il est évident que ses actions ne sont pas automatisées.

Le fonctionnement déclaratif, à l'inverse, est associatif et sans hiérarchie. Lorsque je dis rouge, vous pouvez penser aussi bien au sang, au communisme, aux fraises ou au soleil couchant. Le mot rouge va puiser dans l'ensemble de votre mémoire pour suggérer des associations qui n'ont rien à voir les unes avec les autres. J.-F. Richard définit les connaissances déclaratives de la façon suivante : « Les connaissances relationnelles décrivent les objets en précisant leurs composantes élémentaires et la nature des relations existant entre ces composantes. » Il est évident que selon la situation dans laquelle vous vous trouvez, vous privilégiez certaines associations. Mais, hors contexte, les associations peuvent être les plus libres possible. Le fonctionnement déclaratif est en réseau et horizontal. Le texte poétique qui joue d'associations utilise le mode déclaratif au sein parfois d'un cadre procédural bien fixé (nombre de pieds, alternance des rimes, etc.). Le fonctionnement déclaratif est donc sans but déterminé : on ne sait pas par avance où mène le jeu associatif. Il peut ne mener à rien comme à une grande découverte. On cherche une idée dans un but précis, mais par définition, on ne sait pas quelle idée on cherche, à la différence de l'action procédurale qui sait précisément où elle va.

Ces deux types de fonctionnement sont en interaction permanente. Pendant que vous vous rasez, la mousse à raser vous fait penser à la neige (déclaratif), vous continuez à vous raser en rêvant de vos vacances au ski (deux procédures en même temps, une procédure motrice, se raser, une procédure de pensée, rêver au ski), puis vous entendez à la radio le bilan des accidents de la route. Cela évoque votre voiture que vous n'avez pas fini de payer, puis vos ennuis d'argent et enfin vos impôts (déclaratif).

Attention donc, à propos de notre cerveau, à ne pas retomber dans une distinction trop schématique comme celle qui oppose le domaine affectif et le domaine rationnel, l'un relevant du cerveau droit, l'autre du gauche. Du reste, une procédure peut être affective, comme par exemple être jaloux. Ce qui entraîne des comportements très procéduraux. À l'inverse, une action déclarative peut ne comporter aucune dimension affective marquée. Il semble plutôt qu'il faille rejoindre les théories de J.-P. Tassin, pour qui le cerveau aurait deux modes de traitement de l'information : le mode analogique et le mode logique ou analytique. Le mode analogique est celui que nous utilisons pour identifier d'un coup un visage sans avoir à détailler les traits. L'autre est requis pour des tâches comme lire, compter, organiser un discours cohérent. Pour Tassin, par exemple, l'inconscient s'exprimerait sur le mode analogique par le biais d'un circuit neurologique de type neurovégétatif relié aux structures limbiques du cerveau. S'il existe donc deux types de fonctionnement, l'un procédural, l'autre déclaratif, ceux-ci ne peuvent s'opposer que de manière schématique. De plus, cette distinction ne recoupe pas non plus l'opposition entre l'affectif et le rationnel, entre le cerveau droit et le cerveau gauche, entre le conscient et l'inconscient.

Une combinaison du penser, de l'agir et du ressentir

Le procédural et le déclaratif procèdent tous deux du penser, du ressentir et de l'agir. Une procédure type comme la conduite automobile combine des éléments de l'agir (gestes de mise en marche, changement de vitesse, etc.), d'autres qui relèvent du penser (choix du chemin) et d'autres enfin qui participent du ressentir (peur des contrôles de vitesse ou satisfaction d'être dans une voiture neuve). Paul Salinger dans son livre sur le conflit américano-irakien montre comment George Bush, alors qu'il disposait de toutes les informations objectives, notamment les photos satellites, prouvant l'invasion imminente du Koweït, a préféré se fier aux assurances verbales de ses interlocuteurs directs, comme Moubarak ou Hussein de Jordanie. On peut supposer que le président américain était pris par une procédure affective de confiance en ses interlocuteurs qui lui fermait l'accès à toute information divergente. De même pour le déclaratif : *L'Immortalité* de Milan Kundera s'ouvre sur le geste d'une femme, point de départ des associations qui conduiront le roman. Le meilleur exemple de ce genre de fonctionnement appliqué à la littérature est sans doute le monologue de Molly Bloom dans *Ulysse* de James Joyce.

Les découvertes importantes résultent aussi souvent d'un mécanisme associatif du penser. Bien souvent, le célèbre Eurêka surgit hors des laboratoires de recherche. Nombre de scientifiques racontent que telle ou telle révélation qui les a menés à une découverte a eu lieu dans un cinéma par exemple, en tout cas loin de leur bureau ou de leur paillasse. La célèbre expérience mystique de Claudel, derrière son pilier de Notre-Dame, n'est-elle pas elle aussi de ce type ? Enfin, la madeleine de Proust est un tel exemple du déclaratif dans le registre du ressentir.

Chaque action est une combinaison de procédural et de déclaratif. L'alchimie de cette interaction permet de comprendre certaines particularités des individus en situation. Le fonctionnement procédural concerne la réalisation de l'action, tandis que le déclaratif s'appuierait plus sur nos connaissances symboliques. Il ne faudrait toutefois pas surestimer l'un de ces fonctionnements au détriment de l'autre. Cette tendance est évidente dans une polémique récente à propos de la formation de nos futures élites. Faut-il privilégier les mathématiques ou les matières littéraires ? Les mathématiques sont souvent synonymes de formation procédurale, tandis que l'enseignement littéraire fait appel surtout au fonctionnement déclaratif des élèves. En réalité, dans une matière comme dans l'autre, seuls excellent ceux qui sont capables de combiner les deux modes de fonctionnement.

Le déclaratif dépend du contexte dans lequel on se trouve, contexte externe lié aux circonstances extérieures et contexte interne lié à l'atmosphère cognitive dans laquelle le sujet se trouve placé à un moment donné. Plus il est dans ce mode de fonctionnement, plus le déroulement de sa pensée fluctue au gré des circonstances et de ses humeurs, comme le maniaque. À l'inverse, le procédural n'est pas ou peu sensible aux changements contextuels internes ou externes : la procédure engagée se déroule sans grande marge d'adaptation aux événements rencontrés.

De l'enfant déclaratif au vieillard procédural

Jean Dieudonné expliquait que bien qu'étant l'un des meilleurs mathématiciens de sa génération, à partir de cinquante-cinq ans, il avait cessé de comprendre les travaux de ses jeunes collègues. Il est souvent admis que la créativité baisse avec l'âge. Est-ce la traduction d'une chute du fonctionnement déclaratif ? Est-ce dû à une plus grande difficulté d'accès à ce mode de fonctionnement ou à une rigidification des procédures ? Nous n'avons pas l'ambition de répondre ici à cette vaste question. Mais force est de constater que, globalement, plus les individus vieillissent, plus leur mode d'adaptation face à l'environnement est stéréotypé. Si les situations rencontrées l'ont déjà été, une procédure ancienne peut être mise en place. Mais si elle est nouvelle, l'individu âgé a tendance à la relire à travers le prisme de ses expériences antérieures ou à ne pas savoir s'y adapter. La caricature de cet état est le grand-père qui lasse ses petits-enfants à force de raconter la même histoire ou de ramener toute information nouvelle à sa propre jeunesse. Tout fonctionne comme s'il n'y avait plus de place pour le déclaratif et comme si la somme des procédures accumulées devait permettre de répondre à tout.

On pourrait donc présenter l'enfance comme un état principalement déclaratif (l'éducation visant notamment à introduire des procédures) et la vieillesse comme un stade principalement procédural (toute l'information nouvelle est traitée dans le cadre de procédures figées par le temps). D'où la plus grande difficulté des personnes âgées à s'adapter aux situations nouvelles. Il suffit parfois d'un changement minime dans un horaire ou dans un itinéraire entre deux lieux familiers pour causer des perturbations ou une gêne considérable. On ne veut plus changer « ses petites habitudes ». Lorsqu'on dit au contraire d'une personne âgée qu'elle est « restée jeune », c'est qu'elle a su conserver son dynamisme et son ouverture à la nouveauté, à ce qui n'est pas habituel. Cela correspond bien au fonctionnement déclaratif, qui semble à tous exceptionnel pour une personne âgée.

La maladie d'Alzheimer, caractéristique de la vieillesse, est un bon exemple à cet égard. En effet, le sujet qui en est atteint ne peut plus rien acquérir de nouveau, mais en revanche garde ses procédures anciennes. Tout accès au fonctionnement déclaratif semble impossible. Ainsi, les informations nouvelles sont systématiquement ramenées au déjà connu. Lorsque le patient lit le journal, il n'en retient rien mais si on lui demande ce qu'il a lu, il fait appel à des souvenirs anciens. Incapable de se rappeler les cours de la bourse qu'il vient de lire avec attention, il peut réciter les poèmes qu'il a appris à la petite école.

S'il semble qu'un même individu au cours de sa vie a tendance à devenir moins déclaratif et plus procédural, qu'en est-il de deux individus différents ? Certains individus sont-ils plutôt déclaratifs et d'autres surtout procéduraux ? La question est essentielle car l'adaptation de l'individu à son environnement en dépend.

Histoires de souris

Chez la souris, il est difficile de mettre en évidence le mode de fonctionnement déclaratif. En revanche, il est possible d'évaluer la part de l'intrinsèque qui organise les plans d'action et celle qui déclenche des comportements. Des chercheurs de l'université de Groningue, aux Pays-Bas, sont partis du comportement agressif pour sélectionner des lignées génétiques de souris qui s'attaquent à tous leurs congénères quels que soient leur sexe et le lieu dans lequel elles se trouvent. En effet, la plupart du temps, les souris n'attaquent que les mâles étrangers qui sont sur leur propre territoire. Lorsqu'on place ces souris agressives dans un labyrinthe qu'elles ont appris à connaître et qui offre de la nourriture, elles courent plus vite que celles qui ne sont pas agressives. Surtout, elles sont beaucoup moins sensibles aux objets nouveaux que l'on peut mettre sur leur chemin. En effet, lorsqu'on place un morceau de papier collant sur leur passage, les souris non agressives s'arrêtent, le flairent, puis elles ont tendance à se tromper. Les agressives au contraire ne modifient pas ou peu leur comportement et continuent de foncer vers le bout du labyrinthe.

Ce qui est remarquable, c'est que les souris agressives s'adaptent moins bien à des modifications de leurs conditions de vie comme, par exemple, l'inversion du cycle lumière-obscurité. L'interprétation classique de cette expérience oppose les facteurs extrinsèques et intrinsèques [1], c'est-à-dire la plus ou moins grande sensibilité à l'environnement. Cela revient à dire que les souris agressives le sont intrinsèquement et sont peu influencées par les facteurs extrinsèques. Il nous semble que la lecture de cette expérience serait enrichie par la grille procédural-déclaratif. En effet, l'opposition intrinsèque/extrinsèque ne rend pas compte du mécanisme des plans d'action, mais repose sur l'idée d'une sensibilité plus ou moins grande à l'environnement. Or les souris agressives sont hyposensibles au contexte nouveau, pour ce qui est du labyrinthe, mais hypersensibles à une agression potentielle : la simple vue d'une autre souris, quel que soit son sexe, entraîne un comportement d'agressivité. Tout se passe en fait comme si elles avaient un mode de fonctionnement procédural privilégié : la procédure d'agression se déclenche de manière indifférenciée quelles que soient les circonstances. Une fois qu'elles ont acquis une procédure (comportement agressif, recherche de nourriture dans des conditions particulières, rythme de vie, etc.) et que celle-ci est déclenchée, elle se

1. R. Dantzer, *op. cit.*

déroulerait jusqu'à son terme sans être perturbée par les modifications de l'environnement : un papier placé dans le labyrinthe est purement et simplement ignoré.

On constate immédiatement les avantages et les inconvénients de ce type de fonctionnement : il permet une plus grande efficacité dans des conditions répétitives ou connues, mais il implique des facultés d'adaptation atténuées face aux changements et donc face aux stresseurs nouveaux. S'il n'est pas douteux que cette procédure est intrinsèque, il est probable que les souris non agressives ont aussi un mode de fonctionnement intrinsèque. Mais celui-ci est beaucoup moins rigide et coupé du déclaratif, et donc plus dépendant des circonstances extérieures. Leur capacité d'adaptation au rythme du jour et de la nuit montre que leur système intrinsèque est souple en fonction des circonstances.

Ce qui nous semble déterminant dans cette expérience, c'est donc plus le caractère hiérarchisé et fixé des plans d'action des souris agressives en fonction d'un but fixé à l'avance que l'aspect intrinsèque. Cette expérience semble révéler que certains animaux sont plus procéduraux ou plus déclaratifs que les autres. Rien ne nous permet de généraliser ces conclusions à l'humain, et pourtant, dans son mode d'expression, on peut distinguer des formes procédurales et certaines plus déclaratives. L'humour en constitue un bel exemple.

Deux types d'humour

Le résultat produit par une histoire drôle dépend, bien évidemment, de la manière de la raconter : marquer des temps d'arrêt, appuyer les effets, les accompagner de plus ou moins de gestes ou de grimaces constituent une grande part du talent comique. Mais au-delà de la forme, le mécanisme de l'histoire est essentiel : il relève principalement du procédural ou du déclaratif.

Le texte suivant de Raymond Devos est l'exemple type d'humour sur un mode déclaratif :

« Vous avez vu que les Russes avaient découvert l'antimatière ?...

Vous savez ce que c'est que l'antimatière ?

C'est le contraire de la matière.

Oh ! Ce n'est pas nouveau, je sais !...

De tout temps, chaque chose a eu son “ anti ”.

Exemple :

Un muet, c'est un antiparlementaire. Un athée, c'est un antimoine.

Un croyant, c'est antiseptique.

Les Arabes du Caire sont antisémites, et les sémites sont anti-Caire. »

Raymond Devos part des Russes, qu'il associe à une découverte récente. Ensuite, seul le préfixe « anti » fournit un fil conducteur. Toutes les associations qui peuvent venir de ce préfixe sont bonnes à prendre. Le jeu intellectuel consiste à trouver des combinaisons humoristiques. Il s'agit bien d'un fonctionnement en réseau où l'auteur pour écrire son texte fait appel à l'ensemble de sa mémoire. Plus l'accès à la mémoire est libre, diffus et non organisé, plus les associations sont nombreuses.

Au contraire dans le sketch intitulé « Mon chien c'est quelqu'un », du même Raymond Devos, le déroulement est procédural :

« Depuis quelque temps mon chien m'inquiète... Il se prend pour un être humain, et je n'arrive pas à l'en dissuader.

Ce n'est pas tellement que je prenne mon chien
Pour plus bête qu'il n'est...

Mais que lui se prenne pour quelqu'un, c'est un peu abusif !

Est-ce que je me prends pour un chien, moi ?
Quoique... Quoique...

[...]

Je me promenais avec mon chien que je tenais en laisse...

Je rencontre une dame avec sa petite fille et j'entends la dame qui dit à sa petite fille : " Va ! va caresser le chien ! " Et la petite fille est venue... me caresser la main !

[...] C'était un soir... après dîner. J'étais allongé sur le tapis,

Je somnolais...

Je n'étais pas de très bon poil !

Mon chien était assis dans mon fauteil, il regardait la télévision...

Il n'était pas dans son assiette non plus !

Je le sentais !

J'ai un flair terrible...

À force de vivre avec mon chien,

le chien, je le sens !

Et, subitement, mon chien me dit :

“ On pourrait peut-être de temps en temps changer de chaîne ? ”

Moi, je n'ai pas réalisé tout de suite !

[...] Tiens, tu n'es qu'une bête, je ne veux pas discuter avec toi !

Enfin quoi...

Un chien qui parle !

Est-ce que j'aboie, moi ?

Quoique... Quoique...

Dernièrement, mon chien était sorti sans me prévenir...

Il était allé aux Puces, et moi j'étais resté pour garder la maison.

Soudain... j'entendis sonner.

Je ne sais ce qui m'a pris, au lieu d'aller ouvrir, je me suis mis à aboyer !.... »

L'humour repose ici sur la progression jusqu'à l'absurde d'une idée de base : l'inversion des rôles entre un chien et son maître. Plus on pousse le mécanisme loin, plus l'effet comique est appuyé, à condition de suivre des étapes qui vont crescendo. Si d'emblée le maître aboie et le chien va faire ses courses aux Puces, l'effet est raté. L'auteur développe un déroulement procédural qui l'amène où il le souhaite par étapes. Il construit et ordonne son récit de façon très rigoureuse pour être drôle. À l'inverse du bon mot, qui est une association d'idées, ce type d'humour est procédural.

Le procédural et le déclaratif constituent les deux

modes à partir desquels s'organisent les plans d'action. Ils se retrouvent dans certains comportements animaux ou dans certains modes d'expression. Mais cette opposition entre ces deux modes de fonctionnement va au-delà de l'humain. En effet, elle intervient au premier chef dans ce que l'on appelle l'intelligence artificielle.

La révolution de l'intelligence artificielle

Qu'est-ce au juste que l'intelligence artificielle ? Il s'agit de faire passer les ordinateurs d'un mode de fonctionnement séquentiel supposant des programmes préétablis qui traitent l'information et stockent des données en mémoire à des « réseaux de neurones » qui répartissent l'information sur l'ensemble de leurs connexions. C'est ce type de système qui permet aux machines de reconnaître un visage comme l'œil le fait en permanence.

Le modèle des informaticiens, c'est désormais le cerveau humain. C'est précisément pourquoi on parle de réseaux neuronaux. Car après qu'on a produit des machines formidablement puissantes, on s'est aperçu que, conçues selon des modèles spécifiques, elles atteindraient assez vite leurs limites. Même en parvenant à intégrer de plus en plus de processeurs sur des puces de plus en plus petites, même en reliant entre elles de plus en plus de puces, pour construire des ordinateurs de plus en plus rapides, jamais on ne parviendrait à égaler artificiellement certaines performances accomplies par l'intelligence « naturelle ». Il fallait donc changer de modèle et construire des machines sur une logique différente de celle qui a présidé jusqu'à une époque récente au développement de l'informatique.

En effet, une logique procédurale en informatique est fiable et rapide quand le problème posé correspond exactement à la procédure prévue. Tout est différent dès lors qu'il s'agit d'inventer, de corriger, de s'adapter aux situations nouvelles. À l'inverse, le déclaratif est moins fiable et rigoureux, mais il est beaucoup plus souple et présente une meilleure capacité d'adaptation. Pour reprendre l'exemple du visage, un système déclaratif pourrait non seulement reconnaître un visage déjà vu, mais aussi trouver des ressemblances entre un visage jamais vu et ceux qu'il a en mémoire. Un système procédural échouerait souvent ou imposerait aux utilisateurs des contraintes qui diminueraient la rentabilité globale de l'opération. En termes simples, dès lors que les opérations accomplies par la machine relèvent du calcul, si compliqué soit-il, on peut espérer parvenir à de bons résultats en se fondant sur un fonctionnement procédural. Il en va tout autrement dès lors que les opérations que l'on doit réaliser échappent au domaine du calcul. Il faut alors plus de puissance, une capacité accrue de traitement de l'information, mais surtout des modes de fonctionnement assez différents.

Le glissement de la logique séquentielle et des principes de hiérarchisation sur lesquels s'est édifiée l'informatique depuis Alan Turing et John von Neumann vers des modèles de fonctionnement en parallèle est une étape. L'effort pour simuler les performances du cerveau en est une autre. Dans les deux cas, il s'agit de passer d'un système procédural à un système déclaratif. Ou, plus exactement, d'introduire des éléments déclaratifs dans une structure procédurale. On le voit, il ne serait pas pertinent d'opposer l'intelligence naturelle, censée être prioritairement déclarative, et l'intelligence artificielle, exclusivement procédurale : d'une part, on sait bien que nous fonctionnons à peu près autant de manière procédurale que de façon déclarative, et d'autre part, les recherches sur les ordinateurs tendent justement à insuffler de plus en plus de déclaratif dans l'« esprit » des machines.

La fin d'un monde

À ce stade, on s'aperçoit que la distinction entre les modes de fonctionnement procédural et déclaratif éclaire d'un jour nouveau les deux tendances sociologiques que nous avons évoquées au début de ce livre. La perte des points d'ancrage correspond, sur le plan collectif, à une baisse des structures d'« encadrement », au sens le plus général du terme. Ces structures offraient des procédures, des plans d'action aux individus dans les domaines du penser, du ressentir et de l'agir. Le marxisme est à la fois une philosophie qui offre un cadre de réflexion, une doctrine de l'action et, d'une certaine manière, un investissement affectif. Il en allait de même pour la religion catholique. Ainsi, en adhérant au parti communiste ou en s'engageant activement dans la foi chrétienne, on se donnait un cadre de procédures qui réduisaient au maximum le fonctionnement déclaratif. À chaque nouvel élément du contexte qui aurait pu induire des interrogations, une procédure toute faite était prévue à l'avance. Les chars soviétiques qui entrent à Prague ou la contraception qui permet une révolution des mœurs sexuelles ne remettaient rien en cause. Au contraire, des procédures affectives (solidarité avec les communistes tchèques ou refus d'enrayer le processus de vie), des procédures d'action (mobilisation militante) et des procédures intellectualisées (rationalisations justificatrices) répondaient immédiatement aux effets contextuels et enrayaient le développement du déclaratif. La solidité de ces systèmes procéduraux collectifs constitue la première différence avec ceux qui semblent dominer aujourd'hui. Les procédures collectives correspondent désormais plutôt aux effets de modes et recoupent aussi bien l'engouement pour la forme physique que le militantisme écologique. L'autre différence est liée au caractère partiel des procédures collectives actuelles. Elles ne couvrent, en effet, jamais aussi complètement les champs du penser, du ressentir et de l'agir que les systèmes procéduraux anciens, qui avaient réponse à tout. C'est peut-être ce qui incline certaines personnes à rechercher des formes caricaturales de procédures qui miment en les radicalisant les modes d'être anciens : l'intégrisme en serait un bon exemple.

Cette tendance est encore accentuée par le système d'évaluations répétées. Chaque évaluation a, notamment, pour fonction de remettre en cause les procédures en cours. Une évaluation est d'abord un arrêt des procédures, puis une analyse qualitative de chaque étape en fonction du but auquel elle répond, de façon à introduire des modifications éventuelles. L'objectif est évidemment d'améliorer le fonctionnement et d'introduire plus de souplesse pour mieux s'adapter à un environnement changeant. Mais c'est encore un signe de la tendance générale au déclin et surtout à la précarité des procédures.

En outre, on peut constater l'immense accroissement du nombre des informations que reçoivent les individus : informations de tous domaines et de toutes origines, livrées de plus en plus de façon brute, à la manière des dépêches d'agences. Il appartient alors aux individus de les organiser et de les hiérarchiser. Plus difficile encore, c'est aussi à eux de savoir dans quel but ils les reçoivent et de leur faire prendre sens. Le « médiateur » n'a plus un rôle d'analyste, mais seulement de diffuseur de données. D'ores et déjà, via le minitel, tout le monde peut accéder aux dépêches des grandes agences. Bientôt, chacun pourra composer lui-même son journal télévisé ou mettre en page sur son ordinateur son propre quotidien ! Le caractère désordonné et rapide avec lequel sont livrées les informations est encore accentué par le zapping, qui casse les procédures (de récit, de suivi) pour faire se succéder des images ou des informations sans suite logique.

L'évolution dans l'organisation des entreprises s'oriente également vers moins de procédural et plus de déclaratif. L'organisation taylorienne et pyramidale est un modèle fondamentalement procédural. Chacun a une place précise, une fonction précise, voire même des gestes précis à accomplir. L'information monte et descend selon des schémas pré-ordonnés et contraignants. Les membres de l'entreprise sont les rouages d'une même mécanique, particulièrement rigide. Pour des raisons d'efficacité (introduction de plus de souplesse et de capacité d'adaptation à l'environnement) et par souci humaniste (ne plus considérer le personnel comme une machine), les entreprises s'orientent vers des organisations moins hiérarchisées. Au modèle pyramidal et à la division taylorienne du travail, on préfère, surtout dans les services, des structures en réseau, ordonnées selon le principe des *task forces*, des groupes de travail *ad hoc* : en principe du moins, l'information peut circuler dans tous les sens possibles, la hiérarchie est mobile et l'organisation de groupes de travail sur des projets déterminés changeante. Dans certaines entreprises, l'un des principes directeurs est de pouvoir remplacer indifféremment une personne par une autre : tout le monde doit savoir tout faire. Cet objectif, qui peut paraître utopique, est l'un des moteurs du changement organisationnel qui conduit à passer d'un système principalement procédural à un système principalement déclaratif.

*
* *

S'il est clair que cette grille de lecture des modes de fonctionnement est utile pour mieux comprendre l'humour, le comportement des souris, voire même certaines traits propres à nos sociétés avancées, quel rapport avec notre manière d'interagir avec notre environnement ? Élucider le principe de l'interaction contexte/individu impliquerait d'analyser en profondeur les fonctionnements intrapsychiques, les modes de comportements, les attitudes déclaratives. Il y faudrait tout un nouveau traité de psychologie. Là n'est pas notre propos. Nous limitons notre réflexion à l'action.

Dans cette perspective, comment mieux comprendre que certains contextes nous poussent en avant alors que d'autres nous inhibent ? Dans l'idéal, nous devons nous adapter aux situations que nous rencontrons sans perdre de vue nos objectifs essentiels. L'enjeu pour chacun d'entre nous réside dans notre capacité à modifier suffisamment nos actions pour tenir compte des changements que nous rencontrons sans pour autant abandonner la ligne directrice qui est la nôtre. Nous devons en fait tenir la barre entre deux pôles aussi dangereux l'un que l'autre : le caméléon et le dinosaure [2]. Le caméléon s'adapte si bien à son environnement qu'il en prend la couleur, certaines espèces en adoptent même la forme. C'est ainsi qu'il n'est que par ce qui l'entoure. À l'inverse, le dinosaure, indifférent à son environnement, a vu son espèce disparaître par son incapacité à s'adapter. La grille de lecture que nous proposons donne les clés pour comprendre comment nos actions pourraient nous amener à devenir des dinosaures ou des caméléons et pour éviter cet écueil.

Un fonctionnement trop procédural empêche d'interagir avec son environnement. Comme les souris qui ne voient pas le papier déposé dans le labyrinthe menant à la récompense, les sujets trop procéduraux

---

2. Cf. Philippe Bloch et Ralph Hababon.

ne tiennent pas compte des modifications du contexte qui changent les données d'un problème. Ils ne s'adaptent pas, ils reproduisent des modes de fonctionnement appris qui ne laissent aucune place à l'imprévu. Ce sont précisément eux qui « ne veulent pas savoir », qui refusent de « voir la réalité en face », jusqu'au moment où ils ne peuvent plus se voiler la face : alors, l'adaptation n'est plus volontaire mais forcée. À l'inverse, la souris trop déclarative n'arriverait jamais à atteindre son but. Chaque nouveau stimulus lui ferait perdre la procédure en cours pour en initier une nouvelle. L'examen du papier interrompt la procédure de recherche de nourriture et la remplace par la procédure d'exploration de la nouveauté. Ce genre de fonctionnement est celui des « caméléons des circonstances ».

Du bon usage de cette combinaison entre ces deux fonctionnements qui semblent s'opposer résulte le succès dans la manière de faire face aux contextes stressants. « Si les cultures ne communiquent pas, déclarait Lévi-Strauss au cours d'une interview, elles se sclérosent, mais il ne faut pas non plus qu'elles communiquent trop vite afin de se donner le temps d'assimiler ce qu'elles empruntent au-dehors. Aujourd'hui, le Japon me paraît l'un des seuls pays à atteindre cet optimum : il absorbe beaucoup de l'extérieur et refuse beaucoup. » Notre hypothèse est que le Japon a trouvé une forme d'équilibre entre ses procédures internes qu'il maintient et un enrichissement déclaratif toujours renouvelé.

Plutôt que de détailler tous ces points et de les développer sous une forme théorique, le moment est venu de les tester dans le cadre de la vie quotidienne, de les confronter aux situations concrètes que nous rencontrons tous, au fil de nos journées. Nous ne cherchons pas seulement à faire mieux comprendre les principes que nous venons d'exposer, nous voulons surtout aider le lecteur à progresser dans ses propres manières de faire face à sa vie quotidienne.

Troisième partie

La sagesse pratique

Ruth est une mauvaise mère, une mauvaise belle-fille, une mauvaise maîtresse de maison, une mauvaise épouse, et même une mauvaise femme, si l'on considère sa laideur, son obésité, son esprit plutôt borné. À l'inverse, « Mary Fisher est petite, jolie, toute menue, portée à s'évanouir, à pleurer et à coucher avec plein d'hommes tout en prétendant que non ». Elle a quarante-trois ans mais en paraît trente. Elle est riche, connue et même adulée pour les romans à l'eau de rose qu'elle écrit. Comme le dit Ruth, « Mary Fisher, mon mari l'aime, il est son comptable. J'aime mon mari et je hais Mary Fisher ».

Ces deux femmes sont les héroïnes d'un roman particulièrement mordant de Fay Weldon, intitulé *La Diable*, dans lequel on peut voir aussi bien une extraordinaire consolation pour tous les ratés, les médiocres, les désillusionnés de la terre qu'une caricature burlesque du mythe de la réussite à l'américaine. Car Ruth, lorsqu'elle apprend que son mari vit le grand amour avec son contraire absolu, décide de changer du tout au tout. Balourde, maladroite, cassant et ratant tout, elle décide d'abandonner sa petite vie conventionnelle pour se venger et être plus finaude que tout le monde. L'astuce de Ruth, devenue une vraie diablesse, mènera son mari en prison et Mary Fisher à l'hôpital psychiatrique. Supportant tout, acharnée, inventive, Ruth deviendra une experte dans la manipulation, auprès de laquelle tous les autres, si brillants soient-ils, semblent des pantins ridicules. Il ne lui restera plus qu'à modifier son apparence physique pour achever son extraordinaire transformation...

Peu de gens, dans la vie réelle, « partent d'aussi bas » pour « monter si haut », au prix d'une pareille métamorphose. Le plus souvent nous nous débrouillons tant bien que mal pour faire face aux circonstances et pour tirer à peu près notre épingle du jeu en menant notre bonhomme de chemin, sans trop de tracas... D'autres n'ont pas cette chance : ce sont un peu les laissés-pour-compte sur lesquels Ruth s'appuie au cours de son ascension obstinée. D'autres encore, sans bien savoir pourquoi, connaissent une réussite qui, au fond d'eux, les étonne un peu, même s'ils font mine de trouver cela parfaitement naturel. Certains besognent durement pour arriver à leurs fins et parfois, avec un peu de chance, ils y parviennent.

Le problème ici, ce n'est pas tant la réussite, au sens courant du terme. Outre la petite étincelle que l'on appelle le talent, elle dépend de tant de facteurs, de tant de paramètres extérieurs, et il en est tant de formes particulières qu'il est sans doute assez vain d'essayer de l'expliquer. Plus facile à appréhender et plus clairement psychologique est la question de l'efficacité de l'action. Qu'est-ce qui fait que « ça marche » ? Qu'est-ce qui fait que nous arrivons où nous voulons aller, que nous fonctionnons convenablement, que nous traversons les petits aléas et les grands drames de l'existence ? Et pourquoi, dans certains cas, cela rate-t-il ?

Quoi de commun entre l'athlète à qui il manque une seconde pour être sélectionné aux Jeux olympiques, l'investisseur qui n'a pas su saisir une opportunité, l'élève brillant qui échoue à un examen et la cuisinière qui a préparé un excellent dîner mais le sert brûlé ? Quoi de commun, sinon que leur action a été inefficace ? Pourquoi donc la meilleure équipe de football ne gagne-t-elle pas toujours et ne produit-elle pas à chaque instant le même jeu limpide et magique qu'elle sait si bien développer en certaines occasions ? N'est-ce pas parce que « tout est dans la tête » ? Il est clair que l'efficacité ou l'inefficacité de nos actions sont loin d'être sans relation avec notre affectivité, notre humeur, les sentiments que nous éprouvons, aussi bien qu'avec les savoirs et les savoir-faire que nous portons en nous. Entre la prestation réalisée au cours d'un examen oral et la gestion d'une crise internationale, la différence n'est pas si grande pour ce qui est des acteurs et de leur psychologie. De même, du voyageur qui rate son train à l'homme qui a le sentiment que tout ce qu'il entreprend est voué à l'échec, la gradation est continue, qui mène du petit accroc passager à la dépression. À tous les niveaux, c'est l'action qui est en jeu et son efficacité. C'est elle qui fait la différence entre le François Mitterrand qui débat avec Valéry Giscard d'Estaing en 1974 et le même François Mitterrand opposé en 1988 à Jacques Chirac. C'est elle qui fait la différence entre Jimmy Carter confronté à la crise des otages américains et George Bush durant la crise du Golfe. C'est elle encore qui fait la différence entre Noah et Lendl, juniors également doués, l'un devenant le perdant magnifique par excellence et l'autre l'imperturbable numéro 1 durant des années.

Dans ces conditions, si nous voulons que la psychologie de la vie quotidienne soit plus qu'un aimable passe-temps de l'esprit, et qu'elle nous aide à accéder à ce que les Anciens auraient appelé « une sagesse pratique », c'est précisément ce que nous devons essayer d'élucider.

Chapitre 5

L'histoire d'une folle journée

Puisque cet ouvrage se veut une esquisse de psychologie de la vie quotidienne, nous ne pouvons en rester à des considérations générales : il nous faut retrouver ce qui fait la trame de notre existence, au jour le jour. Pour nous aider dans cette tâche, et vous aider, vous lecteur, à vous y retrouver, nous avons choisi de suivre quelques personnages tout au long de leur journée. En particulier Claire, jeune femme de trente ans, mariée depuis quatre ans, mère d'un petit garçon de trois ans. Ancienne élève d'une école de commerce, elle est entrée dans la vie active à l'âge de vingt-trois ans et, grâce à son dynamisme et à son sérieux, elle a très vite acquis des responsabilités importantes dans son domaine. Aujourd'hui, elle est directeur du marketing dans une filiale d'un grand groupe de cosmétiques. Exemplaire ? Évidemment non !

Dans l'histoire que vous allez lire, nulle volonté de

réduire la spécificité de chaque individu à quelques « types » rudimentaires : vous n'avez probablement que peu de points communs avec Claire ou tel ou tel de ceux qu'elle côtoie. Pourtant, que vous soyez une femme ou un homme, que vous soyez encore adolescent ou entriez dans la fleur de l'âge, il y a fort à parier que certaines des situations et des actions qui vont marquer cette journée, vous les avez plus ou moins vécues ou bien vous en vivrez de similaires. Le récit qui suit ne se prétend ni exhaustif, ni évidemment exemplaire. À chacun, une fois comprise l'histoire de Claire, d'utiliser certaines clés pour réfléchir à son propre cas.

***

Lorsqu'elle ouvre les yeux, à 7 heures 30, Claire est d'une humeur radieuse. Son réveil, comme chaque matin, a distillé une douce musique soigneusement choisie pour atténuer le stress lié à l'interruption de sommeil. Malgré un dîner chez des amis qui s'est prolongé fort tard et une nuit un peu raccourcie par rapport à ses habitudes, elle a très bien dormi et se sent reposée et détendue. Il lui est arrivé de connaître des périodes d'insomnie, mais c'était toujours en relation avec des contraintes ou une pression professionnelle. Sa journée en était alors affectée dès son réveil par un état de tension mal défini, au point qu'une sorte de pensée automatique s'était imposée : « Si j'ai mal dormi, je vais passer une mauvaise journée. »

Mais ce jour-là, tout se présente bien. Le ciel dégagé de ce début de matinée de juin est à l'image du regard qu'elle porte sur sa vie actuelle. Elle la trouve plutôt réussie dans l'ensemble : comme dit le bon sens populaire, elle a tout pour être heureuse, un bon mari, un bon job et un fils en pleine forme. Son avenir aussi lui apparaît clair et sans nuage. D'ailleurs, à propos d'avenir, les vacances commencent dans quelques semaines... Fugitive, cette pensée ne fait que renforcer sa bonne humeur.

Le café est déjà chaud quand elle entre dans la cuisine : il est convenu que c'est la tâche de son mari, qui est toujours le premier levé. La seule tâche ménagère qu'il soit capable de faire, se plaît-elle à souligner lors de leurs rares scènes. Sa tasse à moitié bue, elle se rend aux pleurs de son fils. Calmé dès qu'il est dans ses bras, il est jovial et comme à son habitude, souriant et turbulent. « Tout le portrait de sa mère », dirait sa grand-mère. Si Claire fait mine de n'en rien croire, elle se plaît en secret à rechercher chez son fils des traits de caractère qu'elle considère comme siens. Mais brusquement ramenée à la réalité par un coup d'œil machinal à sa montre, elle réalise qu'elle doit être partie dans deux minutes pour prendre le train de 8 heures 15. Un dernier coup de peigne, un regard expert au miroir en pied lui confirment qu'elle est prête : sa tenue est un savant mélange de féminité suggestive et de rigueur stricte.

Imprévu

Évidemment la fille au pair n'est pas encore arrivée ! Claire sent la colère sourdre en elle : c'est la troisième fois en trois semaines que Maria n'est pas à l'heure. Rater son train lui a déjà valu une fois les remarques ironiques de ses collègues sur les « super women qui veulent tout mais n'assurent pas ». Lorsque Maria fait enfin tourner sa clé dans la porte, Claire est déjà en retard. En fonçant, elle a peut-être encore une chance d'attraper son train. Hélas, un feu rouge a raison de ses derniers espoirs : le temps de garer sa voiture sur le parking, et elle aperçoit le train qui file. Le prochain dans une demi-heure ! Trente minutes de retard à la réunion avec l'agence de publicité !

D'un coup, Claire sent l'angoisse l'envahir. Ce n'est pas tant d'arriver en retard qui l'inquiète – elle se sent suffisamment sûre d'elle pour se le permettre et s'en arranger –, c'est plutôt de perdre ainsi une demi-heure sans pouvoir rien faire. Rapidement, elle fait le tour des possibilités qui s'offrent à elle pour meubler ce temps mort. Retourner chez elle donner des consignes à Maria et jouer un peu avec son fils ? Trop de temps de transport. Ce serait prendre le risque de rater à nouveau son train. Lire un journal ? Elle n'a jamais aimé cela et elle se sent trop nerveuse pour s'intéresser à l'actualité. Passer des coups de fil ? Le cadre ne s'y prête guère et il y a déjà trois personnes qui attendent devant la cabine. Quand elle pense à la quantité de travail qui l'attend au bureau, elle n'arrive pas à se résoudre à perdre cette demi-heure. C'est trop bête ! Le cafard la gagne, renforcé par une impression d'impuissance.

Elle va tout de même téléphoner et prévenir de son retard. Dans la queue, elle repense à Maria et est décidée cette fois-ci à lui donner un dernier avertissement avant de la renvoyer. Pierre, son mari, s'y est toujours opposé, arguant de la qualité des rapports de la jeune fille avec leur fils. Comme c'est facile de s'inquiéter du fond quand on n'a pas à pâtir des difficultés concrètes ! Dès ce soir, elle annoncera sa décision de se séparer de Maria et s'il s'oppose encore à son départ, il aura affaire à elle. Cette fois-ci elle ne cédera pas. Mais enfin pourquoi est-ce si long ? Ce type dans la cabine est tellement maladroit que c'est la quatrième fois qu'il refait son numéro. C'est incroyable ce que les gens sont bêtes, on devrait leur apprendre à téléphoner à l'école, pense Claire en trépignant.

Cet homme au téléphone, qui prend tout son temps et qu'elle injurie intérieurement, a eu un tout autre début de matinée. Jean-Philippe, lui, ne s'est pas réveillé de très bonne humeur. Dessinateur industriel dans une grande entreprise nationalisée, il vient d'apprendre qu'il doit être muté à trois cents kilomètres de son domicile actuel. Un choix s'impose : accepter cette mutation ou changer de travail. Cela fait pas mal de temps qu'il rêve de reprendre une librairie. Il adore lire. À son travail, on l'appelle d'ailleurs « l'intellectuel ». Il s'agit d'un homme anxieux, qui s'in-

téresse à tout mais qui n'aime ni l'action, ni le changement. Il adore discuter, refaire le monde. Pour certains, il est ennuyeux et même parfois taciturne ; pour d'autres, il s'agit d'un homme cultivé, réservé, qui n'a aucun sens pratique mais qui est passionné par le monde.

Il partage avec sa femme le goût de la lecture. Celle-ci élève leurs trois enfants avec beaucoup de sollicitude et parfois d'angoisse injustifiée. Qu'il soit muté ou qu'il laisse tout tomber pour s'engager dans ce qu'il considère comme une aventure va compliquer sa vie conjugale et familiale. Bien qu'il risque de rater son train, il téléphone à son meilleur ami afin que sa femme ne puisse l'entendre. De toute façon, celui que tout le monde appelle JP est toujours en retard, au point que personne n'y fait plus attention. Il aimerait bien que quelqu'un décide pour lui. Il sait expliquer parfaitement à cet ami tous les avantages et les inconvénients de chacune des alternatives qu'il envisage, mais il n'arrive pas à se décider.

Le début de matinée de nos deux personnages est intéressant à plus d'un titre. Il nous montre d'abord la différence de style général d'action propre à chacun : style actif chez Claire, style réflexif chez Jean-Philippe ; dominance d'un fonctionnement procédural chez Claire, dominance d'un fonctionnement déclaratif chez Jean-Philippe. S'il surgit un changement de programme et donc une tension, Claire cherche en elle-même d'autres plans ; Jean-Philippe, quant à lui, sollicite une aide externe qui lui permet de décider. Dans un contexte stable, qui ne demande pas de décisions rapides ou importantes, les actions de Jean-Philippe sont efficaces ; il en va tout autrement lorsque le contexte est différent. Il est brusquement passé à une gestion inefficace de ses actions en raison d'un conflit quant aux buts qu'il recherche.

On saisit également que l'humeur, l'affectif, comme le dit G. Ryle à propos de l'ennui, « n'est pas un ingrédient, un décor ou une caractéristique unique et isolable [...], c'est plutôt la forme temporaire que revêt une totalité. L'affectif ne ressemble pas à une bouffée, à un rayon de soleil, à une averse ou à la température, mais au temps du matin ». La bonne humeur de Claire se transforme en angoisse puis en sentiment dépressif d'impuissance pour déboucher sur de nouvelles actions ; l'angoisse et la culpabilité de Jean-Philippe sont autant d'états affectifs qui décrivent un ensemble de conduites apparentes et inapparentes. L'affect n'est pas indépendant de l'agir, c'est une propriété de l'action. Comme le bon et le mauvais temps, l'humeur agréable ou désagréable est formée d'une somme d'événements distincts.

Dans dix minutes la réunion va commencer sans Claire. Auront-ils la décence de l'attendre ? Rien à craindre du côté de l'agence de publicité : ils ont suffisamment besoin de ce budget pour accepter de perdre une demi-heure. En revanche, le danger pourrait venir de Duroux, son jeune collaborateur, qui a les dents longues et pourrait bien être pris de velléités de marquer des points en prenant sa place. Je vais bien préciser qu'ils ne commencent pas avant mon arrivée, se dit-elle, réalisant immédiatement combien cette réflexion aurait été peu professionnelle et aurait laissé transparaître des dissensions vis-à-vis de l'extérieur. C'est donc Duroux qu'il faut joindre. Mais, quand elle peut enfin appeler, il n'est pas encore arrivé ! Claire raccroche. Elle a juste le temps d'attraper le train.

Cette brève séquence fait apparaître l'enchaînement des actions qui se déroulent généralement dans une situation stressante ou anxiogène. Celle-ci se définit tout d'abord par l'interruption d'un plan programmé : pour Claire, prendre comme chaque matin son train de 8 heures 15. Cette notion est même, pour certains, un mécanisme fondamental dans le déterminisme des émotions. Il y a émotion chaque fois que les programmes d'action dans lesquels un sujet se trouve engagé à un moment donné se trouvent dans l'impossibilité de se poursuivre. L'intensité de l'émotion tiendrait à la force de l'interruption. Il est évident que si Claire, compte tenu de son emploi du temps, pouvait prendre le train suivant cinq minutes plus tard, elle ne ressentirait pas la même émotion que si celui-ci n'arrive qu'une demi-heure plus tard. La tonalité de l'émotion va bien sûr être donnée par la nature de la situation qui bloque le plan en cours, mais aussi par la démarche que l'individu va choisir pour faire face à cette situation nouvelle. C'est ainsi que parfois on hésite entre le rire et les larmes : la tonalité de l'émotion dépend plus du plan d'action que l'on choisit que de la situation elle-même. Ainsi, il y a pour Claire interruption de plan et donc émotion « négative » lorsqu'elle se rend compte qu'elle aura trente minutes de retard et qu'elle n'a pas d'autre solution qu'attendre. La situation est anxiogène car elle est constituée d'informations imprévues (son train habituel est raté, il faut attendre le suivant, il n'arrive que dans une demi-heure) qui n'activent momentanément aucune action susceptible de supprimer ce désagrément.

Cependant, après un bref mouvement de paralysie et d'impuissance, Claire fait face à cette situation stressante, d'abord en l'analysant (démarche déclarative) puis en développant de nouvelles actions inadaptées (se mettre en colère contre Jean-Philippe qu'elle ne connaît pas et qui la fait attendre au téléphone), puis adaptées à la situation (téléphoner à son bureau, prévoir le renvoi de la jeune fille qui s'occupe de son fils et qui est à l'origine de son retard, prendre ses précautions à l'égard de son jeune collaborateur aux dents longues) : elle renoue ainsi avec une démarche procédurale.

La mise en place d'un plan d'action définit l'actualisation de l'action. Pour l'expliquer, il n'est donc pas nécessaire d'avoir recours à une entité psychique comme l'instinct, la pulsion, la méta-cognition ou l'âme. En l'absence d'actions spécifiques, Claire n'aurait qu'accentué son angoisse en focalisant toute son attention sur la situation. Il en est pour elle comme pour tout sujet confronté à une interruption de plan et donc à de l'affectif. Nous voyons combien l'analyse de l'affectif tourne ici le dos à une phénoménologie du « vécu ». S'il existe des « universaux » de la vie affective, quelles que soient les cultures et les langues, les émotions sont à la fois des états de conscience de soi et des modalités de l'action. Elles sont expériences subies et traitements du réel [1].

Quelles sont les hypothèses qu'appellent les programmes internes et le mode de fonctionnement déclaratif de Claire ? On peut décomposer la situation en une succession d'interrogations ou de mini-problèmes, bien qu'ils ne soient pas nécessairement explicités en tant que tels.

Le premier problème concerne *l'occupation du temps.* Claire dispose d'une demi-heure de libre, mais son fonctionnement interne lui impose d'occuper ce moment, d'être productive : tout se passe comme si elle devait obéir à son programme « le temps doit être productif ». Le champ des possibilités qui s'offrent à elle est donc réduit. À aucun moment il ne lui vient à l'esprit de profiter de cet instant pour se détendre dans un café, se relaxer ou même somnoler sur un banc. C'est donc en fonction de la procédure « si du temps, alors être productif » et de la situation « une demi-heure de disponibilité » que Claire cherche une solution.

La démarche est ensuite déclarative : elle cherche à faire face à la situation de la façon la plus appropriée. Première idée : rentrer chez elle. Cette option est tout de suite écartée en raison du risque de rater à nouveau son train et de perdre du temps ; le programme principal activé pour écarter cette idée est le même que précédemment : « le temps doit être productif ». Il est probable aussi qu'outre la question du temps de transport, Claire considère que jouer avec son fils à une

1. D. Widlöcher, *Métapsychologie du sens*, Paris, PUF, 1986.

heure de travail n'est pas en conformité avec sa procédure. La seconde idée, lire le journal, est elle aussi écartée avec comme justification son manque d'intérêt pour la chose et sa nervosité présente. Là encore, il est probable que sa nervosité et peut-être même son manque d'intérêt sont en rapport avec le même programme, « le temps doit être productif ». Enfin, la dernière idée est la plus conforme à ce programme. Malgré l'environnement qui ne s'y prête guère, en raison de l'attente et du manque de calme pour passer des coups de fils professionnels, c'est la solution choisie.

Le programme « le temps doit être productif » est donc à la fois cause et solution du problème posé à Claire. Elle ne se poserait pas la question de savoir comment occuper son temps si ce programme n'était pas directement enclenché dès qu'il s'agit de temps. De même ce programme vient cadrer toute recherche de solution et la censurer : il empêche une démarche déclarative véritable. Ou plus précisément, le déclaratif est ici soumis au procédural.

Deuxième problème : *comment éviter que cette situation se reproduise ?* Lorsque cette question vient à l'esprit de Claire, tout de suite, elle pense à Maria et à sa tendance à arriver en retard. Cette fois encore, il n'y a pas vraiment de place pour une démarche déclarative. La procédure est simple : « si Maria est en retard, alors s'en séparer à la prochaine occasion ». Une difficulté vient enrayer le bon fonctionnement de cette procédure : son mari (qui n'a pas à subir les désagréments des retards de Maria) apprécie les qualités humaines de la fille au pair et les avantages pour leur fils. Cette nouvelle difficulté enclenche une nouvelle démarche déclarative liée à l'impression que son mari prend en compte des considérations d'ordre éducatif alors qu'elle doit régler les problèmes pratiques. Il n'y a jamais eu réellement de conflit entre eux à ce sujet, mais depuis quelque temps, elle souffre d'avoir à assurer presque seule l'intendance. La seule idée que Pierre puisse s'opposer au renvoi de Maria active un ressentiment teinté d'agressivité. Cette pensée déclarative vient renforcer la procédure précédente : c'est une raison de plus pour envisager de renvoyer immédiatement Maria.

Ces différentes modalités sont principalement affectives : dans le premier cas, il s'agit pour Claire d'exprimer l'agressivité liée au désagrément que lui procure le retard de Maria, dans l'autre l'agressivité est dirigée vers Pierre, même si l'emploi de Maria en est aussi l'enjeu. Elles risquent d'aboutir au renvoi de Maria sans que soient pris en compte l'ensemble des avantages et inconvénients qu'elle offre. Elles peuvent aussi susciter un conflit avec son mari sans pour autant que celui-ci puisse réaliser que ce qui lui est reproché est de ne pas suffisamment prendre en compte la dimension pratique de la vie quotidienne. Dans cette hypothèse, il est probable que la façon dont Claire interagira avec son environnement sera mal adaptée pour elle-même. Elle pourrait en effet souffrir d'avoir à rechercher une nouvelle jeune fille au pair présentant moins d'avantages que Maria et regretter un conflit avec son mari qui ne ferait pas progresser sa participation aux tâches ménagères. Ces deux modalités, qui ont un effet cumulé, enferment Claire dans une attitude qui lui interdit tout accès à une autre procédure qui ne serait pas affective.

Troisième problème : *quel est le risque à arriver en retard ?* Arriver en retard enclenche des démarches d'analyse de la situation. Les deux protagonistes principaux sont passés en revue. L'agence est vite écartée : vis-à-vis d'elle, le retard est considéré comme dénué de risque car l'agence est prestataire de service et donc demandeuse par rapport à la structure que représente Claire. Ses pensées se focalisent donc vers son collaborateur, ce qui enclenche une procédure de rivalité : « si Duroux devient un rival, alors danger et trouver un moyen de l'empêcher de nuire ». La dernière proposition de la procédure suscite la recherche d'un moyen apte à contrer Duroux : le fonctionnement devient déclaratif, mais de manière assez pauvre puisque la seule proposition consiste à le joindre par téléphone. Un instant, cette procédure de rivalité la conduit à envisager une action dont elle réalise qu'elle aurait été non professionnelle. Bien que très marquée, cette procédure laisse donc tout de même la place à une démarche déclarative, qui consiste à s'interroger sur les conséquences de son action. Si elle avait été encore plus importante, le déclaratif aurait été exclu de l'action et Claire, emportée par son élan, se serait précipitée sur son téléphone et aurait fragilisé sa position vis-à-vis de l'extérieur et de Duroux.

Ces interactions entre un fonctionnement procédural et un fonctionnement déclaratif relèvent évidemment de l'implicite, c'est-à-dire d'états mentaux « invisibles ». Pour autant, ceux-ci ne sont pas négligeables, car c'est à travers le jeu entre le procédural et le déclaratif que se constitue toute une action humaine. Selon les situations, selon les buts poursuivis, selon les programmes d'action réalisables, selon le temps disponible, un subtil équilibre doit être à chaque fois établi. Parfois, il sera naturel, d'autres fois il devra faire l'objet d'un effort conscient. Trop de déclaratif dans une situation qui réclame du procédural, ou inversement, est toujours source d'action inefficace ou partiellement inefficace.

Jean-Philippe, quant à lui, a été pris par une sorte d'impossibilité d'agir et de penser, comme cela lui arrive quand il est confronté à un conflit professionnel ou familial ou à une décision personnelle. C'est ce type de situation qui lui impose de modifier le plan qu'il avait initialement défini. Il s'agit ici d'un problème majeur pour sa vie future, mais son attitude est la même pour des problèmes beaucoup moins importants, comme accueillir un nouveau collaborateur, recevoir des amis à la maison, choisir un nouveau pantalon ou assister à une réunion générale de son service. Toutes ces situations bousculent son emploi du temps ou ses habitudes, c'est-à-dire ses plans d'action. Elles introduisent toutes du changement et de l'incertitude.

L'attitude de Jean-Philippe est différente de celle de Claire. Plutôt que de faire appel à un réseau déclaratif qui lui permettrait de trouver des procédures correspondantes, il se fige dans ses pensées déclaratives, pesant longuement le pour et le contre, recherchant toutes les conséquences que tel ou tel changement engendrera, et reste en attente d'informations supplémentaires susceptibles de réduire son degré d'incertitude. L'impossibilité de mettre en place rapidement des actions spécifiques l'amène à l'impuissance et, dans le cas présent, il recherche une sécurité dans le conseil de son ami, dont il devient consciemment ou inconsciemment dépendant. S'il n'avait pas ce recours, il serait alors envahi par l'angoisse proprement dite. Ne rien pouvoir faire et ne pouvoir faire que ce rien expriment assez bien cette absence angoissante de programme.

Décision

Pendant tout le voyage, au lieu de consulter comme à l'accoutumée son agenda et de se préparer aux différentes étapes de sa journée, Claire imagine la manière dont la réunion va se dérouler. Très vite, ses pensées se concentrent sur la meilleure méthode pour empêcher Duroux de nuire. Lorsque enfin elle pénètre dans la salle de réunion, elle s'aperçoit que tout le monde l'attendait tranquillement autour d'un café en discutant de manière détendue.

Les créatifs viennent de finir leur show : c'est une équipe qui a le vent en poupe grâce à quelques innovations qui ont bousculé les idées reçues dans le monde de la communication. Le résultat est vraiment inattendu. Selon l'expression de Duroux, « pour un gel, vraiment ça décoiffe ». Il faut reconnaître que vendre un gel capillaire en ne montrant que des chauves, c'est osé ! Passée la première surprise, l'ensemble des participants attend la réaction de Claire.

Ensuite, il lui faudra prendre une décision. Par-delà son impression, il faut qu'elle évalue « le plus professionnellement possible » les chances de réussite de cette campagne. En filigrane, ce qui est en jeu, c'est son image au sein de l'entreprise. De l'audace réussie et elle symbolisera le marketing « branché » ; de l'audace ratée et elle portera ce boulet pendant plusieurs mois, prêtant le flanc aux remarques de ses collègues, un peu envieux de sa réussite rapide. Elle sait à l'avance comment va se comporter son chef quand elle lui présentera la campagne : après avoir lâché un laconique «Amusant ! », il la renverra à ses responsabilités. «Vous n'avez pas oublié, mon petit, que nous visons 25 % du marché avec ce nouveau produit... Maintenant, pour ce qui est de savoir si c'est dans le coup pour les 15-30 ans, ce n'est pas de ma compétence. Je retiens tout de même les remarques de Duroux sur le raté de cette équipe pour les biscuits Melin. » Le message sera limpide : à Claire la décision, mais elle ne sera ni couverte par sa hiérarchie ni soutenue par son collaborateur en cas d'échec... Ils avaient déjà adopté une attitude similaire pour le dernier shampooing, mais l'enjeu était moindre. Quelle bande de machos, peste-t-elle en elle-même, ils ne supportent pas qu'une femme leur fasse de l'ombre...

«Alors, Claire, qu'en dites-vous ?

– Trop osé. Nous allons passer à côté de notre cible. L'humour c'est bien, mais moi je compte en parts de marché. »

En s'écoutant dire cela, elle a l'impression d'entendre son patron. Intuitivement, elle sent que l'idée est bonne et qu'elle va accepter, mais elle ne va pas leur laisser un succès aussi facile. D'autre part, elle a besoin d'arguments pour défendre le projet en interne. Ceux qu'on lui donne, elle les connaît déjà. Mais elle s'acharne à contrer point par point ses interlocuteurs, qui acceptent volontiers de jouer le jeu. Catherine, la directrice associée de l'agence, avec qui elle travaille depuis plusieurs années, ne s'y trompe pas. Elle sait que Claire est séduite, mais que le projet n'est pas acquis pour autant. Toutes deux ont une grande complicité et ne manquent pas une occasion de s'épauler. Il y a un an Claire a bien aidé Catherine à devenir directrice associée en vantant ses mérites auprès du président de l'agence. Le fait que Catherine semble si sûre d'elle sur ce projet la rassure et la renforce dans son intuition : depuis qu'elles travaillent ensemble, elles n'ont pas fait de faux pas. À bout d'arguments, elle réalise qu'elle ne tirera rien de plus de cette réunion.

« OK, conclut-elle, je vous rappelle en fin de matinée pour vous faire part de ma décision. »

Dans le taxi qui les ramène au bureau, Claire en profite pour sonder Duroux. Pas encore bien au clair sur l'opinion de sa chef, il tente de rester dans des généralités, pèse le pour et le contre. Claire insiste :

« Mais finalement, si tu devais décider ?

– Si je devais décider, je serais à ta place et je n'y suis pas encore tout à fait... »

Même si c'était dit sur le ton d'une boutade, c'est la première fois qu'il cherche à la provoquer aussi ouvertement. Claire n'est pas surprise et continue sur le même ton :

« Eh bien, puisque tu es à la tienne, tu vas me faire

pour la fin de la semaine une étude de marché précise sur les réactions des 15-30 ans à ce type de campagne.

– Demande plutôt à Jacques, moi je pars demain à Barcelone pour le lancement de Hair Vit.

– Pas question, tu as insisté pour suivre ce dossier... S'il le faut, annule Barcelone, mais j'ai besoin de ce rapport avant vendredi soir. »

Il ne croit quand même pas que je vais me faire avoir aussi facilement, pense-t-elle, finalement satisfaite d'avoir pu coincer son collaborateur.

À peine arrivés, après avoir obtenu l'indispensable bénédiction de la fidèle assistante, ils passent une tête par la porte du bureau du directeur général adjoint pour lui présenter le projet. Claire s'en charge elle-même, craignant la réaction de Duroux à la suite de leur dernier échange. Elle s'efforce de rester neutre, sachant que naturellement son patron prendrait le contre-pied de sa position ; elle insiste même sur les points faibles. Mais le directeur général adjoint se garde bien de se prononcer sur le fond du projet ; il se contente de poser quelques questions concernant la méthode employée pour aborder le marché. Claire pense tout de même avoir capté quelques signes d'intérêt plus marqués que prévu. Cette façon de revenir sur les photos à plusieurs reprises et de se faire préciser le curriculum vitae *des créateurs ne lui ressemble pas. Au lieu de l'« Amusant ! » habituel, il s'est risqué à un « Intéressant ! ». En revanche, Duroux a été fidèle à lui-même : probablement échaudé par la perspective de l'annulation de son voyage à Barcelone, il s'est lancé dans un long développement sur les inconvénients que comportait cette équipe de créa-*

tifs. Claire s'est bornée à l'écouter en silence, savourant le faux pas de son collaborateur qui, à l'évidence, n'a pas saisi l'option du patron.

C'est le cœur léger qu'elle regagne son bureau pour appeler Catherine afin de lui donner le feu vert pour faire avancer le projet tel quel. Au moment de décrocher le téléphone, quelque chose l'arrête : elle réalise qu'elle n'y a jamais vraiment réfléchi. Ce qu'elle pense être son choix a été le résultat d'impressions vagues. D'emblée favorable, elle n'a cherché que des confirmations à cette opinion. Les arguments de Catherine, le scepticisme de Duroux et enfin l'intérêt inattendu de son patron l'ont progressivement confortée dans son intuition initiale. Des années d'études mais surtout de pratique du marketing n'ont apparemment pas pesé lourd en regard de l'aspect très séduisant du projet. Elle tente de rassembler ses idées pour raisonner de façon cohérente. En fait, l'étude de marché arrivera lorsqu'elle aura déjà pris sa décision... Restent les grands principes théoriques, qui sont d'un secours modeste dans la pratique. Dans le fond, pense-t-elle, qu'est-ce que je risque ? Compte tenu de l'audace du projet, j'aurai de toute façon un succès d'estime auprès de la profession. Pour ce qui est du public, on prendra la précaution de faire des tests avant de lancer la campagne. Elle appelle donc Catherine pour lui donner son accord de principe, retardant tout de même la décision finale à lundi, lorsque les résultats de l'étude de marché seront connus.

La principale action de Claire, au cours de sa matinée, est de prendre une décision pour la campagne de publicité du nouveau produit dont elle a la charge. Cette décision, qui est de sa seule responsabilité, se prend, en apparence, dans le secret de son bureau. En fait, elle est mûrie progressivement en fonction de procédures internes mais aussi d'éléments extérieurs. Cette maturation comporte trois étapes : présentation de la campagne par l'agence de publicité, échange avec Duroux puis avec son patron, prise de la décision finale seule.

Au cours de la première étape, dès que le projet a été présenté, l'impression dominante, soulignée par Duroux, est l'audace de la proposition. Le scénario est inattendu, déconcertant et novateur, conforme à ce que pratique habituellement l'équipe de créatifs qui a été choisie. Ce qui vient alors à l'esprit de Claire, ce sont ses rapports avec son patron et son adjoint, dominés par une rivalité qu'elle attribue au fait qu'elle est une femme. Claire n'est pas prête à céder un pouce de terrain, surtout vis-à-vis de son adjoint. L'audace est un moyen pour elle de continuer à garder l'initiative dans cette rivalité : elle y est donc *a priori* favorable. Mais cette démarche comporte un risque. Il lui faut donc minimiser le danger tout en choisissant l'audace. C'est le sens de la position qu'elle prend à l'agence, cherchant un argumentaire précis. C'est aussi pour cela qu'elle se rassure en pensant à sa complicité avec Catherine, une femme comme elle. La procédure qui guide Claire au cours de cette première étape est une procédure affective de rivalité. Elle intervient au moment où elle doit se faire une opinion sur la campagne qui lui est présentée. Celle-ci risque d'être détournée de sa fonction première (faire vendre le nouveau gel capillaire de la société) pour devenir un moyen d'alimenter les luttes internes des collaborateurs de la société. Cette procédure trouvera son aboutissement lors de la dernière étape de la décision, au cours de laquelle Claire ne se demande pas si cette communication fera vendre beaucoup de gel, mais quel sera son impact sur sa position dans l'entreprise. On constate donc que l'audace est choisie d'emblée et que ce choix est ensuite justifié par l'impression d'avoir été séduite par le projet.

Une autre procédure est alors enclenchée, qui sert à minimiser les risques. C'est dans le cadre de cette seconde procédure qu'elle interroge Duroux dans le taxi et qu'elle fonctionne de façon plus déclarative, trouvant l'idée de l'étude de marché qui lui permet à la fois de minimiser son risque et de « punir » son collaborateur insolent. L'entrevue avec son patron est dominée par la même procédure. Claire doit obtenir qu'il ne s'oppose pas au projet et qu'il lui laisse la responsabilité du choix. À la troisième étape, les procédures ont atteint exactement l'objectif fixé : l'option audacieuse peut être mise en place, une fois réduits les risques. Lorsque Claire se propose de réfléchir aux alternatives, en fait, ses réflexions se limitent à la confirmation du bien-fondé de son option initiale.

A-t-elle pris pour autant une mauvaise décision ? Pas nécessairement. Mais a-t-elle réellement décidé ou bien s'est-elle contentée de chercher des éléments pouvant la conforter dans sa conviction initiale ? À aucun moment, en effet, Claire n'hésite vraiment. Son attitude générale très affirmée ne semble pas laisser place au doute. Tout au long de cette matinée, elle a pu donner à l'ensemble de ses interlocuteurs l'image de quelqu'un qui sait parfaitement ce qu'il veut. C'est que les actions de Claire reposent principalement sur un mode de fonctionnement procédural. Que se passera-t-il si l'étude de marché de Duroux révèle que cette campagne n'atteindra pas les objectifs visés ? Soit Claire persistera dans sa procédure et elle se contentera de modifications mineures ou même contestera la validité de l'étude de marché sans prendre la précaution d'en réaliser une autre, soit cet élément nouveau ébranlera suffisamment sa procédure pour la remettre en cause et la faire entrer dans une phase déclarative qui lui permettra de rechercher de nouvelles solutions.

Embarras

Il est midi et demi lorsque Claire réalise qu'elle a faim. La matinée est passée très vite et de façon plutôt satisfaisante, mais la seule évocation de son déjeuner lui donne des palpitations. Depuis trois mois, elle a déjà repoussé deux fois des rendez-vous avec François Bourrique, mais cette fois-ci plus moyen de se défiler. Bourrique, vice-président du groupe, y travaille depuis trente ans. Il représente la continuité et a beaucoup contribué au développement international. À cinquante-huit ans, il n'a plus aucune chance de devenir président, mais sans son accord, rien d'im-

portant ne peut se faire. Ce déjeuner, dont le prétexte est de se tenir au courant des derniers développements dans le monde du marketing, inquiète Claire. Au-delà des compliments sur ses toilettes ou son teint bronzé, c'est au regard de François Bourrique que Claire pense avoir compris que son but n'est pas purement professionnel. Et puis, il y a cette réputation dont Claire a été informée dès son arrivée, il y a deux ans : « Bourrique ne s'intéresse qu'aux jeunes super-women », lui a confié son prédécesseur avec un air gourmand lourdement chargé de sous-entendus. « Ne t'inquiète pas pour moi, le harcèlement sexuel, je sais m'en débrouiller », avait-elle répliqué. Aujourd'hui, c'est elle qui s'inquiète. Aucun soutien moral à espérer de son mari : lorsqu'elle a tenté de lui en parler hier soir, elle n'a pu obtenir que des plaisanteries goguenardes. Pas une seconde, il n'a semblé envisager que cette situation puisse poser un réel problème à sa jeune épouse qui sait si bien s'affirmer lorsque c'est nécessaire. « L'executive woman aurait-elle des problèmes de jupons ? » a-t-il ironisé. Piquée au vif, Claire a clos le sujet.

Appeler Marie, voilà la bonne idée. Son alter ego à l'école de commerce qui fait carrière dans la banque n'a pas pu ne pas être confrontée à des problèmes similaires. Il y a plusieurs mois qu'elles ne se sont pas vues, mais elles ont suffisamment partagé leurs histoires de cœur pour s'entraider sur un tel sujet. « Madame Bertarel est sortie déjeuner. Je ne la reverrai qu'en début d'après-midi », lui dit d'un ton empressé la secrétaire. « C'est de la part de qui ? » Claire a déjà raccroché, sentant sa tension monter et reprenant sa revue mentale des aides possibles. Sa mère, c'est exclu : elle n'a jamais travaillé, n'a pas été confrontée à ce type de problèmes. Mais son avis sur la question, directement inspiré des magazines féminins, aura comme seul effet de l'agacer encore plus. Il va falloir improviser, se dit Claire, au moment où sa secrétaire glisse un parapheur sur son bureau. Son premier mouvement est de le repousser sous prétexte qu'elle n'a pas le temps. Mais c'est peut-être l'occasion d'en savoir un peu plus sur Bourrique.

« Dites-moi, Lise, quand vous étiez à la direction financière, c'était bien monsieur Bourrique qui la dirigeait ? Il était comment à l'époque ?

– Très sympa, toujours un petit mot gentil. On a drôlement senti la différence quand il est parti.

– Mais n'était-il pas parfois un peu... entreprenant ?

– Vous voulez dire séducteur ? Non, un petit sourire, un compliment, parfois un clin d'œil mais jamais un geste déplacé. Ce qui est vrai, par contre, c'est que c'est un sacré coureur : on lui connaît au moins quatre ou cinq aventures dans la maison. Aux dernières nouvelles, c'était Christine, l'attachée de presse, mais je me suis laissé dire qu'il y avait de l'eau dans le gaz. Enfin, ne vous inquiétez pas, il a toujours été très correct. »

Claire juge bon d'interrompre là l'échange. Peut-être se monte-t-elle la tête en pensant que Bourrique cherche à la séduire. Mais rien de très rassurant non plus dans les dernières informations sur son hôte. Elle cherche désespérément à rassembler ses idées pour définir une tactique en fonction des comportements potentiels de Bourrique. Finalement, ce n'est pas si différent d'une négociation, exercice dans lequel elle est réputée plutôt efficace. Mais dans ce contexte, rien à faire, la seule idée qu'il pourrait lui prendre la main la fait frissonner.

Le patio ombragé, orné d'une fontaine, était à la hauteur de ce qu'en disait le supplément de son hebdomadaire habituel : « Le meilleur endroit pour un rendez-vous romantique. » Il me sort le grand jeu, se dit-elle, incapable d'apprécier l'agrément du lieu. Les choses avaient très mal commencé, lorsque essayant de se rendre au restaurant par ses propres moyens, elle s'était emmêlée dans des explications confuses pour terminer sur le confortable siège en cuir de la voiture de Bourrique. Ce dernier, profitant de son trouble, avait lancé : « Ma conduite vaut celle d'un taxi et ma voiture est tellement plus confortable. Quant à ma compagnie... » Tout le long du trajet, c'est à peine si elle a desserré les dents, se sentant humiliée d'être aussi impressionnée et de manquer à ce point de repartie. « La meilleure défense, c'est l'attaque », se plaisait à lui répéter Marie, qui avait toujours été plus audacieuse qu'elle. Elle se répète cette phrase, cherchant en vain comment attaquer.

« Un apéritif ?

– Claire, qu'est-ce qui vous ferait plaisir ?

– Du champagne bien sûr, dans un lieu si... magique.

–Alors deux coupes de champagne.

–Apportez plutôt la bouteille. Une fois lancée, j'ai horreur d'être frustrée. »

Vraiment j'en fais trop, se dit-elle. Doucement, ma fille, ce n'est plus de l'attaque, c'est de la provocation ! Mais en constatant la surprise de Bourrique, elle se dit qu'elle a enfin marqué un point et sourit en elle-même. Enhardie par cette première audace et les bulles de champagne, elle s'applique à rechercher sur sa carte sans prix ce qui pourrait être le plus onéreux. Le résultat donne un menu fort lourd, surtout pour un déjeuner... Mais qu'importe, tout est bon pour continuer son entreprise de déstabilisation. Il ne reste plus qu'à prendre l'initiative de la conversation sur les relations amoureuses professionnelles.

« Je suis enchantée de connaître cet endroit. Duroux m'en a parlé à plusieurs reprises. Depuis qu'il est avec notre attachée de presse – Comment s'appelle-t-elle déjà ? Ce n'est pas Christine ? –, il se sent obligé de fréquenter les endroits chics et de s'en vanter. En tout cas, cette nouvelle relation l'a complètement métamorphosé. Ça devient presque agréable de travailler avec lui. Comme quoi, il suffit de peu de chose pour combler un homme... »

« Et après ? », demande Marie, hilare, que Claire s'est empressée d'appeler dès son retour au bureau.

« Après ? J'ai été hyper-professionnelle. Je n'ai plus parlé que de marketing et il a fait semblant de s'y intéresser. Le principal était qu'il n'entre pas dans le registre de la séduction. L'histoire de l'attachée de presse l'a échaudé. Le plus dur, finalement, ça a été d'avaler le homard après le foie gras. Très mauvais pour mon look estival, mais ça valait la peine.

– Bravo, ma vieille, tu t'en es tirée comme un chef ! »

La situation que vit Claire est stressante en raison de deux pensées contradictoires dont elle n'arrive pas à sortir. « Un supérieur hiérarchique va me faire des avances. D'une part, c'est très gênant de lui dire non et, d'autre part, je n'ai aucune envie d'avoir une aventure avec lui ; je ne sais pas comment dire non, et je n'ai aucune envie de dire oui. » Ces deux pensées sont différentes par le but à atteindre, le plan pour y arriver et l'imprévisibilité du feed-back. Claire est donc confrontée à un conflit ou une ambivalence quant aux objectifs et à une insuffisance de planification par rapport à chaque but en jeu. Nous sommes en face d'un risque important d'actions inefficaces. Le fait que ce soit un supérieur hiérarchique place Claire en position basse et lui fait perdre toute initiative dans le jeu relationnel. La seule stratégie procédurale mise en place est alors l'évitement, avec son corollaire, l'augmentation de l'anxiété anticipatoire engendrée par cette situation. L'anxiété augmente, car les deux fois où Claire a refusé la rencontre l'ont confirmée dans l'impression qu'il n'y avait pas de solution à cette situation. De plus, c'était une façon de montrer son malaise à son interlocuteur et donc de renforcer sa position basse. Cette position de départ met Claire dans une sorte de cercle vicieux : plus elle évite, plus elle redoute ; plus elle redoute, plus elle perd ses capacités à fonctionner de façon déclarative, ce qui lui permettrait de trouver d'autres stratégies relationnelles que celle qui consiste à attendre l'assaut et à le subir. Comment alors arrive-t-elle à se sortir de cette situation si délicate ?

Jusqu'à l'apéritif, Claire reste dans le cadre de sa

procédure initiale et subit la relation. Elle est en position basse et suit le même comportement d'évitement que précédemment. À tel point qu'elle se sent humiliée. Il est probable que c'est cette émotion, cette déclaration qu'elle se fait à elle-même (« je suis humiliée ») qui lui permet de sortir de sa procédure. C'est en effet à partir de ce moment qu'elle se permet de prendre l'initiative, pour ne plus être traquée.

Qu'est-ce qui change et qui lui permet de mieux s'adapter à la situation ? La déclaration « mon patron va me faire des avances » est confirmée : Claire n'a toujours pas envie de « dire oui ». Mais, cette fois, elle s'autorise à sortir du positionnement bas dans lequel elle se confinait. Ce qui est modifié dans cette situation, ce n'est pas la procédure initiale mais les déclarations qui sont issues de cette procédure, puis le feed-back. Ce qui n'était pas adapté, c'était le plan de fuite. Il a manqué à Claire une étape déclarative qui lui permette d'envisager un autre type d'attitude. Cette étape déclarative a été déclenchée par un état émotionnellement fort qui lui a permis de s'extraire de son comportement procédural pour en changer.

Ce qui est essentiel ici, c'est que Claire a bien cherché à provoquer cette démarche déclarative avant de rencontrer Bourrique, mais en vain. L'anxiété engendrée par la perspective de la rencontre l'inhibe trop. Si elle recherche de l'aide auprès de ses proches, c'est parce qu'elle pressent qu'elle ne peut pas déclencher cette étape déclarative seule : il faut un échange. Sans ce « répondant », les procédures anxiogènes bloquent et enferment Claire dans sa peur. Contrairement à la situation d'attente où l'étape déclarative n'a pas été envisagée, cette fois-ci, Claire sait qu'elle en a besoin pour mieux s'adapter au contexte auquel elle est confrontée, mais elle ne sait comment s'y prendre seule. Nous retrouvons ici la démarche qu'a utilisée Jean-Philippe, à la gare, lorsqu'il souhaitait prendre l'avis de son ami. N'ayant pas trouvé d'aide, Claire se trouve maintenue dans sa procédure.

Si elle avait pu avoir un échange avec son amie avant le rendez-vous avec Bourrique, son fonctionnement procédural d'évitement aurait été atténué par deux mécanismes. La réaction de son interlocutrice aurait probablement mis en perspective la situation dans laquelle Claire se sentait enfermée. Cette mise à distance aurait diminué son anxiété. De plus, il est probable que son amie lui aurait fait part de ses expériences antérieures similaires et, à partir de ces exemples, Claire aurait pu, par mécanisme associatif, envisager d'autres modes de comportement que l'évitement.

Nous voyons ici apparaître le mécanisme fondamental de la mémoire déclarative, laquelle se constitue en réseau : l'association des représentations, des idées, qui peut tenir soit à des analogies formelles (nous sommes deux femmes), soit à des habitudes du passé (fonctionnement que Claire attribue à Marie), soit à des buts identiques (faire face à la séduction). L'association entre deux pensées s'explique donc par leur structure, à laquelle il faut évidemment ajouter l'investissement de cette liaison due à l'actualisation de ces pensées. Le rêve constitue en fait un bon exemple de mémoire en réseau déclaratif, c'est-à-dire d'un monde de représentations s'associant essentiellement par analogie. Une fois de plus, nous voyons bien que le paradigme comportemental stimulus/réponse est beaucoup trop simple dès qu'il s'agit de rendre compte du cours de nos pensées.

Négociation

Légèrement assoupie par les excès du déjeuner, Claire songe qu'il lui faut se mettre à rédiger le discours de son directeur général. Comment trouver des idées lorsqu'on ne songe qu'à faire la sieste ? Courageusement, elle commence par demander à sa secrétaire de lui apporter un café et de ne plus lui passer de communications téléphoniques pour lui permettre de se concentrer. Cinq minutes plus tard, la sonnerie du téléphone la sort de sa torpeur.

« Mais enfin, Lise, je vous avais dit...

– Je sais, mais c'est votre mère qui a insisté. Elle dit que c'est urgent.

– Bon, bon... »

Claire se rappelle qu'effectivement, depuis le début de la semaine, elle devait téléphoner à sa mère, qui a laissé plusieurs messages l'invitant pour le week-end. En fait, elle n'a pas eu le temps de parler avec son mari. Ou plus exactement, elle n'a pas trouvé le moment propice pour aborder ce sujet qu'elle sait délicat. S'il a toujours été très correct avec sa belle-famille, Pierre a généralement évité dans la mesure du possible les invitations pour le week-end, qui le privent de son tennis rituel et d'une sortie entre amis le samedi soir. Cette fois-ci, même si elle se défilait, il faudrait rappeler plus tard dans l'après-midi. Après tout, peut-être que la conversation la réveillera...

« C'est bon, passez-la-moi.

–Allô, Claire ? Comment vas-tu, ma chérie ?

– Ça va, maman, un peu débordée comme d'habitude.

– Ça fait trois jours que je cherche à te joindre. On a dû te laisser les messages... Alors vous venez samedi ?

– Écoute, maman, je n'ai pas encore eu le temps d'en parler avec Pierre.

– Depuis trois jours, vous n'avez pas eu le temps de vous parler ? Bravo les couples modernes. Et mon petit-fils, tu as eu le temps de l'embrasser au moins ? Depuis quinze jours que je ne l'ai vu, il va bien ?

– Tu sais très bien que tu peux venir voir Bertrand quand tu veux...

– D'accord, ne t'énerve pas. Je ne t'appelle pas pour me disputer avec toi. Simplement ton père et moi ne vous avons pas eu à déjeuner depuis Pâques. Après c'est les vacances, et nous n'arriverons pas à nous réunir. Ce week-end serait idéal pour se retrouver tous ensemble.

– Le problème, c'est que nous sommes invités samedi soir depuis longtemps et ça m'étonnerait que Pierre...

– Un dîner, on peut toujours le reporter. Et ton frère m'a promis de descendre de Lille si vous veniez. »

Là, elle sort son joker, se dit Claire. Elle est effectivement très liée à son jeune frère qui termine ses études à Lille et elle a très rarement l'occasion de le voir. La présence de Jean-Marie change tout.

La perspective d'un week-end un peu terne se transforme en promesse de moments gais et complices.

« D'accord, maman, je passe tout de suite un coup de fil à Pierre pour lui en parler et je te rappelle après.

–Avant 16 heures 30, parce que après, je vais chez le coiffeur. À tout de suite. »

Pierre risque d'être plus difficile à convaincre qu'elle n'a bien voulu l'avouer. Il serait peut-être plus habile de lever dès maintenant les obstacles qu'il ne manquera pas de mettre en avant, notamment le dîner chez les Tarmin, samedi soir. Cinq minutes plus tard, Claire a réglé ce premier problème avec son amie Isabelle : elles ont trouvé une autre date.

« Allô, Pierre ? Je te dérange ?

– Un peu, mais vas-y. C'est urgent ?

– Oui et non, c'est à propos de samedi, maman organise un week-end avec nous tous...

– Qui ça " nous tous " ?

– Eh bien, Jean-Marie et nous. Comme je viens juste d'avoir Isabelle Tarmin pour reporter le dîner de samedi, je pensais que ça ferait du bien à Bertrand de s'aérer pendant le week-end.

– Écoute, ce n'est vraiment pas le moment de me parler de ça. J'entre en réunion dans dix minutes et je n'ai pas eu le temps de préparer ce que je vais dire.

– Excuse-moi, mais il faudrait donner une réponse à maman cet après-midi pour qu'elle s'organise. Je peux toujours lui donner un accord de principe. On en reparle ce soir, d'accord ?

– C'est cela, dis-lui oui maintenant et ce soir tu la

rappelleras pour lui dire qu'on a changé d'avis... Tu te fiches de moi. Si on en parle ce soir, tu réserves ta réponse.

– Oh, sois gentil, ça me ferait tellement plaisir de voir Jean-Marie !

– Voilà, dis plutôt les choses comme elles sont : il ne s'agit pas de Bertrand mais de te permettre de voir ton petit frère chéri !

– Je croyais que tu étais pressé ? On ne va pas se faire une scène au téléphone. Alors, c'est oui ou c'est non ?

– Justement, je suis pressé et j'aimerais qu'on trouve un autre moment pour parler de nos week-ends. J'imagine comment tu réagirais si je t'appelais comme ça, cinq minutes avant une réunion.

– Ça n'a rien à voir. Écoute mon Pierre, je n'ai pas envie de me disputer, je sors d'un déjeuner éprouvant et je sais que toi aussi tu es débordé. C'est vrai que j'aimerais aller chez mes parents et je suis désolée d'avoir à te le demander comme ça ; si tu es d'accord, je te promets qu'on fera ce que tu veux les deux week-ends suivants. C'est honnête, non ?

– D'accord, mais on ne partira que samedi midi après mon tennis, et la prochaine fois je tiens à ce qu'on en parle autrement qu'en deux minutes au téléphone.

– À tout à l'heure, je t'embrasse. »

Bien négocier, que la situation relève de la vie privée ou d'une question professionnelle, consiste à ne jamais perdre de vue son but et à passer par tous les détours nécessaires pour l'atteindre. C'est donc introduire du déclaratif dans un cadre procédural rigide. Dans sa manière de présenter les choses, Claire multiplie les pistes et les arguments. Tout d'abord, elle utilise ce qui est censé toucher le plus son mari, c'est-à-dire son fils ; puis, elle axe son argumentation sur elle-même et la satisfaction qu'elle tirerait de ce week-end. Devant l'inefficacité de cette méthode qui n'a réussi qu'à énerver son mari, Claire change de technique et opte pour le conflit ; finalement, elle revient à une attitude conciliatrice. On peut constater une grande mobilité dans les tactiques qu'elle met en place. Il est probable que le résultat rapide vient précisément de là, ainsi que de sa capacité à mener l'entretien sans jamais se laisser détourner de son objectif. Ce dernier point révèle une forte détermination procédurale (« si Pierre, alors le convaincre »), qui laisse pourtant de la place pour une importante capacité déclarative.

Création

Il est 16 heures lorsque Claire raccroche son téléphone après avoir fini par régler son problème. Il lui reste à peine deux heures pour coucher quelques idées sur le papier. Elle sait qu'elle ne doit pas se laisser abuser par la façon décontractée avec laquelle le directeur général lui a confié ce travail. Ce dernier l'a piégée lors de la réunion des directeurs. Après avoir fait son éloge, il s'est abrité derrière sa méconnaissance du monde de la publicité afin de lui demander « deux ou trois idées » pour le discours inaugural de la cérémonie des Trophées de la Beauté. Le genre est particulier : il faut, en apparence, tenir des propos généraux pour, en réalité, faire l'éloge du groupe. L'enjeu est relativement important : le contenu du discours sera décortiqué par l'ensemble de la profession et repris par la presse spécialisée. Claire a l'impression désagréable de jouer le rôle peu enviable de soupape de sécurité, associé à celui de gratte-papier. Des ennuis potentiels, sans réel bénéfice si ce n'est la gratitude du directeur général. Elle avait envisagé de demander à Duroux de préparer un plan, mais finalement, elle a jugé que cela risquait de lui apporter plus de désagréments que d'avantages. Il est, en effet, très probable que son collaborateur aurait saisi cette occasion pour s'en vanter : il aurait laissé entendre que Claire est une incapable qui profite du travail des autres.

À la troisième relecture du discours de l'année précédente, toujours rien. Pas la moindre petite étincelle. Le discours est excellent, plein d'humour ; il ironise principalement sur la société mais, dans le fond, les attaques sont beaucoup plus meurtrières pour les concurrents. Le tout enrobé de références qui vont de Saint-Simon à Woody Allen en passant par Sacha Guitry. L'ensemble est brillant, drôle, efficace et déprime de plus en plus Claire. À chaque relecture, elle trouve de nouveaux bons mots qui lui avaient échappé. Impossible de se concentrer, son esprit vagabonde entre son fils Bertrand, sa dernière conversation sur Bourrique avec Marie, la perspective de son week-end... Régulièrement, son regard s'arrête sur sa feuille, mais rien ne germe. Il est 16 heures 45 et pas l'ombre d'une idée. Claire est alors prise d'une furieuse envie de sortir, de marcher. Cela me fera peut-être digérer, pense-t-elle, mettant son manque de productivité sur le compte de Bourrique et de son déjeuner. La grande esplanade, habituellement toujours vide, lui paraît étonnamment fréquentée. Elle s'arrête quelques minutes à suivre la danse des rollers, tourne autour d'une montgolfière publicitaire, flâne devant des affiches de films.

De retour devant son bureau, elle se sent à la fois concentrée et plus tendue. Plus question d'écrire à la main : son texte n'aurait pas le temps d'être tapé. Les mots apparaissent sur l'écran, les uns en dessous des autres sans logique, comme à l'état brut. Ils ne sont pas encore idée ni même phrase, juste des mots utilisables dans toute la richesse de leurs sens possibles. Puis, par la magie du traitement de texte, Claire les apparie. Ils s'organisent en idées, se déroulent en arguments. Imprégnée du texte précédent, Claire introduit des traits d'humour, joue du paradoxe, s'amuse des ambiguïtés et des doubles sens.

« Arrêtez de faire semblant de travailler, Claire. »

Plongée dans son écran, elle n'a pas entendu son patron entrouvrir la porte de son bureau.

« C'est un faux-semblant, mais je ne demande pas mieux que de m'arrêter. J'en suis à une ébauche de plan et à trois idées dont je ne suis pas tout à fait mécontente.

– Je crains que ce ne soit un peu court pour rivaliser avec le discours de Mouleton l'année dernière.

– Certes, mais lorsque vous aurez mis votre touche, la prestation de Mouleton aura l'air d'une copie de

collégien, réplique Claire, qui sent l'agacement la gagner. En ce qui me concerne, je suis complètement sèche », ajoute-t-elle, trop contente d'avoir trouvé une occasion de se débarrasser de ce travail. Ce disant, elle se lève et lui tend les cinq feuillets tout juste sortis de l'imprimante.

Créer revient à utiliser une procédure d'activation de représentations déclaratives. L'objectif de Claire est de « trouver des idées ». Pour cela, tout naturellement, elle cherche des idées dans le discours précédent. Cette attitude a deux conséquences. D'une part, elle enferme Claire dans le discours de son prédécesseur ; d'autre part, elle déclenche une procédure affective d'impuissance qui la focalise sur l'exigence de résultats sans lui permettre d'accéder aux moyens nécessaires pour y parvenir.

Il lui faut donc entrer dans une démarche créative dont il doit sortir quelque chose de nouveau soit dans la forme soit quant au fond. Pendant toute la phase improductive, elle oscille entre deux attitudes. Décortiquer le discours de Mouleton ou laisser son esprit s'évader pour penser à autre chose. Ces deux attitudes participent de la montée d'anxiété qui caractérise l'état de Claire à ce moment et qui se cristallise autour de l'inquiétude face au temps qui passe. L'anxiété va crescendo avec le temps et les idées sont toujours aussi inexistantes. C'est que Claire n'arrive pas à sortir du double enfermement dans lequel elle s'est placée et que l'anxiété qui l'accompagne l'enserre chaque minute un peu plus. C'est en rompant ce « cercle vicieux » de l'anxiété que Claire peut commencer à devenir productive. Tout se passe comme si sa promenade lui avait permis de s'extraire du discours précédent et de relativiser son but pour accéder aux moyens.

Depuis le milieu des années soixante-dix, un certain nombre de méthodes de créativité venues en général des États-Unis se sont répandues en France. Elles permettent d'aborder les problèmes en sortant du cadre du problème posé pour faire émerger des solutions nouvelles. En effet, une procédure reproduit toujours une expérience acquise, elle a donc toujours tendance à enfermer le sujet dans le connu. Elle privilégie également l'objectif à atteindre. L'enchaînement des plans d'action est ordonné en fonction de cet objectif qui est la « raison d'être » de la procédure. Il n'y a donc pas de place pour l'inconnu, l'inexploré. Or ces domaines sont les terrains de prédilection de la créativité. La grande difficulté consiste à accepter qu'on ne sait pas ce qu'on va trouver et donc si on va trouver. À l'inverse de la reproduction de solutions connues, qui est rassurante car elle permet de demeurer sur un terrain déjà exploré, la démarche créative oblige au saut dans l'inconnu. Pourquoi se lancer sans carte sur une route nouvelle quand il en existe certaines qui sont déjà connues ? Pour découvrir l'Amérique, certes... mais n'oublions pas que ce qui était cherché, c'était l'Inde.

Toutes les techniques de créativité visent donc à décloisonner la recherche de solutions qui, habituellement, ne fait appel qu'à deux champs de mémoire : celui de l'expérience et celui de la compétence. Il s'agit d'amener un groupe ou une personne à aborder un problème selon une procédure qui fait sortir de la démarche procédurale habituelle.

La première étape consiste à formuler le problème de façon ouverte, c'est-à-dire sans que la formulation ne contienne aucun élément de solution. Au lieu de se demander comment faire mieux que le discours de l'année précédente, Claire devrait tout simplement chercher à écrire une intervention pour le Trophée de la Beauté.

Puis, on entre dans la réelle phase de créativité, qui peut s'appuyer sur différentes techniques, parfois appelées techniques de divergence. La méthode aléatoire, par exemple, consiste à croiser deux domaines différents pour en faire émerger des associations originales. On peut utiliser des images ou des mots. Claire aurait pu choisir quelques mots comme « musique », « lumière », etc., noter tout ce qu'ils évoquent en elle, puis croiser avec l'idée de beauté. Par exemple, au mot « musique » correspondent les connotations suivantes : douceur, rythme, élan, souvenir, émotion, etc. Rapprocher l'idée de rythme de celle de beauté fait penser à des expressions comme « les rythmes de la beauté », « les temps forts de la beauté », « la beauté se décline au cours d'une vie à travers des rythmes individuels », etc.

La technique analogique, quant à elle, consiste à rechercher dans d'autres domaines comment les éléments fonctionnels du problème sont satisfaits. Un produit de beauté a pour fonction de rendre plus beau, plus attractif, d'améliorer l'apparence. Comment ce but est-il réalisé dans la finance, le cinéma, etc. ? Dans le domaine financier, rendre plus beau, c'est rapporter plus ; être plus attractif, c'est être cher, avoir un bon rendement, et ainsi de suite. Le croisement pourrait donner des produits de beauté qui rapportent plus et vous rendent plus chers aux yeux des autres, etc.

Ces techniques de divergence introduisent une étape déclarative dans la procédure de recherche de solution. Au cours de cette étape déclarative, il faut créer les conditions pour sortir l'individu de toute procédure antérieure. Les règles qui accompagnent cette phase sont évidemment de ne rien censurer de ce qui vient à l'esprit, d'être spontané, de tout noter. Plus l'individu accède à l'ensemble de son champ de connaissances de façon diffuse et ouverte, plus il s'autorise des associations et des suggestions inattendues, et plus sa capacité créative est grande. La difficulté majeure réside plus dans la difficulté qu'il y a à se dégager de sa stratégie antérieure et à surpasser les stratégies procédurales affectives de gestion de l'inconnu (fuite, évitement, dépendance aux autres, etc.) que dans la quête des moyens d'accès au déclaratif. Les blocages et les inhibitions peuvent en effet se situer à ce niveau. L'inquiétude est marquée au moment d'entrer dans l'inconnu.

C'est d'ailleurs en cela que toute activité créative est « dérangeante ». Elle va à l'encontre de l'idée rassurante (dont le succès va croissant) selon laquelle l'individu qui veut être excellent n'a qu'à reproduire des procédures similaires aux moments pendant lesquels lui-même a été excellent dans le passé [2]. Voire même, comme cela se pratique aux États-Unis, de reproduire parfaitement les comportements d'un

2. Cf. les formations à l'excellence ou à la performance pour les managers.

modèle de réussite. Ainsi les « façonneurs de comportements » vont mettre à plat les procédures utilisées par un personnage à succès et proposer à leurs clients de les apprendre pour les reproduire. Aussi rassurante que puisse être cette conception robotisée de l'homme, on conçoit combien elle est réductrice et en fait stérile.

Une fois la phase déclarative achevée, la suite de la procédure suppose que les idées soient critiquées, triées, organisées. Créer, c'est donc utiliser un mode d'action procédural pour engendrer du déclaratif. L'un sans l'autre est inefficace.

Surprise

Enfin débarrassée de sa corvée, Claire songe à rentrer chez elle pour donner tranquillement son bain à Bertrand, plaisir qu'elle prend rarement en semaine. Elle commence à rassembler ses affaires et à mettre un peu d'ordre sur son bureau. Depuis longtemps, elle a renoncé à garder un bureau parfaitement dégagé. Au moment où elle se lève, le téléphone sonne.

« Madame Benoit est arrivée.

– Qui ça ?

– Madame Benoit, vous savez la personne qui est pressentie pour le poste de chef de produit.

– Oh là là, je l'avais complètement oubliée celle-là, ça ne m'arrange pas du tout de la voir maintenant. Il n'y a pas moyen de lui proposer une autre date ?

– C'est-à-dire qu'elle s'est déplacée spécialement...

– Bon, faites entrer, et amenez-moi son CV. Je n'ai même pas eu le temps d'y jeter un coup d'œil... »

Machinalement, elle se rassoit et commence à regarder la première note qui lui tombe sous la main. Il y a des jours, se dit-elle... Lorsqu'on frappe à la porte, elle répond sans lever les yeux, consciente qu'elle cherche plus à exprimer son irritation qu'à réellement se concentrer sur ce qu'elle lit. Elle laisse passer quelques secondes et se décide enfin à lever les yeux. Claire est d'emblée frappée par la mini-jupe rouge si courte qu'elle n'oserait la porter pour aller travailler. Regardant son interlocutrice, elle est prise de sentiments contradictoires : d'un côté, la jeune femme qui est devant elle lui rappelle irrésistiblement quelqu'un de familier, de l'autre, cette hypothèse lui paraît tellement invraisemblable qu'elle ne peut l'admettre. En brune, ce serait le portrait craché d'Anne. De plus en plus intriguée, Claire dévisage la jeune femme. C'est son air ironique et sa manière de la toiser bien campée sur ses jambes et les bras croisés qui la décident enfin.

C'est bien Anne ! Elle fait un bond sur son fauteuil comme lorsque son frère s'amusait à la surprendre en criant et en surgissant au moment où elle l'attendait le moins. Écarquillant les yeux, elle fixe Anne. Pas de doute, c'est bien son ex-meilleure copine de classe qui se tient devant elle. Seules la coupe de cheveux et la tenue ont changé. Les talons et le tailleur se sont substitués aux éternels pulls trop larges et aux non moins éternels jeans pattes d'éléphant.

« Anne ? Mais qu'est-ce que tu fais ici ?

– Madame Benoit, plutôt », la reprend Anne en souriant et en lui montrant son alliance.

Déjà Claire se jette à son cou. Mais elle a un mouvement de recul devant l'air surpris de sa secrétaire qui entre le CV à la main. Elle réalise l'incongruité de la situation. Elle brûle d'assaillir Anne de questions. De la sixième à la seconde, elles étaient inséparables. De leurs premiers émois d'adolescentes aux interrogations écrites, elles avaient tout partagé. À tel point que régulièrement les professeurs les invitaient à ne rendre qu'une copie pour deux, tant leurs devoirs étaient similaires. Anne avait une impertinence et une gaieté que Claire admirait et enviait. C'est à elle qu'elle devait ses plus beaux fous rires d'adolescente. À la fin de sa seconde, Anne avait quitté Paris pour suivre ses parents en province. Elles s'étaient revues à plusieurs reprises à l'occasion de vacances, mais la complicité n'était plus la même et peu à peu elles avaient cessé de s'écrire.

Le CV déposé sur son bureau lui rappelle qu'elles sont là pour autre chose que retrouver leur jeunesse. Après avoir fait asseoir Anne, Claire a une seconde d'hésitation : vis-à-vis formel de chaque côté du bureau ou côte à côte dans le coin salon ? Elle opte pour cette dernière solution et commence la lecture à voix haute du CV.

« Mariée deux enfants. Bravo, bel effort, tu me devances d'une tête.

– C'est un garçon ou une fille ?

– Bertrand ? Il a trois ans. Mais revenons à nos moutons. »

Dès qu'elle a prononcé cette phrase, Claire regrette

déjà son ton un peu sec. Mais, mal à l'aise, elle craint de perdre l'initiative de l'entretien et de se laisser déborder par sa propre envie d'en laisser tomber la dimension professionnelle.

« DESS, puis deux ans dans l'agro-alimentaire à faire du marketing pour des corn flakes. Toujours ton goût de l'Amérique. Tu es restée en contact avec ton correspondant dont nous étions amoureuses ?

– Tony ? Je l'ai revu il y a quinze jours, il vient souvent à Paris, il est encore plus beau qu'avant et toujours célibataire. Mais comment disais-tu ? Revenons à nos moutons ? »

Claire retrouve « son » Anne, celle qui en situation hiérarchique ne laisse rien passer. Son impertinence semble s'être à peine policée. Elle fait un effort pour revenir au CV, brûlant d'en savoir plus sur Tony, le jeune Californien qui était si séduisant.

–Après les corn flakes, un trou de deux ans. Ton premier, je suppose ?

– Exact, et puis nous sommes allés vivre dix-huit mois en Thaïlande, où Mathieu développait une filiale d'un groupe d'électronique. Sur place, les possibilités d'emploi étaient nulles. J'ai fait un peu d'humanitaire et beaucoup de golf.

– Tu tombes bien, ça fait trois ans que Pierre veut que nous y allions pour Noël et que je m'y refuse. Cette année, je ne vais pas y couper.

– Tu ne regretteras pas, c'est un pays exceptionnel, sans compter les achats que l'on y fait, comme les bijoux par exemple », dit-elle en fixant des yeux les mains de Claire ornées d'au moins une bague par doigt.

Leurs regards se croisent et elles partent d'un éclat de rire qui leur rappelle leurs éternels débats sur l'apparence et la frivolité.

– Quelle idée de venir travailler chez nous ? Comment veux-tu que je te fasse passer un entretien de recrutement ? Et après, comment veux-tu que nous travaillions ensemble ? Depuis qu'on a dix ans, tu as toujours obtenu exactement ce que tu voulais de moi, alors je me vois mal te demander de reprendre un projet de campagne. Tu t'arrangerais pour me le faire faire.

– Ça c'est le comble. Alors, parce qu'on se connaît et qu'on s'apprécie, on ne pourrait pas travailler ensemble. Je te rappelle que pendant presque dix ans nous avons fait une paire formidable, nous étions parfaitement complémentaires et rien ne nous résistait.

– Je sais, Anne, mais le contexte est différent. Regarde, nous n'avons pas réussi à être sérieuses deux minutes pour faire un semblant d'entretien d'évaluation. Et puis, nous serions censées travailler dans le cadre d'une relation hiérarchique. Ce n'est pas que je tienne à tout prix à " commander ", tu me connais, mais tu sais comme moi que dans le cadre professionnel, il y a des codes entre les individus qui doivent être observés par tous. Et j'ai toujours tenu à garder complètement séparées vie privée et vie professionnelle.

– Tu pousses un peu, ça fait dix ans qu'on ne s'est pas vues et je fais déjà partie de ta vie privée. Quoi qu'il en soit, je comprends tes réticences, même si ça m'amuserait beaucoup de travailler avec toi et si,

pour ma carrière, un passage ici serait du meilleur effet. Et puis, réfléchis bien, tu ne trouveras jamais de meilleur candidat... »

Visiblement satisfaite de sa réplique, Anne se lève, prend son sac et lance : « Je te dépose ? On pourra discuter hors cadre professionnel. » Une fois de plus, elle a repris l'initiative. C'est tout de même un sacré personnage, se dit Claire en suivant son amie.

Dix fous rires plus tard, Claire a l'impression d'avoir retrouvé la gaieté et l'insouciance de son adolescence. La voiture d'Anne est déjà arrêtée depuis dix minutes devant la station de RER et elle semble hésiter à se décider à en sortir. Comme si elle voulait préserver la magie du moment et ne pas retrouver la routine. D'un seul coup, le dîner avec les Sigaud, qu'elle aime pourtant beaucoup, a moins de saveur. Elle voudrait passer la soirée à prolonger ce bain de jouvence fait de complicité et d'évocations heureuses. Une douce nostalgie l'envahit, qu'elle fait durer.

Cette rencontre est si inattendue et incongrue aux yeux de Claire qu'elle hésite à se décider à reconnaître son amie. La distance entre ce qu'elle vit et ce qui pourrait lui sembler vraisemblable est considérable. Claire est soumise à ce qu'on appelle une dette cognitive, terme qui désigne une distance mentale entre ce qui paraît vraisemblable et la réalité telle qu'elle se présente. C'est l'étudiant persuadé d'avoir raté qui voit son nom dans la liste des reçus, c'est le voyageur sûr d'être à l'heure qui trouve le quai de la gare vide, ou encore le récent acheteur d'une voiture qui tombe en panne. La première réaction consiste à dire : « ce n'est pas vrai », comme si ce qui arrivait ne paraissait pas possible. Il faut ensuite un temps plus ou moins long pour accepter la réalité telle qu'elle est et donc combler cette dette cognitive. Tant que celle-ci n'est pas comblée, aucun plan d'action efficace ne peut être mis en place. Pour Claire, se trouver en face de sa vieille amie en position de lui faire passer un entretien d'embauche est très éloigné de ce qu'elle aurait pu imaginer. C'est ainsi qu'elle a du mal à reconnaître Anne. Elle aurait eu probablement beaucoup moins de mal à la reconnaître si les retrouvailles avaient eu lieu au cours d'une soirée chez une connaissance commune. La dette cognitive a pour conséquence d'interrompre les plans d'action en cours. Sans étape déclarative, aucun plan d'action ne peut se mettre en place. L'individu est alors obligé de sortir de ses procédures pour réévaluer. Celui qui a un fonctionnement principalement procédural trouve dans ces situations une cause d'anxiété majeure liée à l'impossibilité de mettre en place un plan d'action efficace pour s'en sortir. C'est en effet la souplesse de passage d'un fonctionnement procédural à un fonctionnement déclaratif qui est déterminante pour déclencher de nouveaux plans d'action permettant au sujet d'atténuer la charge anxieuse en rapport avec le contexte.

De plus, la position de Claire, qui consiste à séparer vie professionnelle et vie privée, empêche une compréhension psychologique de la vie quotidienne. En réalité, nous ne sommes pas biologiquement différents à notre travail et à notre domicile : aucun indice, aucune étude ne mettent en évidence une telle opposition. Surtout, la journée au cours de laquelle nous avons vu Claire mais aussi d'autres personnages fonctionner montre que nos procédures de changement de programme, qu'elles soient affectives ou non, de confrontation à l'imprévu et au conflit, de décision, de négociation ou de création, sont pour une grande part identiques pour un même individu, qu'il s'agisse de sa vie personnelle ou de sa vie professionnelle. Certes, certaines procédures sont plus facilement activées que d'autres, selon la situation, mais c'est surtout notre mode représentationnel, c'est-à-dire l'appel à notre mémoire déclarative, qui fait la différence en fonction du contexte. Ce point de vue est plus important qu'il n'y paraît. Il permet de faire remarquer aux décideurs professionnels que s'ils savent souvent si bien négocier avec leurs collaborateurs les plus proches ou leur comité d'entreprise, ils devraient faire de même, lorsqu'ils rentrent chez eux, avec leur femme ou leurs enfants, ce qui n'est pas toujours le cas. Il permet aussi de comprendre que, dans l'avenir, l'entreprise et les études en management ne devront plus s'intéresser seulement aux seuls individus au travail mais aux facteurs humains en général, qu'ils soient professionnels ou privés.

Engagement

« Maman ! »

Claire ne se lasse pas de l'enthousiasme de son fils, qui se jette dans ses bras tous les soirs avec le même éclair de bonheur. Encore sous le choc de sa rencontre avec Anne, elle a du mal à rester attentive au long discours de Bertrand sur ses exploits au jardin d'enfants et sur le conflit qu'il a eu avec Maria à propos d'achats de bonbons. L'air distrait de Claire n'échappe pas à son fils, qui la rappelle à ses devoirs en tirant sur son collier. Claire capitule rapidement et le repose à terre en vérifiant auprès de Maria qu'il a bien dîné et pris son bain.

« Viens, je vais te raconter une histoire.

– Une histoire, mais pas au lit.

– Bon, alors on attend un peu pour l'histoire, mais dès que papa rentre, tu vas te coucher. » Claire s'efforce d'avoir l'air le plus ferme possible, mais elle sait bien que chaque fois qu'elle reçoit des invités, le coucher de Bertrand est un feuilleton à épisodes dont on ne sait jamais bien lequel sera le dernier.

« Tu es visible ? demande Pierre qui a déjà passé la tête par la porte de la salle de bains.

– Comme quelqu'un qui est dans son bain. »

Pierre lui glisse un baiser dans le cou et la contemple, accoudé à la baignoire.

« Comment fais-tu pour être bronzée avant de partir en vacances ?

– Secret défense.

– Il n'y a rien de plus tentant que les secrets, ajoute-t-il d'un air gourmand, prêt à accompagner le geste à la parole.

– Tu ferais mieux de surveiller ton fils, Roméo. »

Bertrand, qui a suivi son père dans la salle de bains, est effectivement en train d'escalader la bai-

gnoire, très décidé à rejoindre sa mère. Son père le fait basculer sur ses épaules et le ramène au salon en lançant à Claire :

« Est-ce que Juliette est au courant qu'elle est censée jouer les maîtresses de maison dans cinq minutes ?

– Tu leur serviras l'apéritif pendant que je m'habille. On ne va pas commencer à faire des manières avec les Sigaud. »

Et elle continue à se savonner consciencieusement...

« Là, franchement, Claire, tu exagères ! »

Ça y est, le débat est lancé. Comme d'habitude, c'est entre Michel et Claire qu'il est le plus enflammé. Claire prône une coupure complète entre la vie professionnelle et la vie privée. Elle se refuse, notamment, à introduire un cousin de Pierre auprès de contacts dans son entreprise parce qu'il fait partie de la famille.

La soirée se prolonge tard, Claire sent qu'elle a bu plus qu'il ne faudrait. Emportée par l'atmosphère chaleureuse, elle aime à se laisser griser par l'alcool et les conversations, au risque d'un réveil difficile le lendemain. C'est Pierre qui craque le premier.

« Je ne voudrais pas vous mettre dehors, mais demain comme d'habitude nous allons avoir droit à un nouvel épisode de la lutte sans merci que se livrent Bertrand et mon réveil pour avoir le privilège de me sortir du lit. En général, cela se passe entre 6 heures 45 et 7 heures. Un rapide calcul me permet d'affirmer que ce moment fatidique arrivera au plus tard dans six heures et demie...

– Quel rabat-joie ! j'étais en train de convaincre

Claire. Tu te rends compte que tu es en train de sacrifier la carrière de mon cousin sur l'autel de ton sommeil.

– Si seulement il y avait le moindre espoir de convaincre Claire ! Dis-lui, Claire, que tu resteras sur tes positions quoi qu'il arrive.

– Mais pas du tout, je peux me ranger à des arguments qui ne sont pas les miens lorsqu'ils sont convaincants.

– Bon, eh bien j'ai compris que ce n'est pas mon soir. Bonne nuit tout le monde, lance Pierre en quittant le salon.

– Il est fâché ?

– Seulement fatigué. Il voulait aller se coucher. Je vous appelle un taxi.

– Merci, mais on devrait en trouver un au coin du boulevard, il me semble qu'il y a une station et marcher nous fera du bien.

– C'est aussi simple de téléphoner et ça vous évitera d'attendre debout. »

Dix coups de fil plus tard, Claire est toujours bredouille. Après avoir proposé plusieurs fois de se débrouiller seuls, les Sigaud commencent à montrer quelques signes d'impatience. Mais Claire s'acharne et montre une telle détermination à résoudre le problème qu'ils n'osent plus s'esquiver. Michel a même fini par se resservir un cognac et s'est lancé dans la manipulation d'un casse-tête qui traînait sur la table du salon. Vingt minutes de pianotage au téléphone et de fonds musicaux de divers styles seront encore nécessaires pour qu'elle puisse enfin fièrement annoncer qu'une voiture sera là... dans cinq minutes.

Les psychologues ont montré que le fait de commencer à agir dans un sens conduisait à persévérer sans tenir compte d'un changement de contexte. Il n'y a aucune raison pour que Claire continue de téléphoner alors que ses amis ne le lui ont pas demandé et qu'elle s'aperçoit que c'est plus compliqué que prévu. Et pourtant, elle continue, envers et contre tout. Ainsi en va-t-il de l'automobiliste qui vient de faire refaire les freins de sa voiture et qui apprend que son embrayage doit être changé. Au lieu de réévaluer la situation et de comprendre qu'il vaudrait mieux changer de voiture, il entreprend une nouvelle réparation parce qu'il a déjà engagé des dépenses.

Un individu qui a commencé à agir a tendance à persévérer dans son action. Une expérience a été menée dans une université américaine pour étudier ce phénomène. Un groupe d'étudiants ayant choisi une stratégie de développement d'une filiale, au cours d'un exercice pratique, est confronté aux mauvais résultats de cette filiale et doit prendre une décision de réinvestissement : ils ont alors assez peu tendance à tenir compte des informations nouvelles et continuent à adhérer à leur première décision. En revanche, s'ils sont directement placés devant la seconde étape et si la première décision de développement est attribuée à un tiers, ils gardent une bien meilleure lucidité et ont moins tendance à suivre la première option. Cette attitude, généralement appelée escalade d'engagement, consiste à maintenir une décision initiale même lorsqu'elle n'a pas les effets escomptés [3]. On connaît les effets nocifs de ce genre de tendance aussi bien en politique qu'au sein des entreprises ou en matière de vie personnelle.

L'engagement lie l'individu à ses actes : seules les actions engagent, pas les idées. Plus l'individu a le sentiment d'avoir choisi librement son action, plus il est engagé. En ce sens, l'engagement dans un acte rend plus rétif au changement et lorsqu'un problème se pose, la tendance générale consiste à le rationaliser. Deux hypothèses ont été proposées pour expliquer ce phénomène constaté en psychologie expérimentale. Selon la première, plus psychanalytique, l'acte modifierait l'organisation de la mémoire. Il deviendrait une scène mémorisée autour de laquelle s'organiseraient les informations ou contenus de pensée. D'après l'autre hypothèse, plus cognitive, l'acte ne modifierait pas l'organisation de la mémoire, mais seulement l'accès aux informations. Les informations en rapport avec l'acte seraient alors privilégiées.

Il est clair que l'engagement est une illustration de l'action procédurale. L'acte structure l'individu dans un mode de fonctionnement privilégié qu'il a tendance à répéter ; ses idées s'organisent autour de cette procédure et sont moins facilement remises en cause par des faits nouveaux, par l'environnement.

Bien que Claire sache que Pierre n'est pas endormi, elle se glisse furtivement entre les draps sans allumer

3. Expérience menée en 1976 par X. Staw, *in* Joule et Beauvois, *Petit traité de manipulation à l'usage des honnêtes gens*, Presses Universitaires de Grenoble, 1987.

la lumière dans la chambre. La façon dont son mari se retourne lui confirme qu'il est éveillé. Aussi se risque-t-elle à se lover contre lui et à l'embrasser dans le cou. Pas de réaction. Elle précise ses intentions en passant la main sous son tee-shirt. Rien n'y fait. L'immobilité totale de Pierre est une fin de non-recevoir. Tout de même un peu frustrée, Claire se retourne et se résout à tenter de dormir. Il lui faut quelques minutes avant de se débarrasser du fil de la journée qui défile dans sa tête. Puis, enfin, son esprit glisse de plus en plus vite d'une image à l'autre et le sommeil la gagne.

L'endormissement correspond au moment où il s'agit de s'exclure de toute procédure. L'esprit doit alors fonctionner de façon déclarative sans stimulus extérieur. L'insomnie d'endormissement correspond bien souvent à cette difficulté à se sortir de pensées procédurales, qui prennent alors la forme de ruminations.

*
* *

L'histoire de cette « folle journée », au fond bien ordinaire, illustre l'idée que l'on peut avoir une approche, rigoureuse et pratique à la fois, de la psychologie de la vie quotidienne. Ainsi, cette psychologie pourrait être accessible à tous sans pour autant se borner à simplement décrire le vécu ou à réduire le comportement individuel à des données statistiques qui n'expliquent rien.

Cette journée se découpe en actions qui montrent, à l'évidence, que la psychologie de la vie quotidienne doit avant tout être une psychologie de l'action. Celle-ci permet de comprendre la manière dont l'homme moderne doit faire face aux multiples problèmes quotidiens qu'il rencontre en faisant appel aux trois ressources personnelles qu'il possède : sa mémoire biologique produisant un comportement, sa mémoire déclarative (son monde de représentations) actualisée en comportements et sa mémoire procédurale (ses programmes d'action), source de ses aptitudes à répondre aux situations auxquelles il est confronté. Dans cette perspective, l'affectif, le cognitif et le comportemental ne sont plus trois champs d'observation et d'études dissociés. Ils apparaissent au contraire constamment articulés entre eux dès qu'une nouvelle situation surgit : imprévu, décision à prendre, négociation, création, etc. Ces trois mémoires s'activent et s'associent différemment selon le contexte, mais aussi selon les individus. De leur utilisation équilibrée et appropriée dépend l'efficacité de nos actions, comme on vient de le voir tout au long de la journée vécue par Claire.

dont avait longtemps une psychologie de la raison. Cela se ramenait à [illegible] la mémoire, un homme [illegible] il est plus [illegible] l'observ- [illegible]

Chapitre 6

L'action idéale

Si la psychologie donne trop souvent l'impression de ne rien expliquer, c'est, on l'a vu, parce que dès lors qu'elle se veut une science, elle cherche à embrasser la totalité du fonctionnement psychique dans un cadre conceptuel qui apparaît bien vite comme une cote mal taillée. Les principes de la psychologie de l'action qui fait l'objet de ce livre n'échappent peut-être pas à cette critique. On aurait tort de tout réduire au jeu du procédural et du déclaratif. De plus, nous n'avons eu de cesse au fil des pages qui précèdent d'insister sur la complexité de la vie psychique et sur l'imbrication de ce qui relève de l'agir, du penser et du ressentir. En ce sens, il s'est agi pour nous de plaider pour une psychologie concrète et ouverte, pour une psychologie non réductrice et attentive à la richesse, à la finesse des ressorts psychiques à l'œuvre dans les situations les plus variées.

Par là même, le point de vue que prend la plupart du temps la psychologie se trouve décentré : la question du normal et du pathologique laisse la place à celle de l'efficacité et de l'inefficacité. Si nous sommes mal à l'aise, mal dans notre peau, contrariés, anxieux, si nous paniquons ou ruminons, c'est bien souvent parce que quelque chose dans nos actions a raté. Ce n'est pas la seule raison – loin de nous l'idée absurde de nier que certaines personnes souffrent effectivement d'affections qui sont bel et bien pathologiques. De même nos difficultés ne sont pas toutes des « problèmes psychologiques ». « Tout est dans la tête »... jusqu'à un certain point. Mais beaucoup de nos petites souffrances quotidiennes n'ont rien de pathologique et dépendent pourtant de nous-mêmes. Elles au moins, nous pouvons envisager, sinon de les éliminer, du moins de les réduire. Une psychologie de l'action ne propose ni le bonheur ni la réussite assurée. Il n'est pas de recettes miracles. Simplement des moyens de changer ce qui peut l'être et de mieux supporter tout le reste.

Le méthodique et le charismatique

Pour comprendre l'efficacité de l'action, le meilleur moyen consiste tout d'abord à se demander où cela « coince » et à analyser les différents types de « pannes » possibles : elles concernent l'évaluation de la situation, la définition de l'objectif, le choix du type de réponse ou encore la méconnaissance du contexte au cours de l'action.

Évaluer une situation

Rappelez-vous l'histoire de Jean-Philippe. Son entreprise s'installe en province. Or, depuis longtemps, il a envie d'ouvrir une librairie. Il doit donc choisir entre changer de travail ou déménager. Il pèse longuement le pour et le contre et, finalement, téléphone à un ami afin que celui-ci l'aide à décider. Les critères d'évaluation de la situation sont ici à la fois d'ordre professionnel (épanouissement, sécurité financière), familial (répercussions d'un déménagement pour sa femme et ses enfants) et enfin géographique (lieu de vie). Ces différents registres doivent être évalués, puis hiérarchisés les uns par rapport aux autres. Mais il se trouve que Jean-Philippe est en conflit avec son chef direct, qui ne supporte pas son apparente nonchalance même s'il ne remet pas en cause la qualité de son travail. Cette animosité se manifeste au quotidien par des réflexions et de petites brimades que Jean-Philippe a de plus en plus de mal à supporter. Or il vient d'apprendre que le déménagement ne sera pas l'occasion d'un changement d'équipe et la perspective de nouveaux mois, voire d'années, dans les mêmes conditions lui semble un poids insurmontable. Il n'en néglige pas pour autant les autres registres. Mais à bien y réfléchir, il est évident que changer les enfants d'école serait traumatisant, et pour sa femme, quitter le milieu dans lequel elle commence à vraiment s'intégrer serait un effort injustifié. Enfin, quitter la région parisienne pour ce qu'il considère être « s'enterrer en province » ne profiterait à personne.

Le choix de Jean-Philippe ne sera pas nécessairement mauvais, mais ses raisons seront parcellaires et conditionnées par l'un seulement des registres en jeu. Il est clair en effet que son choix risque fort d'être surtout dicté par son refus de la perspective de travailler à nouveau avec son chef. Les autres critères ne sont passés en revue que pour confirmer ce choix. Un des éléments de l'évaluation conditionne donc tous les autres. Or une bonne évaluation doit prendre en compte tous les paramètres indépendamment les uns des autres, puis, dans un second temps, opérer une synthèse.

Cette phase d'évaluation doit être principalement déclarative. Si des procédures trop marquées viennent la parasiter, elle est inadéquate. Pour Jean-Philippe, la procédure est évidente : il doit cesser à tout prix de travailler avec son chef actuel. De fait, nous sommes tous mus par des procédures. L'essentiel lorsque nous devons évaluer une situation est d'en prendre conscience et de ne pas se laisser déborder. Sinon, notre choix est illusoire : en réalité, il est guidé par des procédures internes que nous ne contrôlons pas. Une attitude procédurale consiste à prendre faiblement en compte les éléments contextuels réels pour se focaliser sur des certitudes préalables.

Définir un objectif

Quel est l'objectif de Jean-Philippe ? Est-ce la sécurité financière, est-ce l'épanouissement dans le travail, est-ce le bien-être de sa famille ? On a vu que ces différents registres entrent en ligne de compte, et pourtant, de l'évaluation doit émerger un but précis et explicite. Plus il est ambivalent, flou, irréaliste, moins l'action a de chances d'être efficace. Si l'évaluation permet d'identifier les éléments du contexte puis de les hiérarchiser ; cette deuxième étape permet d'en extraire un objectif. Pour Jean-Philippe, ce pourrait être : profiter des circonstances pour ouvrir une librairie afin de s'épanouir dans son travail, ou encore privilégier la vie de famille dans un environnement agréable. On voit bien que ces deux objectifs sont contradictoires. Si Jean-Philippe annonçait à tous qu'il décide d'ouvrir une librairie pour s'épanouir dans son travail, sa famille pourrait lui faire valoir qu'il tient peu compte d'elle dans ses objectifs. Ou bien lui-même pourrait se sentir coupable d'avoir un objectif égoïste. Pour parer à ces difficultés, il se lance dans l'action en essayant de la justifier, mais sans bien savoir où il veut aller. Son efficacité en sera diluée d'autant.

En fait, définir un objectif doit reposer sur un fonctionnement déclaratif : il faut revenir au contexte et se demander si le but que l'on s'assigne est bien réaliste et si les raisons que l'on se donne pour le justifier sont vraisemblables. Mais prendre une option dépend aussi d'impératifs propres au sujet : pour cela, le fonctionnement doit également être procédural. Si Jean-Philippe hésite comme c'est son tempérament, change d'avis à chaque conseil, modifie ses objectifs au cours de l'action, il se montre trop déclaratif. Au fur et à mesure que l'action va se dérouler, il naviguera à vue sans savoir où il souhaite vraiment aller. À l'inverse, s'il se laisse emporter par l'animosité de son chef direct, il risque de négliger des paramètres essentiels.

Bâtir une tactique

On entre ici dans la phase la plus procédurale. Il s'agit de définir des plans d'action qui se succéderont séquence après séquence en fonction de l'objectif fixé. Cette étape est évidemment dépendante des deux précédentes. En effet, si l'évaluation du contexte est mauvaise et si l'objectif n'est pas clair, il n'est pas question d'envisager d'établir une tactique. La difficulté consiste ici à envisager une procédure d'action en tenant compte de plages d'incertitudes concernant l'évolution du contexte. Il n'y a pas de bonne tactique en soi, mais seulement des tactiques plus ou moins adaptées aux circonstances. L'analyse aristotélicienne de l'action a parfaitement mis en lumière l'importance dans la pratique de l'évaluation des circonstances, de l'instant, de l'occasion où il faut savoir moduler son plan pour tenir compte de faits nouveaux. L'action humaine, c'est au fond la gestion de la contingence. C'est pourquoi le feed-back est indissociable de cette étape.

Rester vigilant

Prendre en considération l'évolution du contexte est essentiel au cours de l'action. Des changements dans l'environnement peuvent invalider la tactique mise en place, détourner du but à atteindre et donc rendre inefficace. Cette vigilance réintroduit une part de déclaratif dans le fonctionnement du sujet. À la fin du *Pont de la rivière Kwaï*, le major britannique qui commande les prisonniers tente de faire échouer le sabotage du pont par les services spéciaux britanniques. C'est un bel exemple d'attitude trop procédurale qui ne tient plus compte de la situation. La vie des prisonniers dépendait de leur zèle à construire le pont. Même si c'était au bénéfice des Japonais, ils ont retrouvé énergie et dignité en se lançant dans cette tâche. Tout à cette procédure, le major en vient à négliger l'enjeu militaire de la situation. À l'inverse, si l'on est trop déclaratif, on perd tout le bénéfice de la mise en place d'une tactique. En fait, une tactique est un cadre au sein duquel on doit former des hypothèses qui servent de points de repère pour se positionner en permanence par rapport à la réalité. On peut ainsi éviter le double piège d'un excès de procédural ou de déclaratif.

L'homme public, auquel on demande justement d'avoir sinon « un grand dessein » du moins « une politique » doit précisément trouver un équilibre de ce type : trop déclaratif, il sera charismatique et souvent inventif, mais se laissera aussi porter par les situations et le feed-back que représentent les sondages, au point de peut-être « perdre son efficacité » ; trop procédural, il deviendra dans certains cas un héros au service de causes perdues ou encore un fanatique s'employant à plier la réalité à ses idées. Le célèbre *Que faire ?* de Lénine, où il explique à ses troupes qu'il faut attendre, que la Révolution se fera, mais au bon moment, et qu'il faut se préparer à le saisir au lieu de précipiter les choses et d'échouer, met parfaitement en scène ce débat entre les trois types possibles de démarche politique.

Une gestion intelligente

Gérer avec intelligence consiste précisément à réagir efficacement durant toutes les phases que l'on vient d'analyser. Pour y parvenir, un diagnostic précis des « pannes » possibles et donc des écueils à éviter, des obstacles à franchir est nécessaire. En fait, il est beaucoup plus facile qu'on ne le pense en général. Encore faut-il connaître les écueils potentiels. Voici, à titre d'exemple, une liste de « pannes » que certains séminaires de formation proposent aux entreprises.

Évaluation de la situation :
activation excessive
identification inadéquate de la situation (confusion-illusion)
inférence erronée des valeurs

Définition de l'objectif :
précision insuffisante de l'objectif
conflit ou ambivalence quant à l'objectif, but irréaliste
retard pour fixer l'objectif
impossibilité d'établir l'objectif

Choix stratégique :
excès ou insuffisance de planification par rapport au but choisi
plan inapproprié à l'objectif actuel
séquence du plan inadéquat
action du plan incomplète ou défectueuse

Feed-back :
rétrocontrôle minimisé
sous-estimation des points d'arrêt
sous-estimation du feed-back du plan dans son ensemble

Agir efficacement est très simple en théorie. De même que dans le domaine financier on connaît parfaitement les principes d'une saine gestion, de même en matière de management, beaucoup de gens peuvent s'accorder sur quelques recettes simples. Pourquoi alors est-ce si difficile dans la pratique ? Plusieurs raisons à cela. La première est que l'homme n'est pas un être parfaitement transparent, dont tous les buts seraient conscients et donc connus. Depuis Freud, nous savons qu'une partie de la psyché est du registre de l'inconscient, c'est-à-dire par définition non accessible spontanément à la conscience. Les buts conscients et inconscients peuvent être contradictoires. Le lapsus est un bon exemple de l'expression d'un but inconscient. On prête au président de la République le lapsus suivant lors de ses vœux aux journalistes, en 1992 : voulant parler des dernières années du siècle, il aurait dit « les dernières années du sexe ». Belle illustration d'expression de l'inconscient chez un homme qui se sent vieillir. C'est ainsi que nous pouvons décider d'un but et que notre inconscient en décide autrement, le détournant de son objectif ou enclenchant une dynamique d'échec.

La seconde raison qui fait que la gestion intelligente de l'action est moins simple en pratique qu'en théorie est liée à l'imprévisibilité des situations. On peut avoir bien évalué la situation, avoir défini un but clair, une tactique adéquate, rester à l'écoute des circonstances et ne pas atteindre son objectif. Ainsi en est-il du sportif qui se blesse en glissant juste avant la compétition, de l'industriel qui a passé un gros contrat avec un pays quelques jours avant qu'il entre en guerre ou encore du vacancier qui est atteint d'une crise d'appendicite la veille de son départ. C'est précisément pourquoi l'efficacité n'est pas la réussite : c'en est une condition nécessaire, mais elle n'est pas suffisante. Au moins pouvons-nous nous efforcer d'être plus efficaces... Pour le reste, cela ne dépend pas de nous.

Enfin, la dernière raison est liée à des difficultés plus pratiques. D'une part, la théorie n'est pas toujours connue et donc difficile à appliquer. D'autre part, appliquer la théorie suppose d'en prendre le temps. En effet, les différentes étapes de la gestion intelligente de l'action consistent à prendre de la distance, à réfléchir, à poser les problèmes, à se sortir d'une démarche trop procédurale pour être plus déclaratif, etc. Tout cela est difficilement applicable pour chacune de nos actions. Nous savons ce qu'il faut faire pour rester en bonne santé en appliquant les règles d'hygiène et les conseils diététiques, mais nous négligeons souvent de les suivre. De même, nous agissons le plus souvent spontanément, sans prendre la peine en quelque sorte de nous regarder agir au préalable pour ensuite essayer de nous contrôler.

La gestion intelligente de l'action passe par quatre étapes agençant des modes de fonctionnement procéduraux et déclaratifs. On pourrait les schématiser de la façon suivante (le fonctionnement dominant apparaît en gras) :

Évaluation	*Stratégie*	*Application*	*Feed-back*
déclaratif	**déclaratif**	**procédural**	**déclaratif**
	procédural	déclaratif	procédural

Craig Hickman, dans *Le Plus Management,* donne une belle illustration de l'agencement nécessaire entre fonctionnement déclaratif et fonctionnement procédural. La thèse de son livre consiste à expliquer que les grandes réussites industrielles sont celles qui savent conjuguer les talents des managers et ceux des leaders. Le manager est structuré, rigoureux, rationnel et méthodique, alors que le leader est visionnaire, souple libre et créatif. Pour définir sa stratégie, le premier a tendance à isoler les différents facteurs et à opter pour des solutions évolutives, alors que le second globalise les problèmes, les relie les uns par rapport aux autres et choisit plutôt des changements radicaux de stratégie. Dans sa manière de concevoir l'organisation, le manager s'appuie sur l'autorité et la structure hiérarchique. Il croit aux règlements et à l'uniformité de l'action, il avance par objectifs. Au contraire, le leader use plus de l'influence et de l'informel sans recourir aux procédures établies. Il favorise le développement individuel dans ses différences et avance par approches progressives.

Face au changement, le manager est toujours en recherche de stabilité. Il imite volontiers les entreprises qui ont réussi. Il préfère consolider et reproduire. Il sera l'homme des planifications. Le leader préfère au contraire l'expérimentation, il ne reproduit pas mais innove, il ne vise pas le permanent car il aime ce qui bouge et se défait. « Une tension naturelle a toujours existé entre managers et leaders : les premiers courent après la stabilité, alors que les seconds s'épanouissent dans les crises ; les managers exercent leur autorité, les leaders leur influence ; les managers reproduisent, les leaders innovent [...] Mais des gens motivés peuvent maîtriser cette tension et ainsi atteindre un niveau exceptionnel », écrit Craig Hickman.

Paul Dubrulle et Gérard Pélisson, les dirigeants du groupe Accor, soulignent quant à eux les avantages d'être deux : complémentaires, ils peuvent aussi prendre plus de recul et éviter les jugements trop subjectifs. Lorsque l'un d'eux devient leader sur un projet, l'autre prend la place du manager et vice versa. C'est ainsi qu'ils ont pu construire leur réussite. Au contraire, les entreprises essentiellement dominées par un manager éprouvent des difficultés à s'adapter à un brusque changement d'environnement dû à la concurrence ou à une crise conjoncturelle, tandis que celles qui privilégient le leadership ont du mal à stabiliser leurs positions et à protéger leurs parts de marché. Le lecteur aura compris que derrière le manager se dissimule un individu au mode de fonctionnement principalement procédural et derrière le leader un individu principalement déclaratif. Il aura également saisi, même s'il n'est pas dirigeant d'entreprise, que la gestion efficace des actions exige de lui qu'il soit tour à tour leader et manager...

L'impulsif et l'indécis

La décision est sans doute l'action humaine la plus importante et probablement la plus délicate. Il existe plusieurs formes de décisions : décision de routine, où il s'agit de répéter des décisions antérieures, décision créative, dans laquelle on recherche une option originale, décison binaire, qui se résume à une alternative, décision complexe, nécessitant l'examen et le traitement d'un grand nombre d'informations et de multiples alternatives, décision planifiée, visant à déterminer si un mode d'action proposé est suffisamment sûr pour être appliqué, etc.

Chaque auteur ou chaque chercheur croit que le sujet qu'il traite est le centre de l'univers. Loin de nous cette prétention. Mais il est tout de même de bonnes raisons de penser que les grands moments d'une vie et même de l'histoire se sont appuyés à un moment précis sur le jugement de quelqu'un et sur la décision que cette personne a prise : commencer tel type d'études, choisir tel métier, tel poste, se marier ou encore franchir le Rubicon, révoquer l'édit de Nantes, quitter la France en 1940 au lieu d'aller à Vichy, utiliser la bombe atomique à Hiroshima, etc.

Mais au fait, qu'est-ce qu'une décision ? À cette question apparemment simple et très concrète, il n'est à ce jour pas de réponse qui satisfasse tout le monde. Si l'on excepte les spéculations philosophiques sur les notions de volonté et de libre arbitre – d'ailleurs assez récentes, puisqu'elles sont en fait liées à l'influence culturelle du christianisme et datent surtout du XVIIe siècle –, on peut même considérer que l'étude empirique et systématique de la prise de décision n'a commencé à intéresser les hommes et les chercheurs, quel que soit leur domaine, que depuis environ trente ans. Ce n'est qu'au cours des années soixante que la théorie de la décision est devenue une discipline à part entière. Cet intérêt n'est sans doute pas indépendant de l'évolution des sociétés développées vers plus de démocratie, de leur complexité croissante, de la perte de points d'ancrage, de la quête de l'évaluation.

Mais l'évolution des idées en ce qui concerne la psychologie humaine n'est pas non plus hors du coup. Le behaviorisme étroit, qui reposait sur le paradigme stimulus/réponse, a perdu sa crédibilité. L'approche de la décision grâce au modèle du traitement informatique de données a ouvert de nouvelles voies pleines d'espoir. Cela explique sans doute que, trente ans plus tard, de très nombreux travaux sont consacrés à la prise de décision. Pourtant, il faut bien reconnaître qu'ils se fondent tous plus ou moins sur une idée de l'homme considéré exclusivement comme un être rationnel. Or la rationalité des décisions humaines est loin d'être toujours évidente. L'histoire en témoigne.

En préparant ce chapitre, nous sommes tombés sur un article qui reprenait les conclusions d'un rapport de la Cour des comptes sur le phare d'Ouessant. En 1982, la décision de construire cet ouvrage est prise. Les travaux sont entrepris en 1985, mais en 1986, on décide de les abandonner. Cet immense phare, situé à 70 km d'Ouessant, par des profondeurs de 130 m, devait avoir une portée de 55 km : il devait éviter de nouvelles catastrophes comme celle de l'*Amococadiz* et éloigner la route des pétroliers très au large de la Bretagne. De 1983 à 1985, de nombreuses études techniques ont été entreprises et des appels d'offres ont été lancés. La Cour des comptes note que, « sur la base d'études techniques insuffisantes, l'opération a été menée dans des conditions critiquables, qu'il s'agisse de la sélection des entreprises, des modalités de financement, des estimations du coût et des délais ainsi que du retard mis à décider l'abandon des travaux [...] alors que le service des phares et balises, maître d'ouvrage, proposait en juin 1985 cet abandon dès que possible ». C'est donc après un délai important qu'au vu des difficultés techniques considérables que rencontraient les ingénieurs, les politiques ont envisagé d'arrêter les frais. Du reste, les capitaines de navires mettaient en doute depuis un bon moment l'utilité d'un ouvrage de ce type, qui aurait conduit à modifier les routes maritimes et les couloirs de navigation de la Manche.

Cette histoire est exemplaire à plus d'un titre, mais ce qui nous intéresse le plus ici, ce sont ses composantes affectives indéniables, même si elles sont implicites. L'idée de concevoir ce phare a été suggérée par la catastrophe que nous connaissons et qui est devenue un symbole de toutes les menaces écologiques qui pèsent sur nous. Ce drame a créé un stress, au sens où il a fallu s'adapter à une situation nouvelle et chercher à prévenir un risque. Certes, le coût économique d'un nouveau naufrage a sûrement pesé, mais on n'a pas seulement cherché à améliorer les conditions de la navigation. On s'est aussi (surtout ?) efforcé de rassurer la population par une mesure dont l'importance, presque la démesure, était censée être une promesse de sécurité. Peu importaient les données techniques, le coût de l'opération, etc. À super-risque, super-phare !

Comment comprendre, à l'inverse, la décision d'interrompre cette construction ? Le stress, c'est-à-dire le souci de s'adapter à une situation nouvelle, la multiplication de la circulation des pétroliers et des risques qui s'ensuivent, n'avait pas disparu. Non plus que le besoin de faire face à cette situation, c'est-à-dire de se protéger et de prévenir les accidents. Néanmoins, cette fois, le stress a été géré autrement que de manière spectaculaire et hâtive. Le temps passant, et en l'absence d'un nouveau naufrage, chacun a pu prendre du recul et adopter un point de vue plus rationnel sur l'utilité et les conséquences de ce choix. On a pu envisager d'autres possibilités et les comparer avec le projet initial.

Cet exemple suggère une définition de la prise de décision qui intègre la dimension de l'affectif et du stress : *une décision est une action intentionnelle dont le but est de faire face à un changement en choisissant entre au moins deux solutions possibles.* Les mauvaises décisions sont généralement liées à deux types de facteurs : soit une insuffisance des informations de départ (négligence du déclaratif), soit un manque de méthode (négligence du procédural). Au fond, nous pourrions comparer l'action décisionnelle à un saut d'obstacles qui nécessite un effort répété, un entraînement, du courage et bien sûr une envie d'arriver au but auquel la décision doit permettre d'accéder. Mais souvent, on se laisse aller à la facilité et à l'évitement : c'est le mythe de l'intuition, de la spontanéité, véritable fuite de l'action décisionnelle. « Allons-y, on verra bien », ou encore « ça passe ou ça casse », « l'intendance suivra ».

Le stress décisionnel

On parle souvent de stress décisionnel. En fait, cette expression recouvre deux phénomènes différents. Le premier consiste dans les sentiments d'appréhension que certaines décisions suscitent lorsqu'on y pense, lorsque l'échéance arrive. Il s'agit en réalité ici d'anxiété. Une étude sur les parachutistes a montré que le maximum psycho-physiologique des manifestations d'anxiété survient bien avant que ceux-ci quittent le sol : il coïncide avec le moment où ils décident de participer à l'entraînement ou à des compétitions ; il décline à mesure qu'ils approchent du danger proprement dit et même lorsqu'il est le plus grand, c'est-à-dire pendant la chute libre. Chacun a pu expérimenter soi-même ce type d'angoisse qui survient le plus souvent avant la décision plutôt qu'au moment même où celle-ci est prise. Cependant, ce type d'anxiété peut également survenir ou se maintenir au moment même de la décision. Pour rester dans le domaine sportif, l'émotivité des tireurs à l'arc jusqu'au bout de leur effort en est un exemple. De même, après coup, le doute anxieux que nous pouvons connaître lorsque nous avons pris une décision alors que nous ne sommes pas certains de son bien-fondé n'est étranger à personne.

La deuxième forme de stress décisionnel tient au fait que toute décision implique un changement. Plus exactement, il ne peut pas y avoir de décision sans changement dans le cours des événements. Lorsqu'on décide par exemple de se marier ou de créer sa propre société, il est clair que ce qui s'est passé jusque-là doit changer. Dans le cas du super-phare d'Ouessant, la question du changement s'est trouvée posée par la catastrophe de l'*Amococadiz*, par la marée noire qui s'en est suivie, la révolte des habitants directement concernés, l'indignation de l'ensemble des citoyens face à la dégradation de l'environnement et la mise en cause des politiques devant résoudre le problème posé. Il fallait que ça change, on allait voir ce que l'on allait voir !

La première question que se pose, explicitement ou non, tout homme en situation de changement et donc de décision est : *est-il réaliste d'espérer trouver une solution au nouvel environnement dans le temps dont je pense disposer ?* Si la réponse est globalement non, il peut être amené à éviter de se poser le problème, à fuir toute réflexion, à s'en remettre au destin, au hasard ou encore à son intuition, à sa spontanéité. Il peut aussi se plonger dans un abîme de réflexions stériles et devenir rapidement la proie de ruminations douloureuses et improductives. Si la réponse est négative seulement en ce qui concerne le temps, il doit réaliser un très grand effort de concentration et de vigilance qui peut parfois mener à une hypervigilance. Si celle-ci est excessive, elle peut devenir source d'handicaps et d'inhibition. Si au contraire le temps est suffisant, et si la réponse est oui ou peut-être, le sujet se trouve dans un état de vigilance optimal pour une série d'opérations mentales l'amenant à se poser une seconde question.

Pour faire face à ce changement, il se demande alors : *les risques sont-ils sérieux si je ne change rien ?* La démarche est alors identique à celle que dicte tout problème à résoudre : on recherche le plus d'informations possible afin d'analyser la situation avec précision. Cette recherche fait appel à un savoir, c'est-à-dire à un réseau déclaratif. Toute situation de ce type impose donc que les connaissances de celui qui décide augmentent. Cette progression n'est pas forcément logique et linéaire : le sujet peut revenir en arrière dans un domaine qu'il a étudié précédemment, avoir une connaissance acquise par association d'idées, etc. Il fait appel à l'ensemble des connaissances contenues dans ses mémoires ou à une recherche des connaissances manquantes. Il faut donc d'abord comprendre le problème posé, c'est-à-dire connaître les données, définir un but à atteindre et repérer les contraintes imposées. Il s'agit d'une véritable démarche d'explorateur qui doit laisser la possibilité de découvrir même l'imprévu.

Mais ce savoir que le décideur recherche ne dépend pas seulement du nombre d'informations qu'il recueille.

Il dépend tout autant, si ce n'est plus, de la valeur psychologique qu'il attribue à une donnée, de ce que les psychologues cognitivistes appellent l'« utilité ». Cette valeur psychologique peut reposer sur une impression générale, par exemple le fait que le nombre de pétroliers naviguant dans la Manche soit incontrôlable. Elle peut aussi reposer sur une comparaison dimensionnelle, par exemple la comparaison entre une catastrophe naturelle (type tremblement de terre) et une catastrophe accidentelle (type marée noire) selon des critères identiques (nombre de victimes, coût économique, possibilité d'y faire face, etc.). Enfin, ces deux repères, impression générale et comparaison dimensionnelle, peuvent être intriqués.

En avançant dans la démarche, pour répondre à la question « les risques sont-ils sérieux si je ne change rien » et lorsqu'il a bien compris le problème, il reste au décideur à choisir, c'est-à-dire à déterminer les différents résultats possibles ou à considérer la probabilité et la valeur attendue des alternatives et des conséquences possibles. La probabilité d'un événement est simplement la prévision de la fréquence relative à laquelle il se produira. Le taux de probabilité varie de 0 à 1. Lorsqu'un événement a une probabilité nulle, on peut dire avec certitude qu'il ne se produira jamais : ainsi de la probabilité qu'une pièce de monnaie retombe à la fois sur les deux côtés pile et face. La probabilité qu'une seconde catastrophe en tous points comparable à celle de l'*Amococadiz* se produise est hélas supérieure à 0. Est-elle égale à 1 ? Toute la question est là.

Quand les résultats d'une décision sont liés aux probabilités, ce qui est souvent le cas, on doit tenter de maximiser les gains attendus et de minimiser les pertes attendues. Par exemple, du seul point de vue économique, la valeur attendue de la construction du super-phare d'Ouessant en tenant compte de la valeur économique de sa construction (Vc) par la probabilité d'éviter un nouvel échouage (Pe) et de la valeur économique d'un échouage (Ve) par la probabilité de survenue d'un nouvel échouage (Pe) aurait pu être $VA = (Vc \times Vc) + (Ve \times Pe)$. Cette valeur attendue est cependant très difficile à établir, car peu de gens prennent la peine de faire ce calcul où trop de variables intermédiaires compliquent le problème. Pour l'exemple que nous avons choisi, il est impossible de faire ce calcul dans la mesure où, entre autres, ce ne sont pas les mêmes qui auraient payé la construction du phare (l'État et les collectivités locales) et ceux qui auraient dû payer en cas d'une nouvelle catastrophe (les compagnies d'assurances et les compagnies maritimes concernées).

Ainsi la question « les risques sont-ils sérieux si je ne change rien ? » est-elle la première étape de la décision. Elle suppose idéalement deux démarches : une démarche déclarative de recueil d'informations, une démarche procédurale qui situe le problème, puis définit les alternatives et évalue les conséquences et les résultats. Ces deux démarches font intervenir un travail informatif de recueil de données, un travail psychologique d'attribution de valeurs à ces données, un calcul objectivo-subjectif de probabilités et de valeurs attendues optimales. Ces différentes phases peuvent être limitées par des résistances inconscientes, mais aussi par l'insuffisance des connaissances dont nous disposons dans notre mémoire ou dans notre environnement, par notre anxiété, qui nous empêche de penser, par notre absence ou notre insuffisance de motivation.

Si, à cette seconde question, la réponse est non, la décision sera de ne rien faire et donnera alors l'apparence d'une non-décision. Si au contraire la réponse est peut-être ou oui, une troisième question se pose alors : *les risques sont-ils sérieux si j'envisage un changement ?* Cette troisième question doit profiter des données acquises lors du traitement de la deuxième question. Mais elle doit également reprendre étape par étape la procédure précédente de manière à pouvoir introduire de nouveaux éléments par rapport à la question posée. Par exemple, une même personne peut arriver à des décisions différentes simplement en comptant les mêmes choses mais dans un ordre différent. D'autre part, la question ne porte plus seulement sur un changement de plan mais sur le type de changement en jeu. Ici, le maximum d'alternatives, de conséquences et de résultats pour chaque type d'alternative peut être étudié, par la même démarche déclarative et procédurale que celle que nous avons parcourue mais de façon encore plus extensive.

Si la réponse à cette question est non, la décision est alors de s'engager. Par exemple, je vends mes actions, j'achète la société X, je me marie avec Y ou nous construisons le super-phare d'Ouessant. Si la réponse à cette troisième question est oui, une quatrième question doit alors être posée : *ne suis-je pas trop prudent ?* En effet, nous sommes confrontés là à un sujet qui prouve que les risques sont sérieux. Si le décideur ou les décideurs ont répondu par l'affirmative aux trois questions précédentes, il peut s'agir d'un sujet ou d'un groupe d'hommes ou même d'une organisation d'une prudence excessive. Nous savons qu'il existe des différences individuelles ou collectives notables dans la prise de risques selon les personnalités, les styles cognitifs, les significations individuelles ou collectives que prennent telle ou telle décision, l'âge et les expériences antérieures. Si, après une auto-évaluation « honnête », la réponse à la question « ne suis-je pas trop prudent ? » reste négative, le processus décisionnel déclaratif et procédural décrit plus haut doit alors être repris par rapport à cette nouvelle alternative : répondre oui à la deuxième question ou répondre oui à la troisième. Nous voyons par là même qu'un processus décisionnel peut s'emboîter dans un autre sur le mode des poupées russes.

Lorsque nous prenons une décision, quelle qu'elle soit, nous n'en sommes pas pour autant quittes avec notre stress décisionnel. Nous devons d'abord nous confronter à la réalisation de notre décision et aux nouveaux aléas du contexte. Nous devons aussi nous faire à l'idée qu'en choisissant une solution au profit d'une autre, nous devons faire le deuil des avantages et des biens potentiels de la solution que nous avons rejetée. Nous avons limité nos possibles et devons maintenant nous en accommoder. L'angoisse suscitée par ce deuil nécessaire est la cause la plus fréquente de l'indécision. Même si le choix a été fait, même si sa réalisation pratique est engagée et même si le contexte reste stable, le décideur peut éprouver du regret ou du doute, car il ne sait pas toujours s'il a eu raison ou s'il a eu tort.

Si l'on considère ce véritable parcours du combattant que constitue chaque décision, on se prend à rêver d'une décision sans stress, c'est-à-dire sans confrontation avec une situation nouvelle. C'est évidemment une utopie : cela reviendrait à décider dans le vide en quelque sorte. À décider sans qu'il soit nécessaire de décider. À décider par jeu. Mais on perdrait alors ce qui fait la décision même. C'est bien pourquoi on ne peut pas vraiment s'entraîner à bien décider. De même que la pratique assidue du *Kriegspiel* ne fait pas forcément les grands chefs de guerre, de même jouer à décider, comme en laboratoire, ne fait pas les bons décideurs. Car, « sur le papier », il manque précisément une bonne part des éléments émotionnels qui comptent tant dans la décision réelle. En ce sens aussi, les systèmes de décision assistée sont des leurres si l'on attend d'eux qu'ils minimisent le stress : en fait, ils améliorent l'évaluation des situations et peuvent proposer des alternatives auxquelles les acteurs en situation ne pensent pas forcément. Mais c'est tout. Le stress décisionnel reste.

Nous pouvons maintenant donner une définition plus précise de ce qu'est une décision : *c'est une action intentionnelle dont le but est de faire face à un changement et de choisir entre au moins deux possibilités grâce à un jugement par anticipation et à une prise de risques sur l'utilité des incertitudes, des conséquences, des alternatives de ce choix.* Cette définition renvoie à un processus procédural qui inclut des aspects déclaratifs – le processus décisionnel suit l'ordre chronologique et hiérarchisé des opérations mentales et des actions ou sous-actions à développer – et des aspects déclaratifs, représentés par le contenu des différentes étapes de ce processus procédural. Ces contenus peuvent intensifier ou au contraire atténuer l'incertitude, développer ou réduire les alternatives, entrer en résonance ou non avec des expériences passées pour anticiper les conséquences du choix.

En fait, on peut opposer deux types de décideurs : celui que nous appellerons le décideur procédural et celui que nous désignerons sous le terme de décideur déclaratif. Chacun se caractérise par un style bien particulier.

Le style, c'est l'homme

On vient de préciser quel était le processus général propre à la décision. Il reste que tout le monde n'a pas la même manière de résoudre les conflits, de choisir entre des possibles. Dans cette perspective, on peut donc opposer le décideur procédural et le décideur déclaratif, qui sont un peu les deux extrêmes d'une suite continue de fonctionnements possibles. La description qui suit est sans doute schématique, mais les deux modes de décision qu'elle met en évidence correspondent à nombre d'attitudes concrètes.

À un extrême, le décideur procédural recherche avant tout la solution par les moyens d'y arriver. Il est surtout soucieux de planifier son action décisionnelle et sa réalisation, convaincu qu'un planning bien fait minimisera les risques de sa prise de décision.

Décider, pour lui, est une stratégie qui repose sur une science. À l'autre extrême, le décideur déclaratif recherche d'abord tous les problèmes qui se posent et les raisons pour lesquelles il doit décider. Son attention se porte avant tout sur la compréhension du problème. Il imagine d'abord tous les scénarios passés ou actuels possibles. Il est convaincu que de sa réflexion sortira l'étincelle et que planifier sa démarche en de telles circonstances ne sert à rien car il y aura toujours des événements imprévus et impondérables. Décider, pour lui, relève avant tout de l'intuition ou d'un art plus ou moins inné. Cette opposition rejoint la distinction entre ce que l'on a appelé plus haut les managers et les leaders.

Une grande entreprise américaine de distribution électrique se demandait si elle ne restait pas sur des attitudes défensives, auto-régulées, et si elle ne devait pas adopter plutôt une conception plus dynamique, plus offensive, plus orientée vers les utilisateurs et leurs nouveaux besoins d'économie, de réassurance, de confort et de bien-être en ce qui concerne la consommation d'énergie. Cette transformation aurait nécessité de restructurer des unités, d'arrêter le fonctionnement de certaines, d'en développer de nouvelles. Une de ces divisions, celle de la distribution commerciale, dut se pencher sur les problèmes de sa propre stratégie et de sa propre culture afin de rendre son action plus compétitive et de mieux l'intégrer aux nouvelles orientations générales de la compagnie. Deux points de vue opposés sont apparus. Le premier était particulièrement défendu par le directeur général : il voulait que l'on se concentre, que l'on clarifie et que l'on présente une stratégie compréhensible pour la division, avant tout dans un esprit d'articulation avec l'orientation générale de l'ensemble de l'entreprise. Il conseillait de développer des sous-divisions telles qu'un service de sécurité, un service de réponses téléphoniques aux usagers, un service de communication externe, etc. L'autre point de vue était surtout défendu par le directeur du marketing : ce dernier insistait sur le fait que cette division commerciale devait d'abord et avant tout travailler à créer et à engendrer un nouveau type de culture d'entreprises réclamé par une nouvelle direction et principalement centré sur le marketing et l'habileté des services de vente et d'après-vente. Il se lamentait sur la médiocre capacité de la division à prendre en compte l'incertitude et l'appréhension de leurs employés à propos de l'avenir de l'entreprise. Ces sentiments, pensait-il, s'étaient très fortement développés ces derniers temps en raison des bruits de couloir, mais aussi des informations mal contrôlées, contradictoires et des décisions incertaines de la direction générale.

Ces deux hommes, tout aussi intelligents l'un que l'autre, se souciaient sérieusement et profondément de leur entreprise. Pourtant, ils avaient des points de vue totalement divergents et aucun n'entendait réellement ce que l'autre disait. L'un ne voyait pas comment le fait de se concentrer sur le cadre de travail et sur la culture d'entreprise pourrait résoudre le problème ; l'autre ne croyait pas vraiment qu'une stratégie planifiée à l'avance pouvait répondre aux appréhensions, aux incertitudes, à la méfiance, à la confusion causées par la restructuration à la fois dans la division commerciale et dans l'entreprise tout entière.

Qui a raison ? Il est facile de montrer, dans des situations extrêmes mettant en exergue les limites de l'attitude purement « stratégique » et celles de l'attitude purement « culturelle », que seule une organisation dans laquelle ces deux attitudes sont bien équilibrées et bien intégrées est capable de s'adapter aux changements et de prendre de bonnes décisions.

Les origines des mauvaises décisions

D'où vient l'erreur lorsqu'on prend une mauvaise décision ? Toutes les décisions, nous l'avons vu, sont en fait conflictuelles, en ce sens qu'elles opposent deux ou au moins deux solutions. Mais certaines le sont plus que d'autres, et ce, qu'il s'agisse de décisions de carrière, de mariage ou de divorce ou de décisions sociales, économiques ou politiques. A-t-il été trop formel ? A-t-il été trop informel ? A-t-il préféré l'expérience, la sécurité, la stabilité ? A-t-il choisi la nouveauté, le risque, la crise ? Telles sont les questions que se posent ceux qui ont à juger la décision d'un homme. Telles sont les questions que devraient se poser à elle-même toute personne avant son choix définitif. « Comment ai-je pu être aussi stupide ? » se demandait le président Kennedy après avoir réalisé combien il s'était trompé quand il avait approuvé l'invasion de Cuba lors de l'affaire de la baie des Cochons, qui faillit mettre en route la troisième guerre mondiale. Chacun de nous se pose la même question chaque fois qu'il se trouve embarqué dans une « baie des Cochons » personnelle. Pourquoi échouons-nous si souvent à prendre soigneusement en compte les bonnes alternatives quand des conséquences parfois vitales sont en jeu ?

Les biais et les pièges de l'action décisionnelle sont en fait bien connus. Le premier concerne la *disponibilité personnelle.* En fait, on choisit ce qu'on connaît, ce qui vient le plus facilement à l'esprit. Notre traitement de l'information est conservateur. Certaines personnes préfèrent toujours choisir ce qu'elles ont déjà expérimenté ou ce qu'elles connaissent. La manière d'acheter une nouvelle voiture en est sans doute le meilleur exemple. Certains préfèrent toujours garder la même marque, d'autres au contraire ont envie d'en changer. Mais ce sera toujours par rapport à ce qu'ils ont connu antérieurement.

Le deuxième biais est lié au *contexte.* Quelqu'un vous parle de Roméo et Juliette et se demande pourquoi à côté de Juliette il y a un bocal renversé par terre et de l'eau répandue sur le tapis. Si vous pensez immédiatement à la pièce de Shakespeare, vous ne trouverez pas l'explication. Si vous sortez de ce contexte ou de ce cadre, vous découvrirez que Roméo et Juliette sont en fait deux poissons rouges et vous comprendrez mieux l'énigme.

Un troisième biais au jugement rationnel repose sur *l'illusion de la validité.* Nous en avons des exemples concrets dans les débats télévisés pour lesquels l'opinion des spectateurs est demandée au début et à la fin de l'émission. Cette opinion évolue, mais faiblement : l'avis préalable ou l'appartenance politique initiale des téléspectateurs l'emporte sur la qualité des arguments développés par chacun des débatteurs.

Un autre biais évidemment important dans toute décision est *l'oubli des principes de base des probabilités.* Par exemple, deux événements simultanés ont moins de chances de se produire qu'un seul. Mais cela n'apparaît pas d'emblée dans une prise de décision pour laquelle ce problème se pose. De même, deux éventualités totalement indépendantes ont des probabilités indépendantes : par exemple rouge et noir à la roulette ont des probabilités de sortie indépendantes ; ce n'est pas parce qu'un rouge est sorti que la fois suivante un noir sortira.

Nous avons également *tendance à privilégier l'échantillon par rapport au produit total.* L'exemple le plus concret est celui de la lecture d'un livre : nous nous faisons souvent une idée d'un livre sur le premier chapitre ou sur le dernier, alors que notre décision devrait reposer sur la lecture attentive de l'ensemble.

Un autre biais encore est celui de *la variable affective et personnelle.* Il est bien évident que si nous avons à décider d'une prévention en ce qui concerne le cancer du poumon qui peut nous toucher ou d'une prévention en ce qui concerne une matière anti-dérapante recouvrant les surfaces des supermarchés, notre choix sera fortement influencé par la variable affective et personnelle.

Enfin, il est bien évident que *la variable relationnelle et collective* est capitale, comme en témoignent les choix collectifs. La manipulation, l'inégalité des pouvoirs et des compétences, les références variables, le changement de références, la réticence à révéler ses préférences sont quelques aspects des éléments entrant en ligne de compte dans les biais relationnels de choix collectifs.

Telles sont certaines des limites que comporte le jugement rationnel. Certains de ces biais relèvent de la composante procédurale de la décision et d'autres de ses aspects déclaratifs. À l'inverse, nous pouvons ainsi définir huit facteurs caractéristiques d'une bonne décision :

– les conséquences des décisions sont bonnes,
– le processus de décision est bon,
– l'utilisation de l'information est bonne,
– le réalisme de la décision est recherché,
– l'utilité générale prévaut,
– la subjectivité est prise en compte,
– l'acceptation de la décision est recherchée,
– les critères affectifs et relationnels sont pris en compte.

SOS décision

Est-il vrai, selon la fameuse devise du président Queuille, qu'il n'est pas de problème que l'absence de décision ne contribue à résoudre ?

Les questions que l'on se pose au moment de décider posent toutes le problème de la perte, toujours accompagnée de douleur ou même de tristesse. Choisir une solution à la place d'une autre entraîne automatiquement l'abandon de l'autre alternative, c'est-à-dire un sentiment d'insatisfaction douloureux ou même mélancolique. Ce sentiment peut être particulièrement fort, parce que les deux possibilités sont d'égale valeur, par exemple quitter sa maison natale ou habiter dans un endroit plus proche de son travail. De plus, certaines personnes sont sensibles à toute perte : elles voudraient tout avoir ou du moins ne jamais rien abandonner. Le comportement qui consiste à décider trop lentement, à hésiter ou à être perpétuellement indécis s'explique souvent par cette difficulté affective liée au sentiment de perdre quelque chose ou d'abandonner une possibilité.

Une seconde composante affective est liée à l'euphorie que l'on éprouve lorsqu'on trouve une solution satisfaisante. Elle peut entraîner à décider trop vite c'est-à-dire à retenir la première solution satisfaisante qui se présente sans poursuivre la recherche de solutions également satisfaisantes ou qui pourraient l'être plus. Trouver rapidement la solution soulage toujours, d'autant que cela évite l'effort intellectuel que représente le fait de chercher et de réfléchir. Ce plaisir peut également aveugler le décideur quant à la satisfaction et l'insatisfaction que sa solution suscite chez les autres. Certains sujets plus égoïstes et narcissiques que d'autres se précipitent sur la décision qui leur paraît satisfaisante sans se soucier de ce qu'elle engendre chez les autres.

Une troisième composante affective doit être considérée : elle est liée à la pression qu'une échéance pour décider suscite toujours. L'angoisse de ne pas avoir le temps suffisant, ne pas avoir tous les éléments à la date fixée et le fait même de l'échéance suscitent une pression et une angoisse qui peuvent être source de décisions trop hâtives, d'une inhibition anxieuse à décider ou d'une obsession à reporter l'échéance plutôt que de se concentrer sur l'information à recueillir et la procédure décisionnelle elle-même.

Nous voyons ainsi que, comme pour toute action humaine, les biais et les pièges de l'action décisionnelle peuvent relever d'une erreur de compréhension (erreur du penser ou erreur dans le champ déclaratif), d'une erreur du faire (erreur dans le champ procédural) ou d'une pression effective. Nous voyons également pourquoi la rationalité des décisions humaines est beaucoup moins évidente que certains voudraient le faire croire. Ce qui ne veut pas dire que toute décision relève de l'intuition spontanée ou du hasard. Bien au contraire.

Quoi qu'il en soit, choisir est stressant. C'est ce qui explique que beaucoup d'êtres humains rechignent à décider ou préfèrent discuter des grandes décisions nationales ou politiques qui ne semblent pas les engager personnellement plutôt que d'aborder les petites décisions de la vie quotidienne. Les féministes ont souvent dénoncé le comportement de ces maris qui discutent à plaisir de grandes options politiques ou de la sélection des joueurs de l'équipe de France de rugby mais sont incapables de se choisir une cravate ou de décider de ce qu'il faut préparer à dîner. Le fameux « comme tu veux chérie » cache souvent un « débrouille-toi ».

En fait, les théories et les recherches ont surtout porté sur les décisions importantes de la vie : choisir sa profession, se marier, changer de métier en milieu de carrière, divorcer, acheter une maison, arrêter de fumer, se mettre au régime, se faire opérer, participer activement à un mouvement politique, créer son entreprise, lancer un nouveau produit, recruter, licencier, etc. De telles décisions réclament un engagement personnel. Mais les petites décisions quotidiennes ne sont pas pour autant toujours faciles : choisir ce que l'on va manger, le film que l'on va voir ou la route que l'on va prendre pour éviter les retours de week-ends relèvent en fait d'une même démarche que les décisions de haute politique.

L'importance du stress dépend en fait de la manière dont le sujet gère le changement qu'entraîne toute décision en fonction des facteurs de temps dont il dispose, du degré de risque qu'il attribue au fait de ne pas changer ou non son comportement et au conflit interne que suscite sa réponse positive ou négative au risque de changement. Cette question nécessite idéalement plusieurs évaluations, qui doivent permettre de répondre aux trois questions que nous avons énoncées précédemment :

– évaluation soigneuse des raisons d'éventuels changements ;

– évaluation soigneuse des différentes alternatives ;

– réévaluation des conséquences positives ou négatives de toutes les alternatives connues, y compris celles qui ont été jugées initialement inacceptables en fonction de leurs possibilités respectives de réalisation ;

– prendre en compte les nouvelles informations qui surgissent ou les jugements d'« experts » éventuellement sollicités même s'ils ne correspondent pas à l'action que la décision préférée par le décideur entraîne ;

– évaluation du coût, des risques et des conséquences

négatives aussi bien que ceux des conséquences positives, et ce pour chaque alternative.

Mais chacun est naturellement enclin à temporiser, à remettre à plus tard une décision ou à trouver des rationalisations plus ou moins raffinées pour ignorer ou éloigner le doute qui l'envahit douloureusement. C'est d'autant plus compréhensible que nous savons tous que nous pouvons nous tromper quelle que soit l'attention que nous avons portée à nos choix et les précautions que nous avons prises. Cela peut amener certaines personnes à passer de la satisfaction immédiate suscitée par leur choix à un regret, parfois difficile à dissiper. Le problème n'est plus alors de décider, c'est celui de vivre avec une décision que l'on regrette. Si plusieurs décisions que l'on a prises s'avèrent regrettables, cela peut retentir sur l'estime que l'on a vis-à-vis de soi-même et amener à éviter exagérément ou même systématiquement les situations décisionnelles. On cherche alors à laisser aux autres le soin de décider ou l'on utilise abusivement les systèmes experts d'aide à la décision ou les sondages d'opinion qui prétendent représenter un progrès par rapport au jugement personnel, toujours marqué de « subjectivité ». La complexité et l'imprévisibilité croissantes de notre environnement ont sans doute accru le nombre de décisions que nous avons à prendre, mais aussi leurs enjeux et leur difficulté. On comprend alors la prolifération des experts, des conseillers, des consultants. Il est clair que rien n'est résolu pour autant.

En fait, la majorité des décisions comporte une part subjective, c'est-à-dire qu'elle repose sur un équilibre établi individuellement par un sujet entre les avantages et les inconvénients qu'elle représente pour celui-ci. Or il n'existe pas de méthode miracle pour évaluer précisément ces avantages et ces inconvénients ; de plus, ceux-ci peuvent évoluer au fur et à mesure du déroulement de la prise de décision ou de sa réalisation. On pourrait espérer parvenir à évaluer objectivement le degré de satisfaction ou de regret post-décisionnel. Mais de telles évaluations sont en fait sujettes à caution, car dans ce cas, les individus sont soumis involontairement à des erreurs de distorsion ou de rationalisation leur permettant par exemple de sauver la face si la décision est mauvaise.

Nous sommes alors confrontés à une question apparamment démoralisante : s'il est impossible d'évaluer objectivement une décision humaine, comment pourrons-nous envisager qu'il existe des conditions favorables ou défavorables à l'activité décisionnelle ? Notre réponse est que de telles conditions doivent prendre en compte la qualité de la procédure qui gère le stress décisionnel, c'est-à-dire suivre le plan bien établi de questions que nous avons détaillé. Si ce plan est correctement suivi et si le sujet a répondu attentivement aux questions posées, nous pouvons prédire si, pour une situation donnée, la décision mènera probablement à une satisfaction ou à un regret. Cette procédure nécessite un traitement des informations faisant partie de la situation dans un état émotionnel de vigilance ni trop élevé ni trop bas : s'il est trop élevé, la décision sera trop lente, l'inhibition, l'indécision, les doutes l'emporteront ; s'il est trop bas, la décision sera trop rapide, l'angoisse, la fuite en avant ou l'impulsivité déborderont généralement à son insu le décideur.

Programmer, c'est la liberté

Il est désagréable de penser que tout ce que nous faisons est planifié. Nous tenons beaucoup à notre liberté, à notre libre arbitre, à la fantaisie qui met du sel dans l'existence... Nous ne sommes pas des robots, tout de même ! Mais à bien y réfléchir, plus nous planifions nos actions, autrement dit plus nous organisons le changement par anticipation, moins nous sommes sujets à des réactions stéréotypées, rigides, souvent inadaptées au changement. Ce n'est qu'un apparent paradoxe.

Chacune de nos journées est composée de tâches successives, plus ou moins banales. Certaines nous sont même si familières qu'elles nous semblent automatiques : fermer à clé la porte de notre maison en partant travailler, allumer la lumière lorsque le jour baisse, acheter une baguette de pain en rentrant chez nous, mettre en marche les essuie-glace de notre voiture lorsqu'il pleut, etc. D'autres actions sont au contraire si nouvelles qu'elles constituent un problème à résoudre : préparer une recette de cuisine délicate pour la première fois, rédiger une première lettre de candidature, se lancer sur un nouveau marché, etc. Familières ou non, toutes ces tâches ont en commun d'être interreliées et de se dérouler dans un environnement en perpétuel changement. Nous analysons sans cesse notre environnement et les buts que nous cherchons à atteindre, afin de sélectionner les représentations et les procédures d'exécution adaptées aux situations, afin également de les actualiser et de les coordonner de façon cohérente. Ainsi, quels que soient le fil de notre journée et les situations que nous rencontrons, notre activité est constamment planifiée, c'est-à-dire organisée par anticipation. Que nous le voulions ou non, notre vie suit des plans.

Une journée n'est jamais la réplique de celle qui l'a précédée. Le présent ne répète jamais le passé. En fait, les événements nous paraissent toujours plus répétitifs qu'ils ne le sont : ils varient toujours par quelque détail. Toutefois, on retrouve bien certains événements dont les caractéristiques générales sont similaires. Par exemple, chaque fois que vous rencontrez une connaissance, vous la saluez. Chaque fois que vous allez chez le médecin, vous vous présentez, vous entrez dans la salle d'attente, vous vous asseyez, puis vous entrez dans le cabinet du médecin et exposez votre cas. Rien ne se répète, mais les événements ne sont jamais absolument inédits. De nombreuses séquences d'actions obéissent en fait à des « scripts » : tout le monde connaît celui de la visite médicale, celui du départ en vacances, celui du repas de famille, de l'entretien d'embauche, etc. À différents moments de notre existence, nous sommes ainsi un peu comme ces acteurs de second plan qui jouent leur rôle dans un film conventionnel : à peu de chose près, on sait quand ils souriront, quelles remarques et quelles mimiques ils placeront, comment ils feront leur sortie. Notre vie est un entrelacs de séries B, dont nous pourrions très facilement écrire le scénario. Parfois, il y a de la fantaisie, de la nouveauté ; le mystérieux scénariste qui écrit notre rôle s'est un peu plus fatigué que d'habitude ou encore nous jouons mieux. Mais il faut bien reconnaître que la majeure partie de notre vie est surtout une suite de « scripts » on ne peut plus attendus, qui enchaînent des actions selon un ordre et des relations logiques bien déterminées. Pourtant, les chaînes causales ne sont pas absolument rigides : des dérivations sont possibles ; un script laisse même parfois place en son sein pour un peu d'improvisation ou du moins prévoit plusieurs options possibles. Vous allez acheter du pain, toujours à peu près à la même heure, dans les mêmes circonstances et à la même boulangeric, mais votre script laisse ouverte la question de savoir si prendrez du pain de campagne ou une baguette... Quoi qu'il en soit, tous ces scripts sont stockés dans ce que l'on pourrait appeler notre mémoire d'action. Lorsque les circonstances le demandent, le script adéquat s'enclenche.

Les séquences d'actions que nous accomplissons nécessitent une anticipation et une organisation, c'est-à-dire une planification. Celle-ci est fournie par les « scripts ». Mais il nous faut aussi tenir compte des nouveautés qui surviennent : tout en suivant le même schéma global, nous devons choisir entre plusieurs options et même parfois en modifier le contenu. Nous nous comportons à peu de chose près de la même manière quand nous allons chez notre médecin de famille, chez le dentiste ou chez le pédicure. Le scénario est le même, mais le décor et les acteurs changent.

De même que nous devons synchroniser tous ces « scripts » entre eux et contrôler leur exécution, de même, chacune de nos actions est en fait décomposable en actions plus élémentaires. Par exemple, acheter un gâteau suppose de le demander, de le payer et de l'emporter. Ces actions plus élémentaires en appellent d'autres encore : pour payer, il faut sortir son portefeuille, prendre un billet, le poser sur le comptoir et récupérer la monnaie. Et ainsi de suite jusqu'à ce que l'on parvienne à des micro-actions qui correspondent en fait à des comportements sensori-moteurs de base. Nos actions sont donc organisées selon une hiérarchie qui va du plus automatique au plus conscient.

Ainsi, la planification de notre vie quotidienne doit tenir compte de deux dimensions : la première est abstraite (décomposition de la tâche en buts et sous-buts) et correspond aux problèmes que nous avons à résoudre ; la seconde est plus concrète et est liée aux aspects temporels de l'action (incertitude sur le futur, chevauchement des buts, relation causale, durée, abondance de détails, appréhension des différents facteurs jouant dans l'environnement). La meilleure façon de préciser ce versant concret de la planification consiste à partir d'une activité simple, relativement familière, mais qui est soumise à une incertitude. On pourra alors mieux comprendre comment la planification nous aide à appréhender l'imprévu, l'incertain, l'inattendu.

La recette du cuisinier

Une activité commerciale est un bon exemple, dans la mesure où la demande du client varie avec le temps. Schématiquement, on ne sait pas bien ce que le client veut, on ne sait pas s'il veut quelque chose, on ne sait pas non plus quand il viendra... mais ce qui est certain, c'est qu'il doit repartir satisfait. La préparation des repas dans les restaurants se heurte à une difficulté supplémentaire : les clients arrivent à intervalles réguliers, par groupes plus ou moins importants ; la fréquentation et la demande varient selon les jours et les heures. L'incertitude est évidemment le problème majeur du restaurateur : s'il commande trois cents portions de poulet et s'il ne doit en servir que cent cinquante, il est sûr de se trouver vite en faillite. Il lui faut donc gérer cette incertitude.

Pour ce faire, s'il est un bon professionnel, il procédera en plusieurs phases, reliées entre elles. La préparation d'un repas, en ce sens, relève bien d'un comportement planifié. Tout d'abord vient la préparation des aliments et des ingrédients entrant dans la composition des plats proposés ; puis, l'inventaire et l'organisation spatiale de ces aliments et de ces ingrédients. Enfin vient la confection des plats à la demande, puisqu'ils doivent être servis chauds et ne peuvent attendre que quelques minutes. De plus, ces plats doivent être servis en ordre (hors-d'œuvre, plat principal, dessert) et selon un rythme calqué sur celui des mangeurs. Enfin, il est des plats qui requièrent un temps de cuisson supérieur à celui que le client peut supporter d'attendre. Le cuisinier doit donc commencer à les préparer à l'avance, mais sans bien savoir combien de plats seront effectivement commandés. La quatrième et dernière étape correspond au rangement et à l'évaluation des besoins du repas suivant. Les première et deuxième phases tout particulièrement supposent une planification stricte. Les deux stades suivants sont variables : le dressage des plats peut se faire à la commande et le nettoyage a lieu en fonction du départ des clients.

On le voit, plus le contexte est certain, plus le processus est stable ; au contraire, plus il comporte d'incertitudes, plus il doit répondre à des règles qui tiennent compte de cette imprévisibilité. En ce sens, l'inadaptation aux situations, l'incapacité à répondre à l'environnement en fonction du but que l'on cherche à atteindre tiennent soit à une planification trop rigide dans un contexte mouvant, soit à une planification trop floue dans un contexte stable. Pour continuer dans la gastronomie, nous connaissons tous des restaurants qui tombent dans l'un ou l'autre de ces écueils.

Par ailleurs, plus le contexte est stable, plus les planifications prédominent ; à l'inverse, plus le contexte est imprévisible, plus les données qui le font connaître prennent de l'importance (le nombre de clients, le type de clients, etc.). En cas de stabilité, le procédural prend le dessus ; dans un contexte incertain, le déclaratif prime (le restaurateur qui a de l'expérience sait ce qui plaît, en fonction des jours, des saisons, par exemple). L'inadaptation vient d'une équation inverse : le procédural domine en situation d'imprévisibilité et le déclaratif prime là où des procédures automatiques seraient bienvenues. Au contraire, l'action efficace, c'est-à-dire planifiée, suppose la contribution conjointe de ces deux dimensions, correctement dosées en fonction des situations. Ce qui peut être automatisé doit l'être ; ce qui appelle un fonctionnement déclaratif ne doit pas être traité de manière procédurale. Le type même de dysfonctionnement par inadéquation se résumerait par la formule bien connue : faire compliqué quand on peut faire simple.

Or plus nous approchons d'un niveau de régulation automatique, plus ce sont en quelque sorte des sous-actions que nous devons accomplir, plus le comportement est bref et lié strictement à la situation (quand vous allez acheter du pain, cela ne doit pas vous prendre deux jours et vous ne devez pas vous comporter comme lorsque vous allez rendre visite à votre garagiste adoré, ou alors...), moins il demande d'efforts (certaines personnes éprouvent beaucoup de difficultés à ouvrir une bouteille de champagе, mais c'est tout de même moins pénible que d'écrire un livre...), moins il requiert de données sur le contexte (lorsque vous achetez votre quotidien préféré, vous ne faites pas établir une étude de ses résultats financiers... pour le patron de presse, il en va tout autrement). Quand, au contraire, le processus en jeu est réglé aux niveaux les plus conscients, ses caractéristiques sont inverses. En fait, la régulation automatique d'une partie de nos comportements est indispensable précisément pour nous permettre d'accomplir toutes les actions que nous devons mener à bien et de faire face aux situations imprévues qui appellent réflexion et anticipation. Si tout ce que nous faisons nécessitait un processus de régulation consciente, notre vie deviendrait un enfer et nous succomberions à un épuisement rapide.

Ainsi, *pour être efficace, une action doit être réaliste* : son but doit pouvoir être atteint dans le temps dont on dispose. Elle doit être *stable*, c'est-à-dire être continuée jusqu'à ce que l'on soit parvenu au but.

Mais elle doit aussi être *flexible*, c'est-à-dire modulable dans son organisation selon les circonstances, et *hiérarchisée*, les aspects routiniers étant confiés aux niveaux inférieurs de régulation automatique afin que les niveaux supérieurs puissent être libérés pour l'anticipation, la préparation, la réflexion.

La personnalité efficace ou « le magnanime »

Si tout est affaire de dosage entre des fonctionnements psychiques complémentaires et d'adaptation aux situations, s'il faut être tour à tour et parfois en même temps méthodique et charismatique, procédural et déclaratif, robot et inspiré, la question se pose finalement de savoir s'il existe des types de personnalité qui prédisposent à l'efficacité. Existe-t-il des profils types ? Si « tout est dans la tête », comment cette tête doit-elle être faite pour faire avancer correctement les jambes ? Nous connaissons tous autour de nous des gens dont tout le monde s'accorde à penser que ce sont des « incompétents de nature » et d'autres qui semblent avoir du génie pour tout faire bien et facilement. De même, il nous arrive tous plus ou moins de dire de quelqu'un qu'il a un sens inné de l'efficacité. Il y aurait ainsi des gens efficaces et d'autres qui le sont moins. La question est d'importance quand on sait le rôle qu'est censée jouer la personnalité dans le contexte familial mais aussi professionnel, par exemple pour le recrutement. Or cette question loin d'être aussi simple qu'on ne le dit bien souvent.

En fait, le problème se complique si l'on cherche à

dépasser un type d'explication simpliste reposant sur des entités mystérieuses comme le talent, le don, le génie, l'inspiration, etc. De plus, la notion de personnalité est particulièrement floue et variable selon les cultures et les époques. Pourtant, par personnalité, on entend en général ce qui forme l'unité stable et individualisée d'un ensemble de conduites. On suppose ainsi une relation directe entre les dispositions internes et les comportements. De la même manière que les chimistes décomposent des molécules en atomes, les psychologues analysent les comportements globaux en comportements plus élémentaires censés caractériser un type de personnalité : au doute et à la difficulté à décider, au perfectionnisme, à l'obstination, etc., correspond, par exemple, l'étiquette d'obsessionnel.

Selon la perspective qui est la nôtre, la personnalité correspond non pas tant à un faisceau de « dispositions » qu'à l'ensemble des procédures qu'utilise de manière stable et individualisée un sujet donné en situation analogue. Sur ces bases, les relations entre l'aptitude à faire face, le « coping », ou l'efficacité et la personnalité font aujourd'hui l'objet de nombreuses recherches, souvent très controversées. Certains chercheurs soutiennent que la personnalité joue ici un rôle très secondaire : après tout, des personnalités très différentes peuvent utiliser le même style d'action dans des situations similaires. Ce ne serait donc pas tant la personnalité que la situation ou le contexte culturel qui influenceraient le style d'action. D'autres auteurs insistent au contraire sur certains « styles de coping » correspondant à des actions efficaces ou inefficaces quelle que soit la situation. C'est ainsi par exemple que l'optimisme ou le pessimisme semblent liés aux capacités de réponse au stress et à l'efficacité.

Selon le professeur A. Bandura [1], certaines personnes auraient bel et bien une « personnalité efficace » : cette disposition serait liée à leur croyance en leur capacité à mobiliser leurs ressources intellectuelles, leur motivation et leurs moyens d'agir pour atteindre les performances demandées. Est effectivement efficace l'individu qui est capable d'affirmer son point de vue et ses souhaits lorsque la question en vaut la peine, qui considère ses propres réalisations sans arrogance ni suffisance, sans pour autant dévaloriser les autres. S'il s'enorgueillit parfois de ce qu'il fait, il n'en revient pas moins très vite à une attitude plus normale, plus pondérée, qui lui permet d'évaluer les situations de façon réaliste. À l'inverse, s'il est atteint, son amour-propre est vite restauré. Capable de contrôler ses envies et ses plaisirs si nécessaire, il persévère dans ses objectifs en faisant face aux obstacles internes ou externes, même s'il est parfois tenté de renoncer. On notera que cette description en termes modernes ressemble singulièrement à celle qu'Aristote, dans l'*Éthique à Nicomaque,* donne du « magnanime », celui qui par disposition sait mener la vie parfaite d'un homme dans la plénitude de son être, rationnel, mais aussi animal, individu, mais aussi citoyen : se suffisant à lui-même, il est à l'aise dans les relations avec les autres ; habité par le désir de la connaissance, il ne néglige pas les tâches pratiques et celles que requiert

1. A. Bandura, « Self Efficacy : Toward a Unifying Theory of Behavioral Change », *Phychological Review,* 1977, 84, pp. 191-215.

la vie de la cité ; ferme et résolu, il sait s'adapter aux circonstances et adopter en tout l'attitude qui convient, courageux quand il le faut, prudent quand c'est nécessaire... En somme, l'antithèse de Socrate et des stoïciens.

Pour que l'on puisse véritablement parler de personnalité efficace, il faut évidemment que toutes ces conduites, qu'elles relèvent de l'affectivité, de la connaissance, des relations sociales ou des réalisations professionnelles, forment chez l'individu un tout cohérent et stable. Les conduites inverses constituent évidemment la personnalité inefficace, pour laquelle des soutiens et des aides cognitives ou psychonalytiques sont possibles et parfois recommandés. Mais sans doute ces conduites ne sont-elles pas seules à entrer en ligne et certaines dispositions personnelles, aussi bien cognitives qu'affectives, comptent également. L'optimisme en particulier.

On aurait tort pour autant de croire que les individus efficaces le sont constamment et que tout, absolument tout, peut leur réussir. Encore faut-il qu'ils aient l'occasion de montrer leur efficacité. Ainsi des juifs qui sont longtemps passés pour des agriculteurs médiocres... tout simplement parce qu'ils étaient enfermés dans des ghettos et comme condamnés à être de bons commerçants ! De même, on sait bien que l'exercice de l'efficacité est souvent différent suivant les situations. Un tel, qui est un excellent professionnel dans son domaine, n'est pas nécessairement un bon père de famille. Un commercial remarquable peut être un piètre gestionnaire ou un chercheur de grande qualité un administrateur pitoyable. Si, comme on a cherché à le montrer, le souci de l'efficacité est essentiel pour se sentir mieux et mieux réaliser les tâches que l'on doit accomplir, il est bien évident que cette préoccupation ne doit pas tourner à l'obsession d'une forme hyperbolique d'efficacité globale. Vouloir tout faire « comme un pro » serait une grossière erreur...

Conclusion

Peut-on espérer mieux analyser le fil de nos journées et notre fonctionnement interne, pour améliorer un peu ce qui peut l'être et aider ceux qui le souhaitent ? Vouloir aller plus loin, ce serait retomber dans les travers de certaines théories psychologiques : à trop vouloir embrasser la vérité, elles étreignent bien mal la vie. Le goût de la théorie écartèle l'homme et le dépossède de lui-même. Comment alors prétendre encore l'aider à être lui-même ?

Or notre savoir et notre savoir-faire sont indissolublement liés, tout comme ce qui relève du faire, du penser et du ressentir. La vie spécifique de l'homme, c'est ce qu'Aristote appelait « la vie pratique ». Il ne faut pas entendre par là un métier particulier, une activité déterminée, qui s'opposerait prétendument à la réflexion, à l'activité intellectuelle. La tâche de l'homme est d'accomplir son métier d'homme, de mener une vie en actes. Cette conception remonte en fait à Aristote et à son analyse de ce qui doit être la fin de notre existence, non point en vertu de normes abstraites, de valeurs surimposées, mais en fonction de notre être même. À la place, une position dualiste qui isole théorie et pratique, qui disjoint l'homme, a longtemps dominé. Mais elle semble avoir fait long feu et ses formes sociales sont aujourd'hui de plus en plus vigoureusement dénoncées : clivage entre activités manuelles et intellectuelles, entre recherche fondamentale et recherche appliquée, entre les intellectuels et les hommes d'action, entre l'université et l'entreprise, entre le monde de l'esprit et le monde de l'argent, etc.

Aujourd'hui, l'émergence de nouvelles représentations collectives et la nécessité de développer une psychologie de la vie quotidienne se rejoignent pour souligner l'indissoluble unité entre les buts, les moyens et les résultats de nos actions individuelles et de nos organisations collectives. Nous retrouvons ainsi les implications de la notion aristotélicienne d'intelligence pratique. Peut-être cette disposition incarne-t-elle le plus l'homme puisque c'est elle qui lui prescrit et en même temps lui permet d'accomplir sa tâche et de l'accomplir bien et avec succès. Réduire l'homme à la seule aptitude au savoir, c'est le condamner à négliger une part de lui-même : ses émotions, son corps, son engagement dans la vie collective, sa présence au monde concret. C'est vouloir faire de lui un dieu ou un saint. Réduire l'homme à sa seule dimension physique, c'est évidemment le ravaler au rang des animaux. Au contraire, la « sagesse pratique » véritable ne dissocie pas l'idée de l'action : elle correspond à un savoir dont la fin n'est pas le savoir lui-même mais le contrôle de l'action qui convient à la situation. L'intellect pratique délibère, décide et fait. En cela, il est la manifestation de toutes les dimensions humaines. C'est pourquoi il doit constituer le noyau de la psychologie de la vie quotidienne, ou plutôt de l'action.

C'est ce que nous nous sommes efforcés de démontrer dans ce livre. En l'écrivant, nous nous sommes posé beaucoup de questions. Devions-nous commencer tel chapitre par une petite histoire, pour capter l'attention du lecteur, attirer sa curiosité et le préparer à suivre ensuite notre raisonnement ? Fallait-il poser d'abord le cadre de la réflexion, puis dérouler l'argumentation en l'émaillant de quelques touches plaisantes ? À quel moment être déclaratif ? Quand rester procédural ? Le but serait-il mieux atteint et le lecteur plus intéressé par ceci ou par cela ? Bien malin qui pourra le dire. La forme, la composition qui séduiront et convaincront tel ou tel lecteur déplairont à un autre et le laisseront sur sa faim.

Dieu merci, il n'y a pas de recette miracle pour l'efficacité. Ce serait presque contradictoire dans les termes. Il n'y a pas non plus d'adaptation idéale, mais seulement un idéal de l'adaptation.

Bibliographie

Dantzer R., *L'Illusion psychosomatique*, Paris, Éditions Odile Jacob, 1989.

Dennett D. C., *La Stratégie de l'interprète,* Paris, Gallimard, 1990, trad. par P. Engel.

Fedida P., *Communication et représentation*, Paris, PUF, 1986.

Hickman C. R., *Le Plus management : âme de leader, esprit de manager,* Paris, Maxima, 1991.

Hochmann J., Jeannerod M., *Esprit où es-tu ?,* Paris, Éditions Odile Jacob, 1991. Réédition 1996, coll. « Opus ».

Joule R. V., Beauvois J. L., *Petit traité de manipulation à l'usage des honnêtes gens*, Vies sociales, Presses universitaires de Grenoble, 1987.

Monat et Lazarus R., *Stress and Coping*, New York, Columbia University Press, 1991.

Neuberg M., *Théorie de l'action*, Liège, Mardaga, 1991.

Richard J.-F., *Les Activités mentales*, Paris, Armand Colin, 1990.

Rivolier J., *L'Homme stressé*, Paris, PUF, 1989.

Ryle G., *La Notion d'esprit*, Paris, Payot, 1978.

Widlöcher M., *Métapsychologie du sens*, Paris, PUF, 1986.

Table des matières

Introduction 7

Première partie

Pour une psychologie de la vie quotidienne

Chapitre 1 : **Les limites des théories classiques** 23
Nous sommes tous des nomades 27
L'évaluation permanente 39

Chapitre 2 : **Vers une nouvelle psychologie** 47
L'homme, un personnage en quête d'action 50
Comprendre nos actions 59

Deuxième partie

Du stress à l'action

Chapitre 3 : **Le coping** 81
L'effort pour s'adapter 81

Faire face 90
Chacun sa vérité 98

Chapitre 4 : **Savoir et savoir-faire** 107
Le maniaque et le déprimé 109
Le procédural et le déclaratif 113
Histoires de souris 120
Deux types d'humour 123
La révolution de l'intelligence artificielle 126
La fin d'un monde 128

Troisième partie

La sagesse pratique

Chapitre 5 : **L'histoire d'une folle journée** 141
Imprévu 144
Décision 155
Embarras 162
Négociation 170
Création 174
Surprise 181
Engagement 188

Chapitre 6 : **L'action idéale** 197
Le méthodique et le charismatique 198
L'impulsif et l'indécis 209
Programmer, c'est la liberté 233

Conclusion 245

Bibliographie 249

Dans la collection « Poches Odile Jacob »

N° 1 : Aldo Naouri, *Les Filles et leurs mères*
N° 2 : Boris Cyrulnik, *Les Nourritures affectives*
N° 3 : Jean-Didier Vincent, *La Chair et le Diable*
N° 4 : Jean François Deniau, *Le Bureau des secrets perdus*
N° 5 : Stephen Hawking, *Trous noirs et bébés univers*
N° 6 : Claude Hagège, *Le Souffle de la langue*
N° 7 : Claude Olievenstein, *Naissance de la vieillesse*
N° 8 : Édouard Zarifian, *Les Jardiniers de la folie*
N° 9 : Caroline Eliacheff, *À corps et à cris*
N° 10 : François Lelord, Christophe André, *Comment gérer les personnalités difficiles*
N° 11 : Jean-Pierre Changeux, Alain Connes, *Matière à pensée*
N° 12 : Yves Coppens, *Le Genou de Lucy*
N° 13 : Jacques Ruffié, *Le Sexe et la Mort*
N° 14 : François Roustang, *Comment faire rire un paranoïaque ?*
N° 15 : Jean-Claude Duplessy, Pierre Morel, *Gros Temps sur la planète*
N° 16 : François Jacob, *La Souris, la Mouche et l'Homme*
N° 17 : Marie-Frédérique Bacqué, *Le Deuil à vivre*
N° 18 : Gerald M. Edelman, *Biologie de la conscience*
N° 19 : Samuel P. Huntington, *Le Choc des civilisations*
N° 20 : Dan Kiley, *Le Syndrome de Peter Pan*
N° 21 : Willy Pasini, *À quoi sert le couple ?*
N° 22 : Françoise Héritier, Boris Cyrulnik, Aldo Naouri, *De l'inceste*
N° 23 : Tobie Nathan, *Psychanalyse païenne*
N° 24 : Raymond Aubrac, *Où la mémoire s'attarde*
N° 25 : Georges Charpak, Richard L. Garwin, *Feux follets et champignons nucléaires*
N° 26 : Henry de Lumley, *L'Homme premier*
N° 27 : Alain Ehrenberg, *La Fatigue d'être soi*
N° 28 : Jean-Pierre Changeux, Paul Ricœur, *Ce qui nous fait penser*
N° 29 : André Brahic, *Enfants du Soleil*
N° 30 : David Ruelle, *Hasard et Chaos*
N° 31 : Claude Olievenstein, *Le Non-dit des émotions*
N° 32 : Édouard Zarifian, *Des Paradis plein la tête*
N° 33 : Michel Jouvet, *Le Sommeil et le Rêve*
N° 34 : Jean-Baptiste de Foucauld, Denis Piveteau, *Une société en quête de sens*
N° 35 : Jean-Marie Bourre, *La Diététique du cerveau*
N° 36 : François Lelord, *Les Contes d'un psychiatre ordinaire*

N° 37 : Alain Braconnier, *Le Sexe des émotions*
N° 38 : Temple Grandin, *Ma vie d'autiste*
N° 39 : Philippe Taquet, *L'Empreinte des dinosaures*
N° 40 : Antonio Damasio, *L'Erreur de Descartes*
N° 41 : Édouard Zarifian, *La Force de guérir*
N° 42 : Yves Coppens, *Pré-ambules*
N° 43 : Claude Fischler, *L'Homnivore*
N° 44 : Brigitte Thévenot, Aldo Naouri, *Questions d'enfants*
N° 45 : Geneviève Delaisi de Parseval, Suzanne Lallemand, *L'Art d'accommoder les bébés*
N° 46 : François Mitterrand, Elie Wiesel, *Mémoire à deux voix*
N° 47 : François Mitterrand, *Mémoires interrompus*
N° 48 : François Mitterrand, *De l'Allemagne, de la France*
N° 49 : Caroline Eliacheff, *Vies privées*
N° 50 : Tobie Nathan, *L'Influence qui guérit*
N° 51 : Éric Albert, Alain Braconnier, *Tout est dans la tête*
N° 52 : Judith Rapoport, *Le Garçon qui n'arrêtait pas de se laver*
N° 53 : Michel Cassé, *Du vide et de la création*

Imprimé en France sur Presse Offset par

BRODARD & TAUPIN

GROUPE CPI

La Flèche (Sarthe), le 20-03-2001
N° d'impression : 5995
N° d'édition : 7381-0974-X
Dépôt légal : mars 2001

THE
WALES
OF THE
PRINCES
MON
Aberffraw
Conway
Clwyd
Tegeingl
Rhos
ARFON
PERFEDDWLAD
Chester
Rhuvoniog
Dyffryn
Clwyd
GWYNEDD
LLEYN
Ardudwy
Mathraval
Shrewsbury
Meir-
ionnydd
POWYS
Dovey
Cyveiliog
Arwystl
CEREDIGION
Teifi
Maelienydd
Buallt
Elvael
Wye
Hereford
DEHEUBARTH
DYFED
YSTRAD
TYWI
Dynevor
BRYCHEINIOG
Usk
GWENT
Towy
MORGANNWG
Gwyr
Severn
5 0 5 10 20 30
Scale of English miles

Images of Wales

John R Jones

Aston Publications

Published in 1991 by **Aston Publications Limited**, Bourne End House, Harvest Hill, Bourne End, Bucks., SL8 5JJ

ISBN 0 946627 69 X

Designed by Alan Oliver
Printed in Hong Kong

Sole Distributors to the UK book trade:
Springfield Books Ltd., Norman Road, Denby Dale, Huddersfield, West Yorkshire HD8 8TH

British Library Cataloguing in Publication Data
Jones, John R.
Images of Wales.
1. Wales
I. Title
914.2904859

Acknowledgements

Researching, photographing and writing a book of this sort requires the help of a lot of people. For reasons of space they cannot all be mentioned by name – in fact a lot of them disappeared without telling me who they were! During my extensive travels throughout Wales I was quite overwhelmed by the kindness and hospitality of people everywhere.

Many of the photographs would have been impossible without the help of John Hughes, clog-maker; Joe and June Folder, Carew Oyster Farm; Gill and Ron Pateman, Pontrhydygroes goat farm; Mr J.D. Jarman, Cildydd farm; Jonathan Shorland, pibgorn-maker; Robert Evans, harp-maker; Betty Adams of Cenarth Cheeses. A special thanks to two lovely girls: Jayn Lloyd, Miss Wales, 1990 and Sharon Isherwood, Flower Queen of Wales, 1990.

My thanks to the staff and management of the Welsh Folk Museum, St. Fagan's, who allowed me access to their facilities and provided me with much valuable information. In particular I must mention the Cardiff Centre Folk Dance Company; Franco Bassetti, clown; Francis Maxey, slackrope clown; Hywel Davies, lovespoon-carver; Dafydd Rhys Edwards, blacksmith; Mrs Chris Aston, baker. I am grateful to the members of the Guild of Stickmakers, among whom are Mr Marvin Morgan, Mr G. Roberts, Mr K. Jones, Mr G.A. Davies and Mr Evan Hughes.

For their valuable assistance and the organizing of press passes, I extend my gratitude to the committees of the National Eisteddfodau at Llanwrst and Cwm Rhymni, the Urdd Eisteddfod at Dyffryn Nantlle and the International Eisteddfod at Llangollen.

I am indebted to the Plantagenet Society, the White Company, the Sealed Knot Society and the Regia Anglorum Society for their skilful re-enactments in the castles of Wales, to the Wotan stilt walkers of Blaenau Ffestiniog, and the Criccieth Morris Dancers.

Without the help of B Flight, 202 Squadron, RAF Helicopter Search and Rescue, Brawdy, the glorious aerial pictures would have been impossible. Immeasurable thanks must go to Flight Lieutenant Lee Calderwood, Flying Officer Jim Barnett, Flight Sergeant David Spain and Sergeant David Taylor, who very kindly organized my two-day visit.

I would like to extend warm thanks to the managers of the various narrow-gauge railways for their assistance with research and for allowing me access to their lines: John Edwards, Festiniog Railway Co; David Woodhouse, Talyllyn Railway Co; A. Carey, Welshpool and Llanfair Railway; and to the staffs of the Teifi, Gwili and Snowdon Mountain Railway. Thanks, too, to the management and staff of the main Llangollen line.

The management of the Llechwedd Slate Quarry and the Merthyr Vale Colliery gave me valuable assistance, for which I thank them.

I must acknowledge my indebtedness to the Headmistress, staff and children of Gwynfe School, together with the Minister of Gwynfe Chapel, who made me so welcome on St David's Day. Also my thanks go to the staff and children of Terrace Road School, Swansea, for inviting me to their St David's Day celebration. Barbara Prys Williams of Swansea, who works so hard in support of the Money for Madagascar charity, deserves my special thanks.

I am very grateful to Keith Davey for his very careful editing of the text, keen eye, helpful suggestions and wonderful encouragement throughout the year, and to Anthony Pritchard, who gave his unreserved support to the project.

Last, but by no means least, I would like to thank my dear wife Alison for her generous and untiring help in all sorts of ways, including reading the manuscript and commenting on the photographs, and to my two dogs, Susie and Cheeky, who accompanied me everywhere I went.

This book is dedicated to my wife Alison. Her kindness, patience and love are unsurpassable.

Contents

Page

INTRODUCTION 6

HISTORY 8

North Wales 14
- Gwynedd
- Clwyd

South & Mid Wales 58
- Powys
- West Glamorgan
- Mid Glamorgan
- South Glamorgan
- Gwent

West Wales 98
- Dyfed

Images of Wales 136

4

The River Teifi has always been known for its succulent salmon.

Local schoolchildren perform the Floral Dance at the National Eisteddfod. In the centre is the Corn Hirlas, the Horn of Plenty.

Introduction

I'm a professional travel photographer, but my zest for travel started a long time before my interest in photography. As a child, I had a habit of exploring Mid-Wales with my pet terrier Patsy, who was usually in a basket on the front of my bicycle. On one occasion she snuggled up beside me as we hitched a ride on a coal train. That was the time when my parents, who never knew where I was, received a reverse-charge call from Shrewsbury. We had attempted to hitch a lift back, but nobody was going to give a lift to a rascal black with coal dust, with a filthy dog under his arm. During my college vacations I hitched around most countries in Europe, including the Eastern bloc ones, where to my chagrin I was repeatedly forced to buy train tickets.

One of the reasons I decided to become a college lecturer was to allow me time to travel during the vacations, and this I did. I travelled extensively through North and South America, Africa, Australia, New Zealand and all around the Far East. It was at this stage that a friend introduced me to serious photography, and before long my devotion to the subject became as great as my zest for travel. I read exhaustively, practised fanatically, and never went anywhere without a camera. Before long I was placing slides with agencies, making sales contacts, and gradually developing a keen business sense. I suppose it was inevitable that I would become a full-time travel photographer.

In the spring of 1989 I was waiting on two very important events: publication of my first book *Vietnam Now* and an entry visa to North Korea. The book came through, but the visa didn't – at least not for a long enough period to make a trip worthwhile. My publisher suggested that while I was 'hanging around doing nothing' I should take a few pictures of Wales. My past assignments had not included my own country. I had concentrated so much on out-of-the-way places that I'd never really looked at my own country through a photographer's eyes. After several weeks photographing in Snowdonia, and walking the length of the Brecon Beacons, I was well and truly hooked! I phoned him a week later and, using my best sales jargon, asked him if he'd be interested in publishing one of the best-ever photographic books on Wales. He said yes, and I got the contract about a year later (when I'd already taken most of the photographs!)

Of course there are some terrific photographic books on Wales already. But there is always a tendency to concentrate on the scenic beauty: lakes and mountains; castles and coastlines. What I've tried to include as well as that are the things that people do: the eisteddfodau, rugby matches, male voice choirs, sheepdog trials. Dare I even say work?

See what you think. I'm quite proud of it, of course. It gave me a wonderful opportunity to get to know my own country. From a photographic point of view, Wales is the equal of anywhere else in the world. However, the unpredictable weather conditions presented me with some real problems. One of the most difficult was undoubtedly my eight attempts to get the mirror-image of the Festiniog train in Tan-y-grisiau reservoir. I would start off in perfect weather from Llanidloes, only to find that by the time I was half-way to Blaenau the conditions had changed. On one occasion, everything was right, and I knew this was the day. Every lake I passed on the way was still the sky was clear, and when I arrived in the Vale of Ffestiniog everything was perfect. Except that somebody had pulled the plug. Three-quarters of the reservoir had been drained, and I was left looking at a series of muddy puddles. When I finally got everything as I wanted it, I was so mesmerized by the sight of the approaching train that I almost forgot to take the picture!

Having travelled over 30,000 miles around Wales in the course of a year, I know that it's something my little terrier Patsy would have enjoyed; my present dogs, Susie and Cheeky, certainly do. In fact, on the days we don't go off in the jeep, I am not a very popular person.

A favourite on the Festiniog line: Linda, together with the Moelwyn Mountains, mirrored in the waters of Tanygrisiau reservoir.

HISTORY

The history of Wales before and during the Roman occupation, ending early in the 5th century AD, is essentially that of the rest of Britain. After the Romans, Irish seafarers (Goidelics, or Gaels) brought with them Ogham, a Goidelic script still seen on many standing crosses and grave slabs. They shared the area with the native Brythonic people until their hold was loosened by the arrival of a fierce warrior, Cunedda, from North Britain. His descendants, of whom one of the best known was Maelgwn Gwynedd, consolidated their position in North Wales from the stronghold at Deganwy, across the estuary from present-day Conway.

When the Anglo-Saxons invaded between 577 and 613, they drove the Brythonic people into Cumbria in the north and Cornwall in the south. Left in the middle was the land of Cymru, and the Cymry people. During the 8th century they were invaded by Offa, King of Mercia; and Offa's Dyke, stretching from the Wye estuary in the south to Prestatyn in the north, determined the modern land border of Wales to within a few miles. Also in the 8th century, minor incursions by the Vikings were capped by Rhodri Mawr (Roderick the Great), and his grandson Hywel Dda became the first King of Wales in 930. It was largely his strength of purpose which restored order from chaos and united the Welsh as a nation for the first time. Unfortunately this did not last after his death, and the story of the next hundred or so years before the beginning of the Norman invasion in 1070 was one of incessant feuding between the four princedoms of Wales: Gwynedd in the north, Deheubarth in the south-west, Morgannwg in the south-east and Powys in the middle.

After his success in England, William the Conqueror turned his attention to Wales. It turned out to be a much tougher proposition. He started by granting the three earldoms of Chester, Shrewsbury and Hereford, and encouraged the holders to extend their territories into Wales. The 'Marcher Lords', as they became known, advanced steadily through the valleys, leaving behind them many of the defensive fortifications known as 'motte and bailey'. These were very simple affairs, hurriedly constructed, and none of them are still standing. They consisted of a mound of earth topped with a watch-tower and surrounded by a high wooden palisade and a ditch.

Llywelyn the Great looks out over the square at Conway.

The Norman advance can best be described as 'infiltration' rather than 'invasion', and the tide was turned on frequent occasions. Gwynedd was reclaimed by Gruffydd ap Cynan in 1081, Deheubarth by Rhys ap Tewdwr in 1093. By the early part of the 12th century, however, the Normans had left an indelible mark on Wales, particularly in the south. Massive stone castles and walled towns were completed at Cardiff, Pembroke, Chepstow and Tenby; and an inland chain of Landsker castles defended the Norman gains from the warlike Welsh princes still controlling most of the north. These later Norman castles were much grander affairs than the primitive motte and bailey forts. They were built on the 'round keep' principle: one tall tower (the last line of defence) and curtain walls strengthened by the addition of smaller towers along their length. These castles were strategically placed, either on high ground or bordered on at least one side by a river or the sea.

The Norman influence had also extended to the Church: its territory was divided into dioceses and parishes; Norman bishops were appointed at St David's (1115) and Llandaff (1116). The Celtic monastic system, which in pre-Norman times consisted of a group of monks occupying individual cells, was totally reorganized. The Black Canon order, the Augustinians, had established themselves at Llanthony in 1118, under the leadership of William de Lacy. In the same year a Benedictine order appeared at St Dogmael's, and in 1141 another at Ewenny. The Cistercians, whose order had been founded at Citeaux in France in 1098, built abbeys at Tintern (1131) and Margam (1147).

In 1154 Henry II had ascended to the throne in England, and gained minor victories over Owain Gwynedd in 1157 and Rhys ap Gruffydd in 1163. But despite his apparent capitulation to the English, Lord Rhys (as Henry entitled him) remained a thorn in their side. The building of Carreg Cennen castle, along Norman lines, further increased Deheubarth's defences. In the north, similar principles were being used to construct other Welsh castles: Dolwyddelan was built by Iorwerth, whose son Llywelyn became Prince of Gwynedd in 1194. A new age of Welsh independence was dawning.

Llywelyn ab Iorwerth, or Llywelyn the Great, as he became known, quickly gained control of North Wales. He encouraged Welsh traditions and culture, but grafted on an administrative system which owed much to the Normans. It was his aim to unite the whole of Wales as a single kingdom, as it had been under Hywel Dda three centuries earlier, and he very nearly succeeded. After his death and a short period of in-fighting, his grandson Llywelyn ab Gruffydd carried on his work, and was granted the title 'Prince of Wales' by Henry III in 1267. Once again, the triumph was short-lived. When Edward I succeeded to the throne of England in 1272, the Welsh came up against their most formidable adversary yet.

Edward was a strong, resourceful, fierce-tempered leader who was determined to unite the four countries of the British Isles, and Wales was his first target. He invaded with a massive force, and succeeded in driving Llywelyn south, where he was defeated and killed in a battle at Builth Wells. As had the Normans, Edward I consolidated his position by building castles. He took with him a master architect, James of St George, who raised the art of castle-building to new heights. At its best, this is reflected in the highly symmetrical, concentric-ring design of Beaumaris, on Anglesey. The principle in each case, however, was the

Pembroke castle.

Dolwyddelan castle.

same: a force which broke through the first line of defence would be trapped in a courtyard, where they could be cut to pieces by men stationed in the many defensive towers. In this way, a castle could be successfully defended by a small garrison of soldiers, sometimes as low as thirty or forty.

Most of Edward's new castles were built in the north, which was an area the Normans had largely neglected, whereas in the south Edward was able to rebuild or strengthen the existing ones. The best examples will be familiar to most people, specially by name: Conway, Caernarfon, Harlech, Beaumaris; but there were many more. In pure business terms, it amounted to a colossal investment in the country – one of many investments, it must be said, that weren't fully in accordance with the wishes of the Welsh people.

By 1284, the conquest of Wales was virtually completed. Minor uprisings in Gwynedd, Dyfed and Glamorgan were soon overcome. Edward waited until his son came of age in 1301 before proclaiming him Prince of Wales – the first time the title had been held by an Englishman. The fact that the new prince spent most of his time spearheading his father's campaigns in Scotland did little to endear him to the Welsh.

During the 14th century the government of Wales was left to the local Lords, and without much direction from London began to deteriorate. The Black Death devastated Wales, as it did the rest of Europe, and in addition many of her young men lost their lives in Edward III's wars against the French. Towards the end of the century there was considerable unrest, and once again Welsh aspirations for independence found their focus in a young man prepared to lead them against the English.

Owain ap Gruffydd Vychan, Lord of Glyndyfrdwy, but better known to the Welsh as Owain Glyndŵr, a descendant of the old princes of Powys, proclaimed himself Prince of Wales in 1400. He immediately attracted a great following. Ruthin castle was captured, and within the next five years so were many of the other English strongholds. By 1405, Wales itself was taken. Welsh parliaments had been held at Machynlleth, Dolgellau and Harlech, and the Welsh Church was gaining a firmer footing. Glyndŵr even gained a measure of international recognition, from the Scots and the French.

By 1410 it was all over. Support for him had waned, and he was being hunted as a common outlaw. His family's lands and property were seized by Henry IV, and retribution was harsh. No Welshman was allowed to hold public office, and even intermarriage was disallowed. The air reeked with humiliation. Of Owain Glyndŵr himself, no more was heard; no one ever knew what became of him.

In 1485, after four centuries of resistance to armies from beyond the border, came the ultimate irony, although it was one which was prophesied by the Welsh bards. Henry Tudor, born in Wales, descended from the Welsh Princes, and even a distant relative of Owain Glyndŵr, was crowned King Henry VII of England on the battlefield at Bosworth. The penal reforms imposed on the Welsh were lifted, and during the reign of Henry VIII England and Wales were united.

Under the Acts of Union in 1536 and 1542 the country was divided into shires, each to be represented in the English Parliament. However, any hopes that the new regime would be more sympathetic to Wales were soon dashed. As Prince of Wales, Henry VIII had never visited the country. As King, he dealt the Welsh language and culture a massive blow when he decreed that: 'No person or persons that use the Welsh speech or language shall have or enjoy any manner of office or fees within this realm of England, Wales or other of the King's dominions, upon pain of forfeiting the same office or fees, unless he use the English speech or language.'

His daughter, Queen Elizabeth, was more sympathetic, and allowed the Bible to be translated into Welsh. *Y Beibl Cymreig* was to improve the quality of written and spoken Welsh to an unprecedented degree, and was surely a major cause of the religious revival which followed.

The old tradition of the Welsh Eisteddfod had flourished through the ages, but in 1680 it received a boost with the publication of the first *Welsh Almanac*. This ensured that many more people became aware of the event, and its popularity grew accordingly. More and more books appeared in Welsh, encouraged by the advent of the printing press in 1718. Welsh singing and hymn-writing played their part in the tremendous non-conformist revolution, and eminent preachers such as William Williams of Pantycelyn and Daniel Rowlands of Llangeitho, around the 1760s, encouraged the spread of the religious education which brought Welsh to the common people. Wales became officially non-conformist in 1811, and chapels mushroomed throughout the Principality, some Methodist, some Baptist and some belonging to the Presbyterian Church of Wales.

The Industrial Revolution had begun in Wales in the 1790s, and the next hundred years was to see the face of Wales transformed by the advent of iron, coal and slate. Communications by road, rail and canal improved beyond measure, while the population of towns like Merthyr Tydfil and Newport grew phenomenally. This in its turn brought poverty, discontent and social unrest. Riots broke out in Merthyr Tydfil in 1831 and Newport in 1839; also in 1839 there was an attack on a turnpike gate in the heart of the Pembrokeshire countryside by men dressed as women – the beginnings of what became known as the Rebecca Riots.

Caernarfon castle, one of the most formidable fortresses ever built in Wales.

From the 1840s the quiet valleys of Wales were transformed as thousands flocked from the countryside to work in the coalfields of Glamorganshire and Monmouthshire. In the north, the boom in production of the great slate quarries of Dinorwic, Penrhyn, Nantlle and Blaenau Ffestiniog started twenty years later. Universities were established at Aberystwyth in 1872, and at Bangor and Cardiff in 1883; Swansea completed the quartet in 1920.

Before the start of the First World War, nationalists had been pressing for home rule. The war gave people other things to think about, and so did the Depression which came after it. It was ironic that it was a Welshman, Lloyd George, Prime Minister from 1916 to 1922, who was to engineer home rule for the Irish. The 1920s and 1930s saw the decline of heavy industry in Wales, halted only briefly by the Second World War. The Trade Union movement grew in importance, and began to flourish under strong leadership. Since the rise of the Labour Party the Welsh have been a major force in British politics.

It would be wrong to think of the 20th century as one of decline for Wales, although the economic decline has been substantial. The century has been marked by significant improvements in working conditions, health and education. Since the start of the 1980s, many international companies have seen Wales as an attractive business investment, and foreign capital has flooded in. Thanks to organizations like Urdd Gobaith Cymru (the Welsh League of Youth), Plaid Cymru (the Welsh National Party) and the National Eisteddfod Committee, the pride of the Welsh in their culture and language, and their sense of national identity, is as strong as it ever has been.

Who said history was a thing of the past? Re-enactments of historical events are a constant theme in and around the castles of Wales.

North Wales

For the purposes of this book, I have taken North Wales to include the area substantially covered by the old kingdom of Gwynedd at the time of the Norman invasion, corresponding to the two modern counties of Gwynedd and Clwyd. The new county of Gwynedd constitutes the north-west corner of Wales, its landward boundaries starting at the Dovey estuary in the south, skirting the foothills of the Berwyn Mountains and the Vale of Conwy, and ending at Colwyn Bay on the north coast. With the exception of Anglesey and parts of the Lleyn, it is high mountain territory. The mountains of old Caernarvonshire constitute its north central core: Snowdon, the Glyders, and the grassy domes of the Carneddau, fringed by the smaller humps of Moel Siabod and Moel Hebog. South, in the old territory of Meirionedd, is the rocky wilderness of the Rhinogs, dramatic Cadair Idris and the majestic Arans and Arenigs.

Clwyd sprawls along the Dee estuary and borders the English counties of Cheshire and Shropshire. To the south is Powys, and to the west, Gwynedd. Compared with the formidable mountain barriers of Gwynedd, the Clwydian hills and Mynydd Hiraethog are mere pastoral folds; at least the advancing English armies must have thought so as they headed for the domains of the Gwynedd princes deep in the wilds of Snowdonia.

The two counties may be as different as chalk and cheese, but both have their fair share of natural beauty. Scenically it would be difficult to beat Clwyd's Vale of Ceiriog and the Tanat Valley, where the waterfall of Pistyll Rhaeadr cascades off the Berwyn Mountains. The glorious Vale of Llangollen, Glyndŵr country, offers fine salmon fishing in the Dee, leisurely cruises on the canals or a walk through the ruins of Valle Crucis abbey. Others may prefer Gwynedd's craggy mountains: the cliffs of the Devil's Kitchen, the steep slopes of Craig-y-Ysfa, Arddu's black precipice, the Pillars of Pencoed, or the savage gloom of the Idwal slabs. Photographers will find themselves drawn towards the lakes, where the subtle changes of light and colour present many challenges: Tal-y-llyn, one of the moodiest in Wales; Gwynant's reflective charms; the stark solitude of Llyn Cau, high on Cadair Idris; and the melancholy remoteness of Llyn Hywel in the Rhinogs. They may be lucky enough to visit when the Snowdon horseshoe, silhouetted by a deepening sky, is reflected in the still waters of Llyn Mymbyr.

For steam train enthusiasts, North Wales is a seventh heaven. *The Flying Scotsman* and the *Duke of Gloucester* are frequently seen on the Llanfair PG to Holyhead line in the summer, and the Llangollen Railway now has an extension through the Berwyn Tunnel. Most of the narrow-gauge railways of Wales are here, and some of the routes can only be described as spectacular: the Festiniog's route through the Moelwyns; Snowdon's cog-wheel wonder. Who else but the Tal-y-llyn would run hourly specials right through the night on Midsummer Night? North Wales can even boast two lakeside railways, at Bala and Llanberis.

The north has always been one of the strongholds of Welsh tradition and culture, and there is always an Eisteddfod going on somewhere. The National is held in the north every other year, and the Youth Eisteddfod, the Urdd, also varies its locations. Anglesey has its own festival, the Eisteddfod Mon, and Llangollen is the permanent home of the International Eisteddfod. North Wales is also a favourite hunting-ground for archaeologists. In the Clwydian hills, Pen-y-cloddiau and Moel Hiraddug have yielded many historical secrets. The Druids on Anglesey, the Romans near Caernarfon, the Vikings and the Irish along the coast, have all left their mark.

Perhaps the most striking monuments to the history of North Wales are the castles left behind by Edward I. Although the Normans established themselves in the south, they were unable to gain a firm foothold in the north. Edward was determined to stamp his authority on the area, and the Plantagenet masterpieces at Beaumaris, Caernarfon, Conway, Harlech and Rhuddlan provide ample evidence of that determination.

The Snowdon Horseshoe, viewed over Llyn Mymbyr from Capel Curig.

Sheep in the Llanberis pass being rounded up for shearing.

A rare sight in April! Snow-covered Snowdon and Y Lliwedd, seen from the frozen shores of Llyn Llydaw.

Looking from the top of Snowdon, over the Pyg track and Crib Goch, with the Glyders and Carnedd Llywelyn in the distance.

At 3560 feet, Snowdon is the tallest mountain in Wales. In winter, set against a bright blue sky, it appears deceptively alluring, but many of the routes to Y Wyddfa's crown, such as the Arddu rocks, are only accessible to the experienced and well equipped mountaineer. Loose scree, ice obstacles and snowdrifts can make it as formidable as any Alpine peak, wind speeds can rocket without warning, and a dreaded mantle of mist can descend in seconds. All too often the mountain rescue squad is called out, and frequently it is backed up by twin-turbine Wessex helicopters.

Snowdon is one of a series of peaks known collectively as the Snowdon Horseshoe, the haunt of many thousands of mountain walkers and rock-climbers each year. In good weather, the route from Pen-y-Pass via the narrowly ridged summit Crib Goch, the 'Red Comb', is easy going. Seen from the viewing point far down the valley at Capel Curig, the peaks seem calm and inviting, although even here the wind can quickly numb unprotected hands. Up on the teeth of the comb, you will find that the several layers of thermal insulation you were wise enough to wear have become absolutely essential, and even so you are probably cursing yourself for the foolhardy decision to attempt the climb! Then you look around you, and see the magnificent views that those in the valley can only dream about, and realize you wouldn't have missed it for the world.

As you slowly edge your way across Crib y Ddysgl, at almost 3500 feet, you can see the summit of Snowdon directly ahead of you. According to legend it is here that Rhita Fawr, the giant who slew kings, is buried. Below the giant's cairn (Carnedd y Cawr), on the slopes of Bwlch y Saethau (the Pass of the Arrows), is reputed to be the resting place of King Arthur, who slew the giant.

One more peak awaits you: Lliwedd, at 2947 feet, grand, rugged and relatively unspoiled. Then you can return, completely captivated, along the old miners' track to Pen-y-Pass. Don't think this is the end of your adventure, however. Having done it once, you'll undoubtedly want to go back and try again – a different route, perhaps, next time. After all, these mountains have been there for well over 300 million years: they'll probably wait for you a while longer.

The best view of Snowdon's winter cap is from Hafod Owen, just off a minor road which runs to Nantmor. This is dry-stone wall territory, where the rocky meadows have been divided for centuries by carefully arranged piles of grey stones, over which not even the most agile Welsh mountain sheep can climb. In the old days, very few sheep strayed, even if the walls were badly maintained. In those days it was the practice to breed from existing flocks, without introducing any new stock, and the sheep seemed to develop a genetic anti-wanderlust. Cross-breeding in recent years has developed hardier and more adventurous stocks, and the farmers have to rely more and more on their faithful Border collies to keep their flocks under control.

Unfortunately, building and maintaining dry-stone walls is a dying art, practised by a few old-stagers who inherited the technique from their forebears, and many have fallen into decay. It takes weeks of skill and patience to rebuild a wall. Stones are carefully selected, cut to size with special hammers, and laid two abreast. Long tie stones, used to bind the structure, are placed at strategic intervals. The stones have to be sloped inwards, and the height of the final structure is determined by lengths of string held between peg anchors. The completed wall should provide a sturdy windbreak for generations of Welsh ewes.

The art of dry-stone walling.

A view of Snowdon's winter cap from Hafod Owen.

Snowdon's cog-wheel wonder heads for the summit from Clogwyn Station, as it has done since 1896. In the background are the steep drop to the Gwastadnant Valley, part of the disused slate quarry at Dinorwic, and the mountain Elidir Fawr.

A panoramic view from near the top of Snowdon reveals Bwlch-y-Saethau, the Gribin ridge, Y Lliwedd and the two lakes, Glasllyn and Llydaw.

Mountain bikers on Snowdon, with part of Glyder Fawr in the background.

The Three Peaks race is probably the toughest in Britain. Competitors head for the starting point, two miles out to sea from Barmouth. They sail to Caernarfon, from where they storm up Snowdon. Then they head back to Caernarfon and sail round Anglesey *en route* to Ravenglass in Cumbria, to climb Scafell Peak. After that, a further 230-mile stretch of sea takes them to Fort William for the attempt on Ben Nevis.

The sheep turn their backs disdainfully as armchair mountaineers take the easy route to the summit of Snowdon.

When Thomas Telford rebuilt the Holyhead road through the Ogwen Valley in the early 19th century he opened a gate through which tourists could explore north-west Wales. This route, which passes through some formidable mountain terrain, is extremely popular all the year round. From Capel Curig it winds its way past the blue-black ridge of Tryfan, which looks for all the world as if large chunks have been bitten out of it. Lying in its shadow, and prey to the bitterly cold winter gales which roar up the Ogwen Valley, is the farm of Gwern Gof Uchaf, specializing in Welsh black cattle and mountain sheep. Around the corner lies Llyn Ogwen or, as it was once known, Ogfanw, reflecting in its waters the tall dark mounds of Y Foel Goch and its smaller neighbour Yr Ole Wen.

When the winter snows have disappeared trekkers by the score follow well-trodden paths to Llyn Idwal, Twll Du (The Devil's Kitchen), Glyder Fach and Glyder Fawr. The occasional fisherman struggles with large eels and feasts on red-fleshed trout as succulent as any salmon. Meanwhile the ardent follower of Arthurian legend will be trying to find the cave on Craig Cwrwgl where the King's treasure is hidden.

Llyn Ogwen, a famous beauty spot on the upper shelf of the Nant Ffrancon Pass.

An isolated farmhouse in the Nant Ffrancon pass is dwarfed by Mynydd Perfedd.

Overlooked by the peaks of the Carneddau, the reservoir of Ffynnon Llugwy is seen here from Pen yr helgi du.

The craggy ridge of Craig-yr-ysfa connects Carnedd Llywelyn and Pen-yr-helgi-du. The Cwm Eigiau side of this ridge is a favourite climb for mountaineers.

Llyn Gwynant and Afon Glasllyn from Ceunant Mawr.

Moel Hebog (the hill of the hawk), the River Glasllyn and the village of Beddgelert, nestling at the junction of two deep valleys.

From the boulder-clad slopes of Mynydd Llyndy a deep, furrowed valley can be seen stretching between Llyn Dinas and Llyn Gwynant. This rocky landscape, with its occasional stony meadow, attracts many artists, who enthuse about the mosaic patterns of greys and browns. It was the austere nature of the Llyn Dinas shoreline, where it encroaches on Mynydd Llyndy, that made it ideal for shooting sequences for the film 'The Inn of the Sixth Happiness'. Many centuries before that, the war-mongering British King Votigern saw it as a good site for a fortress. However, he got no further than the foundations, and put his lack of success down to a curse on the land. The stronghold was completed by Myrddin Emrys, after which it was known as Dinas Emrys. It was hoped that recent excavations of the area would reveal buried treasure, but nothing of great value was ever found.

Llyn Gwynant is one of Snowdonia's greatest jewels. The massive glaciers which gouged out its belly during the last Ice Age left behind the foundations for one of the most beautiful lakes in the whole of Wales. The lake has many moods. It is at its most spectacular when angry clouds hurry over Moel Hebog, the Hill of the Hawk. I have gazed in wonder on a February day as shafts of sunlight like laser beams pierce the clouds to reveal the silver-threaded Afon Glasllyn, which tumbles into the western end of the lake from its source in the Glyder Mountains. As the waters of Gwynant gradually light up, its surface glows like a silver mirror for a few seconds, and then fades again as the thunder clouds close in.

On a day in late summer every shade of green is reflected in the still surface, seen from opposite the whitish-grey rocky buttress below Gallt-y-Wenallt. The low, weak, December sunlight provides a pattern of orange-browns and dull olive-greens across the water. At any season Llyn Gwynant, fairest of all the Welsh lakes, deserves her title.

The calm surface of Llyn Gwynant makes an excellent subject for artists and photographers.

In its heyday, the village of Nantlle produced fine-quality Cambrian slates. Although small compared with the mines at Dinorwic and Pen Rhyn, the quarry at Nantlle and Gwyrfai produced 74,000 tons in its record year, 1880. Bearing in mind that it took between twelve and twenty tons of rock to produce one ton of slate, it is not surprising that mountains of purple slate rubble now form a backdrop to the colourful rows of terraced housing.

From the 1840s, the whole of the local economy depended on this very Welsh industry. The boom was fuelled by the expansion of the railways between 1848 and 1877 and by 1900 almost every house in Wales was tiled with slate. Quarrymen often walked miles over mountain tracks to work there. For six nights a week they would sleep under temporary low shelters at Ty Mawr (the 'big house'), in the village, returning home on Sundays. They were very poorly paid, and their families lived very simple lives. Very seldom did a Sunday roast replace the traditional Quarrymen's stew, and a newspaper and pipe of tobacco in the evenings were a luxury.

The slate-mining village of Nantlle.

A former slate worker from Nantlle.

An old man who had once worked there himself told me some of the tales passed down by his father and grandfather. His grandfather had worked from dawn to dusk among the glistening wet mountains of slate, having to retire before he was fifty with back trouble. His wife received only five shillings a week in sick pay, and this at a time when flour was 43 shillings a sack, potatoes 5 shillings and sixpence a hundredweight and tea no less than 4 shillings a pound!

Today, Nantlle is a peaceful place where retired gentlemen sit and watch the world go by. Occasionally the brightly coloured cagoules of mountain walkers can be seen heading for the crags of Mynydd Mawr and Y Garn. It has also been one of the strongholds of the Welsh language, and in 1990 Nantlle hosted the Urdd Eisteddfod.

Scenes from the Urdd Eisteddfod at Nantlle.

The highly fertile farmlands of Ynys Mon (Anglesey) are probably the reason why it has been called the Mother of Wales. In the 18th and 19th centuries more than 200 windmills graced the island, and Anglesey was a substantial producer of grain. Now only one remains, the lovingly restored Llynon mill, between the Alaw reservoir and the main A5 in the north-west of the island. The 30-foot, three-storey stone tower, crowned with a wooden cap, was built in 1775 and was a working mill for over 140 years. By the 1950s it had been virtually torn apart by the severe westerly winds. Now, thanks to the hard work of many volunteers and funding from the County Council, the Historic Buildings Council and the Council for the Protection of Rural Wales, it has been restored to its former glory and stands as a monument to the age when Anglesey was the granary of Wales.

The Vikings who landed at Red Wharf Bay around the 8th century knew Anglesey as the 'Island of the Bend'. The bend they referred to was the Menai Straits, stretching from Aber Menai point to Beaumaris, which separate it from the mainland. At one time, up to eleven different ferries crossed these dangerous waters. Then in 1826 came Thomas Telford's suspension bridge and the choice of Holyhead over Porth Dinllaen as the terminus for ferries to Ireland. Twenty years later, Robert Stephenson built the tubular Britannia road and rail bridge which carries the modern A5 and provides the main link to the north-west of the island.

Right in the centre of the island is the market town of Llangefni, which now makes an ideal base for tourists to explore the surrounding area. There is a lot to see. Anglesey is an area of great natural beauty, with

Built 160 years ago, the longest suspension bridge in Great Britain stretches 1700 feet across the Menai Straits.
In the foreground is the tiny parish church of Llandysilio.

The *Duke of Gloucester* thunders into Llanfair PG station.

a mild climate, uncrowded beaches and a rich legacy of historic sites. From here it is only a few miles to Plas Penmynydd, the former home of Owain Tudor, who was the grandfather of Henry VII and also distantly related to Owain Glyndŵr. To the west are the burial chambers of Ty Newydd and Barclodiad y Gawres, both close to the seaside resort of Rhosneigr.

To the south-west is the Llanddwyn Peninsula, the home of Celtic saints, where St Dwynwen died in AD 465. Today a solitary lighthouse peers out over the Irish Sea. Nearby is Plas Newydd, an 18th-century mansion given to the National Trust by the Marquess of Anglesey; and, of course, everyone wants to visit the village (and the railway station!) with the longest name in the world. Llanfairpwllgwyngyllgogerychwyrndrobwllllantysiliogogogoch translates into English as 'the church of St Mary in a hollow of white hazel, near a rapid whirlpool and St Tysilio's church, near a red cave'. During the summer months, tourists may now arrive at the station on famous steam trains: *The Flying Scotsman* and *The Duke of Gloucester*, among others, make regular trips.

Llynon mill.

On the coast five miles north-east of the Menai Bridge is the picturesque Georgian town of Beaumaris. Overlooking Conway (Conwy) Bay at the entrance to the Menai Straits, it boasts one of Britain's finest medieval castles. One of the many built during the annexation of Wales by Edward I, it was started in 1295. Its symmetrical double ring of defensive walls and towers would have made it virtually impregnable, although it was never seriously threatened.

Beaumaris castle.

The tales of the *Mabinogion* are often re-enacted in the grounds of Beaumaris castle.

Puffin Island from the end of the Penmon Peninsula . . .

Jutting out into Conway Bay, the Penmon Peninsula is one of the most scenic places on Anglesey. The Augustinian priory dates back to the 6th century, when it was the home of St Seiriol. At that time it was the focal point of religious activity on the island. It was severely damaged in the 12th-century and rebuilt during the 13th, when the chancel was added which now serves as the Parish Church.

Puffin Island (Ynys Seiriol) and its lighthouse stand off the end of the peninsula. When occupied by the Danes in the 9th century it was called Priestholm, and was a monastic settlement. These days, from the headland of Trwyn Du (Black Point) opposite the island, the mournful bell of the lighthouse can be heard day and night over the grunts of the nesting puffins.

. . . and a few of the inhabitants.

South Stack lighthouse, off Holyhead.

The harbour at Amlwch.

The historic port of Amlwch was once famous for its tobacco and boat-building industries, and also shipped most of the copper mined in the nearby Parys Mountains. Now it is the home of fishing boats and the pilot craft which are used to guide large ships into the Mersey estuary. The whole of the north coast of Anglesey has a fearsome reputation for shipwrecks. It is here that the long, heaving swell of the Atlantic breaks up in a thunderous roar against the coastal cliffs, and the besieged lighthouse at Lynas Point flashes its warning to ships heading for the Liverpool docks.

Two miles off the north-western tip, the red and white striped tower on the Skerries issues a similar warning glow. These jagged rocks are known to the locals as Ynysoedd y Moelrhoniaid (The Isle of Seals). One of the roughest parts of the coastline is near South Stack Island, off Holyhead. From here, the glare from the tall lighthouse can be seen fully twenty miles away.

Porthdinllaen, once a smugglers' retreat, was nearly chosen as the site for a ferry terminus to Ireland in the 19th century.

Two miles from the homely resort of Criccieth, on the south of the Lleyn, is the village of Llanystumdwy, the childhood home of David Lloyd George. A memorial marks his grave, and a museum commemorates the life of this great statesman, Member of Parliament for Caernarfon until his death in 1945, and Prime Minister during the turbulent years from 1916 to 1922. In the summer the village is crowded with inquisitive holidaymakers, taking a break from sunning themselves on the beach, and even when the winter storms pound the seafront at Criccieth people still turn up to pay their respects.

Standing on a verdant mound of rhyolite rock, the largely ruined castle at Criccieth faces directly south. Built by the princes of Gwynedd, it was captured and strengthened by Edward I. Severely damaged in 1404, when it was recaptured by Owain Glyndŵr, it subsequently fell into decline. Even by the reign of Elizabeth I it was already decayed, but years of stormy weather and salt water have quickened that decay. From its crumbling engine tower, when the air is clear, you can see as far as the Moelwyns, Llawllechs, Rhinogs, Arenig Fawr and even Cadair Idris. The other tower is named after William de Leyburn, who became Constable when the town was granted a Royal charter in 1284. At very high tides, the curtain wall is wet with sea-spray, and the promenade is littered with pebbles the size of a man's fist.

Further down the coast, Pwllheli is an ancient borough which received its charter from the Black Prince in 1355. Now known for the traditional 'Welshness' of its houses and its lengthy esplanade, it was an important fishing and shipbuilding centre in the 16th century, only losing its prominence to Porthmadog three hundred years later. For those with an interest in the Celtic saints, just two miles along the road to Nefyn is the village of Bodfuan. A stained-glass window in the church depicts St Cadfan receiving the body of a saint on Bardsey Island.

The road south leads to Abersoch, where for the last twenty years the yachting fraternity have gathered for the National Sailing Championships. In fine weather the brightly coloured sails contrast vividly with the blue of the sea and the twin green domes of the St Tudwal Islands. Once the home of pirates, the West island now has a lighthouse, and on the larger East island are the scanty remains of a 6th-century chapel founded by St Tudwal himself. Not much more than a mile away is the peaceful hamlet of Llanengan, which catches the full brunt of the south-westerly gales blowing in from Hell's Mouth (Porth Neigwl). Its focal point is the double-naved church which, according to an ancient inscription on one of its walls, was built in honour of St Einion, a powerful healer. The bells which hang in its tower once hung on Bardsey Island.

To the west, the wide bay of Porth Neigwl has the dubious distinction of being littered with many a shipwreck. During a storm the grim fury of the sea can be plainly heard from the old Plas-yn-Rhiw manor house, which overlooks the bay. Here on Mynydd Rhiw there are many archaeological sites, burial chambers, and a Stone Age factory.

From the top of the mountain the tiny village of Aberdaron, the embarkation point for Bardsey Island, can be seen in the distance. Situated in a sheltered cove, this little fishing village is the most westerly on the Lleyn. During the high spring tides, sea-frets are hurled against the walls of its 'cathedral church', which is dedicated to the first Abbot of Bardsey, St Hywyn. It once provided sanctuary for the Prince of South Wales, Gruffydd ap Rhys. Y Gegin Fawr, 'The Big Kitchen', marks the spot where pilgrims rested before their often arduous two-mile crossing to the Bay of Cafn Enlli on the sacred island of Bardsey.

The Big Kitchen (Y Gegin Fawr). Aberdaron, one of the remotest villages in Wales, marks the resting place of the saints before their journey to Bardsey Island.

Three visits to Bardsey were thought to be the equivalent of one to Rome. On a clear, calm day the innocent looking waters hide their secrets, but the local fishermen know only too well the fearsome reputation of the changeable currents and the tides, which can reach a full six knots as they swirl past the island. The island itself can be viewed from the heathery bluff of Braich-y-Pwll, on the edge of Mynydd Mawr, 'the big mountain'.

Since the 5th century this 'Island of Saints' has drawn holy men to its shores. The first to arrive was the ascetic Einion Frenhin, in about AD 429. St Cadfan, who made the journey in AD 516, built the first monastery, of which very little remains. On its site, towards the north of the island, herbal nettles now grow over the unrecognizable grave of St Dyfrig. Pilgrims flocked there to seek a safe haven when the monastery at Bangor-is-y-coed was destroyed in 607. Ancient scripts suggest that over 20,000 saints are buried on Bardsey. If this is indeed true, it is aptly described by the 12th-century poet Meilyr as 'a graveyard in the bosom of the sea'. Now nothing remains from those medieval times but the 13th-century tower of the Abbey of St Mary and a few carved stones where the old monastery once stood.

From the early 1500s, for a hundred years or so, Bardsey was the domain of pirates. By the late 18th century, patriarchal communities of hardy seafarers were starting to build farms and eke out a living from the soil and the sea, and by 1821 the square ashlar tower of the lighthouse could be seen from passing ships braving the treachery of the Irish Sea. A Methodist chapel appeared in 1875.

Since 1979 the island has been managed by the Bardsey Island Trust, and the latest batches of pilgrims are ornithologists and wildlife enthusiasts. As they have done for centuries, only the wailing of the grey seals, the 'chee-ow' of choughs, the calls of the cliff-nesting birds and at night the cackling of the Manx shearwaters disturb the peaceful atmosphere. Depending on the season the landscape may be flushed with colourful thrifts, sea campions, marsh marigolds, heathers, yellow flag and spleenworts, and the rocks covered with a mantle of purple, brown and white lichens. As the sun sets, the silhouette of a Celtic cross reminds the visitor that this was a holy place.

The words on the gravestone of Lord Newborough, on Bardsey Island, seem to sum up the Lleyn:

The lovely land of Lleyn,
Safe in this island
Where each Saint would be,
How wilt thou smile.

The stony beach at Criccieth looks a bleak place in winter.

William Alexander Madocks was an ambitious man with a will of iron, and a speculative gambler to boot. In the 1790s he was determined to use the inheritance from his barrister father's estate in Denbighshire to carve out his own niche in Welsh history. His plan was to reclaim land from the great salt marsh, Traeth Mawr, to be used for agriculture. In the 1620s the same plan had been the brainchild of Sir John Wynne, but public opinion and the financial burden of his undertaking eventually shattered his dreams.

Madocks was more successful. He started by buying up small farms in the Pen Morfa area on the Glasllyn estuary, and by 1800 over 2000 acres had been claimed back from the sea. The small town of Tremadog grew up on the site, and the drained area proved to be agriculturally sound. His keen business sense, combined with a creative architectural bent, was soon to take another aspect of his scheme through to fruition. There was a plan to develop the small smugglers' retreat of Porth Dinllaen, on the western Lleyn, into a major port for the shipment of goods to Ireland. Madocks realized that, if his were to happen, an access road across the estuary would prove invaluable as it would be on a direct line through to the point from mid-Wales. He continued to buy more land around the estuary. Eventually, at the cost of £60,000 and a great many legal battles (his occupation as a solicitor and his position as an MP no doubt gave him a certain advantage), a great embankment spanned the Glasllyn estuary. The cost became even greater when, in 1812, the causeway was breached as a result of a violent storm.

Made financially solvent again through a fortuitous marriage, he channelled more money into the development of a large harbour. The growth of Porthmadog came about largely by chance, because the diversion of the Glasllyn River had created a harbour deep enough to allow large ships to dock there. Its importance as a shipbuilding town soon mushroomed and the rail link to the slate mines of Blaenau Ffestiniog, the brainchild of Samuel Holland, brought in slate to be shipped as far away as Australia and America: by 1873 over 100,000 tons a year was being exported.

The Afon Glasllyn from the Cob at Porthmadog. In the distance are Snowdon and Cnicht, sometimes known as the Welsh Matterhorn.

Porthmadog harbour was once the destination of great sailing ships.

Traeth Bach at sunset

Portmeirion. The Italian-style village on the shores of Traeth Bach, designed by Clough Williams-Ellis, has become a shrine for devotees of the TV series 'The Prisoner'.

The fine, tall-masted ships which once glided gracefully into the harbour have now been replaced by private yachts. The Cob, the name given to the stone causeway, now carries the little trains of the Festiniog railway, which each year attracts hundreds of thousands of visitors to the town; their journey through the Moelwyn Mountains is one of the most picturesque in Wales.

However, the main reason for the building of the causeway fell by the wayside: Porth Dinllaen never did become the main terminus for Irish-bound ships; that honour went to Holyhead.

One of the enduring images of Wales, Harlech Castle, with Snowdon in the background.
Every time this picture appears, there are a few more houses in it!

Harlech, once the country town of Merionethshire, is a small town with narrow streets and one of the most famous of the Welsh castles. It was granted its Royal Charter as a borough in 1285, and its name is derived from the Welsh *hard llech*, a reference to the slate of excellent quality which was then quarried in the area. Edward I picked a perfect position for his fortress, which was to become a bastion of resistance against the Welsh. It was one of the many designed by James of St George, and he became its Constable on its completion in 1289.

Having taken six years of toil, the castle's first test came within twelve months of its being finished, when it was attacked by the forces of Madoc ap Llywelyn. Despite a siege which lasted for five years, it proved an insurmountable barrier. Owain Glyndŵr, who proclaimed himself Prince of Wales in 1400, had other ideas. Ousted from his family's seat in the Dee Valley, he gathered together a great army and took Harlech in 1404, keeping control of it for nearly five years.

The brave 'Men of Harlech' immortalized by the song were probably the soldiers of Dafydd ab Einion during the Wars of the Roses, who held out for eight years against the Yorkists before being overthrown in 1467. During the Civil War, it was the last fortress to surrender to the Parliamentary forces, in 1647. The commanding position held by the castle can still be appreciated today. From its battlements a vast panorama unfolds, and on a clear day you can see westwards to Mynydd Rhiw at the tip of the Lleyn, north to Snowdon and the Moelwyns. The view to the east is obscured by the Rhinogs, one of the most inhospitable mountain ranges in Wales.

North from Harlech, the road passes through the Llechwedd woods and alongside the marshy flatlands of Morfa Harlech. On through the small hamlet of Talsarnau it crosses the Afon Dwyryd via a toll bridge, from where there is a splendid view of the Glasllyn estuary, particularly beautiful at sunset. Towards the south, the old slate-quarrying village of Llanfair offers unrestricted views along miles of sandy beaches.

Situated at the gateway to the Ardudwy lake district is Llanbedr. From here, via the Bychan and Nantcol valleys, the adventurous can sample Wales at its wildest. The Rhinogs are strenuous walking country and few, especially in the winter, will venture as far as Llyn Hywel. This remote lake is bounded by the peaks of Rhinog Fach and Y Llethr and a general air of melancholy: not a place for the inexperienced or the faint-hearted. There are tough walks around lakes Cwmhosan, Perfeddau and Y-Bi, over scree covered rock slopes. Llyn Cwm Bychan, at the head of the River Artro, is the starting point for a walk up the so-called Roman Steps, an ancient packhorse trail to Bwlch Tyddiad, which leads eventually to the summit of Rhinog Fawr, whose northern crags overlook the dark waters of Llyn Du.

It is no place for the tired climber to be caught in the fog, which can appear from nowhere, even on a bright day. But there is a strong sense of exhilaration and achievement to be standing among its giant, glacier-strewn boulders, even if you can't help envying the hardy mountain sheep who roam so effortlessly through this mysterious rocky wilderness.

Remote Llyn Hywel, and the scree slopes of Rhinog Fach.

Cadair Idris is often wrongly quoted as being the second-highest mountain in Wales. At 2927 feet, Pen-y-Gadair is way down the list: three peaks in the Snowdon range, six in the Carneddau, five in the Glyders and Aran Fawddwy are higher. In terms of popularity, however, it probably ranks as number two. Even in the depths of winter you are likely to meet someone scrambling up its rocky slopes, eager to get a bird's-eye view of the Mawddach estuary or to glimpse the almost legendary Llyn Cau and Llyn Cadair.

Easily the most picturesque route to the top is the one which starts from Tal-y-llyn. The walker ascends via a steep, stony track, through conifer-clad rocky spurs and torrential mountain streams. Above the tree-line the ground flattens into a bracken-covered wilderness. It was here in late March that I met a local farmer and his four Border collies, rounding up pregnant ewes which had strayed into some pretty inaccessible spots on the mountain. I watched in admiration as the dogs raced up the mountainside, searching out the elusive sheep. He told me that he entered them in sheepdog trials all over the country, and that he was training another fifteen pups for future events.

As I headed towards Llyn Cau a group of sheep came thundering over the ridge, skilfully herded by the collies. Not to be outdone, Susie, the toughest of my two mongrels, charged off on her own up the rocky path which leads eventually to Pencoed Pillar. Pressing onwards, we were soon standing on the edge of a precipitous cliff. To the west the notoriously dangerous Cyfrwy ridge leads the eye towards the Mawddach estuary. To the right, Pen-y-Gadair stretches towards the heavens. In the hollow between them sits Llyn Cadair, at the very centre of Idris's Chair.

A shepherd with his dogs on the slopes of Cadair Idris.

Llyn Cau, high and remote in Cadair Idris.

Tal-y-llyn, in just three of its many guises.

Also known as Lake Mwyngil, Tal-y-llyn is an entirely natural one-mile sheet of water, born in a rift valley which had been gouged out by glaciers during the last Ice Age. As with many of the Welsh lakes, a single photograph simply cannot do it justice. On countless occasions I have stood spellbound at the eastern end of the lake, as the sun drops behind Foel Ddu, watching the mood of the lake change with every second that passes. Multiply those moods by every month in the calendar and every possible set of weather conditions (to say nothing of the different vantage points) and you can imagine the difficulty a photographer faces in trying to do justice to his subject.

The lake lies in the Dysynni Valley in the shadow of Cadair Idris, and is easily accessible via good roads from Tywyn, Dolgellau or Machynlleth. Just in case you're wondering, you can't quite get there via the narrow-gauge railway – unless you go prepared for a long walk!

The Tal-y-llyn railway was built to replace the packhorses which carried slate from the Bryn Eglwys quarry near Abergynolwyn to the docks at Tywyn. At 27 inches, this was the first of the narrow-gauge Welsh tracks, and was completed in December 1866. When the quarry ceased to be a viable concern in 1948, the closure of the railway seemed imminent. However, its owner, the Liberal MP for Merionethshire, Sir Henry Haydn Jones, provided the money for a passenger service to continue from Abergynolwyn to Tywyn. After his death in 1950 his widow continued to support the scheme, and later that year the Tal-y-llyn Preservation Society was formed. They faced the arduous task of restoring the track, strengthening the bridges and repairing the locomotives and rolling stock.

Now a virtually new railway runs the 7½ miles from Tywyn to the new upper terminus at Nant Gwernol, completed in 1976. Passing via Cynfal Halt, Rhydyronen, Tynyllwyn Halt and Brynglas, it crosses the river at Pandy. Then it traverses the 'Tadpole Cutting' and heads through rich agricultural land, and over the imposing Dolgoch viaduct to Abergynolwyn, with distant views of Cadair Idris and Graig-yr-Aderyn (Birds Rock). The stations have been lovingly restored in traditional style and the two original engines, Tal-y-llyn and Dolgoch, manufactured by the Whitehaven firm Fletcher Jennings, puff their way once again through the Welsh countryside.

Aberdovey, a haven for yachting enthusiasts in the summer, is seen here threatened by an exceptionally high spring tide.

Good fishing on the River Dovey.

Barmouth harbour seen from Fairbourne.

The incredible Mawddach estuary.

The founder of the Welsh League of Youth, Sir Ifan ab Owen Edwards, and his father, Sir Owen Morgan Edwards.

The Welsh National Sheepdog Trials at Bala.

The people of the Bala area are Welsh speakers almost to a man, a fact which is easily verified by tourists when they visit the small shops or pubs in the area. An estate for the Welsh League of Youth has been built at Glanllyn on the side of Bala Lake, an ideal spot for canoeing, sailing, fishing and bird-watching, and a statue commemorating two champions of Welsh culture stands at Llanuwchllyn, at the head of the lake.

The Welsh League of Youth, Urdd Gobaith Cymru, was founded by Sir Ifan ab Owen Edwards in 1922. He was the son of Sir Owen Morgan Edwards, who himself did a great deal to encourage the use of the Welsh language in schools throughout Wales. The League continues to promote the cause of Welsh language and culture, and children from all over the Principality compete in its Eisteddfod, many of them going on to take part in the National event.

Also at Llanuwchllyn stands the terminus of the Bala Lake Railway (Rheilffordd Llyn Tegid), a 23-inch narrow-gauge line which runs from the Mwnwgl Bridge area in Bala via Ffynongower. It follows part of the old course of the Great Western Railway, which once ran from Ruabon to Barmouth. Thousands of tourists each year are captivated by the 25-minute journey along the lake shore. On a clear day, the view encompasses Arenig Fawr and Arenig Fach to the north-west, while to the south the twin volcanic crags of Aran Benllyn and Aran Fawddy soar into the sky. To the south-east the rolling moorland hills will eventually climb the slopes of the Berwyns.

Fishermen from far and wide are lured here by stories of giant trout, pike, and other fish, including the mysterious gwyniads. These whitish, salmon-like fish are peculiar to the area, and were first reported by Humphrey Llwyd in 1854. They are apparently very tasty, but difficult to catch. On a calm day there can be few more relaxing pursuits than sitting on the side of Lake Bala, the peaceful atmosphere broken only by the calls of pochards, tufted ducks and cormorants.

On a bad day the mood of the lake can change very quickly, when south-westerly gales whip up huge waves which pound the shoreline. Perhaps this meteorological fury is the basis for the story of the Harp on the Lake. The story goes that a wicked king was promised that vengeance would fall on the third generation of his family if he did not mend his ways. It seemed a long time in the future, so he ignored the warning. When his grandson was born, he rallied his subjects from all over the Bala Valley to attend the celebrations, with music supplied by a reluctant harpist. During the festivities a brown bird whispered the warning to the harpist, and led him to a safe place overlooking the valley, where he fell asleep. When he awoke the palace was no more, the valley was a lake, and the only reminder of the celebrations was his harp, floating on its surface.

Llyn Bala is the longest natural lake in Wales.

With an annual rainfall of more than 120 inches, Blaenau Ffestiniog can surely claim to be one of the dampest places in Britain. I have a great affection for this town, situated at the head of a vale where the dripping wet slate spoil looms behind the back gardens of neat, grey, terraced houses. This was once the slate capital of the world. At the turn of the century no fewer than 5000 men worked thirteen quarries. They left behind them man-made mountains of slate rubble, now thinly grassed and tenanted only by mountain sheep.

Here, at the base of Manod Mawr, you are in the very heart of Welsh-speaking Wales, where you will be given a warm and friendly welcome. I found it impossible to get from one end of the street to the other without being offered cups of tea by people to whom I was a complete stranger. It was also pointed out to me that their great-grandparents would have regarded tea as an evil, addictive brew which was even worse than alcohol!

Now, fewer than 200 people work in the slate industry in what was once a very prosperous town. Happily, the town receives a considerable financial boost from the thousands of tourists who flock into the area each year. Many of them arrive on the impressively run Festiniog Railway, which has been powered by steam for a record 127 years. For most of its length it follows the old route used to transport the slate to Porthmadog.

The slate-quarrying town of Blaenau Ffestiniog.

Trains transport tourists around the Gloddfa Ganol slate mine . . .

. . . and deep into the Llechwedd caverns.

Llechwedd slate quarry was opened to the public in 1972, and to date more than three million visitors have been transported through many of its labyrinthine tunnels and chambers via a narrow-gauge miners' tramway. A cable car carries the more adventurous to deeper parts of the mine, where they are entertained by Welsh harp music, a chapel organ, a brass band and a male voice choir, and an informative commentary about the life of Victorian miners. They can see where men once laboured by candlelight for twelve or more hours a day, sometimes seeing daylight only on Sundays, when the town's thirty-seven places of worship were full to capacity.

Above ground, demonstrations are given of splitting and engraving slate by experts using traditional tools such as the cyn manhollt (broad chisel).

The main street of the medieval town of Conway from the castle battlements.

Strategically situated at the mouth of the River Conway and the Gyffin stream, the garrison town of Conway, with a chequer-board street pattern, has retained its antique charm. The whole of the old town is surrounded by fortified walls and accessed via three gateways, which now slow down the traffic sufficiently to give motorists an almost compulsory, leisurely view of the somewhat unorthodox concentric castle which forms part of the fortifications. Its eight round towers remain perfectly intact after seven centuries, a tribute to its designer, James of St George. Unassailable to Prince Madoc's forces in 1294, it fell temporarily to Owain Glyndŵr in 1401. During the Civil War it was occupied first by the Royalists and surrendered to the Parliamentarians only after a long siege. After the Restoration, the Earl of Conway gained permission from King Charles II to dismantle the castle (it is suspected that he wanted to get his hands on some cheap building material!). Fortunately, he never completed the task.

The old town, which is actually arranged in the shape of a Welsh harp (triangulated defence was an accepted military strategy at the time), has many interesting features. One of the greatest of the princes of Gwynedd, Llywelyn ab Iorwerth, is immortalised in the main square. The high street exudes historical charm: a magnificent gabled Elizabethan residence was built for Robert Wynne between 1576 and 1580; close by, Aberconwy House, another 16th-century masterpiece, is now owned by the National Trust. Just off the quayside is the smallest house in Great Britain.

Conway boasts the smallest house in Britain.

Conway castle.

The seaside resort of Llandudno, sometimes called the Pearl of North Wales.

A characteristic view of Rhyl.

St Asaph, the smallest cathedral in Wales.

The wide, green Vale of Clwyd lies at the centre of north-east Wales. From the Clwydian hills which skirt Ruthin, it extends through Denbigh and St Asaph to the sea at Rhyl. Edged by the desolate Hiraethog moors and the vast coniferous forests of Clocaenog, it contains some rich agricultural land, quaint rural villages, fine churches and castles, and some popular holiday centres.

The medieval castles are now largely decayed, but they still have their points of interest: Denbigh overlooks the chief market town of the Glyndŵr district; Rhuddlan was one of the first concentric castles in Wales; peg-shaped Ruthin now hosts medieval banquets. Although built on the site where many battles were fought, Gwrych is a 19th-century folly, and the relatively new Bodelwyddan castle an imaginative exhibition centre.

Just across the road from Bodelwyddan is one of the most impressive churches in Wales, a high-spired structure of remarkable symmetry known as the 'Marble Church'. The white limestone used in its construction came from a nearby quarry, and is also used extensively in the ornate interior of the church. It was built between 1856 and 1860 by architect John Gibson for Lady Willoughby de Broke in memory of her husband.

To the east is the cathedral city of St Asaph, founded in AD 560 by St Kentigern, a Scotsman who was given the Welsh name Cynderyn. Its relatively plain exterior is small in comparison with other Welsh cathedrals and its location, on a hill, very unusual. It has suffered severe damage over the years at the hands of Edward I, Owain Glyndŵr, and the Roundheads during the Civil War. In 1715 the tower had to be rebuilt after a destructive storm, and the cathedral's present pristine condition is due to restoration by Scott in 1869–77, and again in the period 1929–32. St Asaph has been an ecclesiastical centre for centuries, and happily its tranquil nature has recently been restored to it by the provision of a bypass which now routes traffic away from the town centre.

After the peacefulness of St Asaph, Rhyl comes as something of a shock. The nearest thing Wales has got to the Costa del Sol, this frantic, friendly resort is a magnet which draws thousands of holidaymakers from the Midlands and Liverpool. Skate-World Cyclorama and the Butterfly Jungle bulge with youngsters and old 'uns alike, with their fish and chips, sticks of rock and candyfloss; not a place where you can expect to find many serious culture-seekers, although the Welsh Mountain Zoo at Colwyn Bay and Harlequin Puppet Theatre at Rhos-on-Sea provide alternative attractions.

There is a story the Owain Glyndŵr was out walking very early one morning near the thriving Abbey of Valle Crucis. On meeting the Abbot, he expressed surprise at his having risen so early. 'No, my friend,' replied the Abbot, 'it is you who have risen a hundred years too soon.' Although no monuments were erected to him after his death his name is still a legend in Wales, and tourists flock to Glyndŵr country – the area surrounding his former courts at Sycharth and Glyndyfrdwy, and the vales of Llangollen and Ceiriog.

The Abbey, which looks its best on a winter day when the nearby caravans are hidden by snow, was founded in 1201 by Madoc ap Gruffydd Maelor on the site of a 6th-century church built by the Prince of Powys. Cistercian monks, originally from Strata Marcella near Welshpool, lived here until the dissolution of the monasteries in 1539. The Valley of the Cross gets its name from the Eliseg Cross, now only a stump, which stands neglected a few hundred yards away.

Llangollen itself is a rare jewel, lying as it does on the River Dee at the foot of the Horseshoe Pass. At its centre is the John Trevor Bridge, built originally in 1131 but modified in the 14th century. Canoes racing on the river form a sharp contrast to the horse-drawn boats gliding gracefully past the elegant houses bordering the canal. The town has attracted many writers and poets over the years. Browning was once entertained by the 'Ladies of Llangollen', Eleanor Butler and Sarah Ponsonby. These two Irish eccentrics, renowned for their wit, lived at Plas Newydd, a black and white mansion which overlooks the town.

Valle Crucis Abbey.

The Shropshire Union Canal at Llangollen.

Wordsworth re-christened the Vale of Llangollen the 'Vale of Friendship', and it is appropriate that it should be the setting every year for the International Eisteddfod. This event, which began in 1947, is a colourful, seven-day extravaganza of music and dance, when Wales opens her doors to artists of many different nationalities. Choirs in the main arena compete for attention with the swirl of silk-clad Indian dancers and the compelling rhythms of Spanish flamenco, while from somewhere in the surrounding hills you can even hear the faint sound of yodellers practising their art.

The old stone bridge over the River Dee (Afon Dyfrdwy) at Llangollen, built during the reign of Henry I, is regarded as one of the wonders of Wales.

Just a few of the many participants at Llangollen's International Eisteddfod.

The Delyn area, in the most north-easterly part of Wales, is a Welsh cultural stronghold. Flint castle is now little more than a ruin, but still attracts historians from far and wide as the place where Richard II surrendered to Henry Bolingbroke, later to become Henry IV. The water from St Winifred's well at Holywell is said to have miraculous healing powers. To these can be added the serene beauty of the Alun Valley, the appeal of the Loggerheads Country Park, and many farm museums.

At the centre of all this stands the town of Mold, whose Theatr Clwyd is rapidly growing in prestige. In 1990 Mold was the scene of the Proclamation ceremony for the 1991 National Eisteddfod. The named site for the Eisteddfod is Bro Delyn, 'the area of Delyn'. It is the custom not to name the town itself, but the valley or area in which it stands; hence the use of the name Delyn, which is the ancient name for the area.

Clwyd has hosted the National many times during its long history. One of the first was at Caerwys, in 1523. The Gorsedd, which grew in importance during the first half of the 18th century, played a major role in the 'Great Llangollen Eisteddfod' of 1858. Since then there have been over twenty Nationals in the county. The small stone circle laid down on Bailey Hill for the proclamation in 1873 commemorates Mold's first Eisteddfod, and is on the site of a Norman motte and double bailey castle. It was used again for the 1922 proclamation.

In July 1990, the busy market town of Mold was buzzing with excitement as the crowds gathered to witness the impressive pageantry of the Proclamation ceremony, one of the most fascinating events of the year. A large procession of public dignitaries, including the High Sheriff, the Chief Constable and the Lord Lieutenant, accompanied by local schoolchildren and their teachers, moves slowly along the High Street, on their way to Bailey Park. They are followed by the Gorsedd of Bards of the Isle of Britain, in their colourful cloaks. The Gorsedd includes among its ranks not only poets, musicians and artists, but many others who have served the Welsh nation; membership is regarded as a very great honour.

At the stone circle a loud fanfare of trumpets announces the start of the ceremony. A prayer is given, and the Archdruid-elect mounts the Logan Stone (Maen Llog). The heavy Gorsedd sword is loosened in its sheath three times. The symbolic words 'A oes heddwych?' ('Is there peace?') are uttered, and the response of the crowd, 'Heddwych!' fills the air. The procedure which follows is mainly conducted from the Maen Llog. The Herald Bard, identified by his blue cloak, shields the East stone, the Stone of the Covenant (Maen y Cyfamod), while the officials dressed in purple gather at the Portal stones behind him. Three stones within the circle, symbolizing love, justice and truth, are the focal point of the ceremony, where the new Archdruid solemnly vows to do his duty.

The proclamation ceremony for the 1991 National Eisteddfod starts with a procession through the town of Mold.

The proceedings take on a more relaxed note when the crowd are treated to penillion singing, to the accompaniment of a harp.

Bardic speeches and hymn-singing are followed by the presentation to the Archdruid of the Corn Hirlas, the Horn of Plenty, at the Logan Stone. The drinking of wine from this ancient vessel symbolises a warm welcome, and it is followed by gifts of flowers and a lively floral dance by the local school children. A final loosening of the great Gorsedd sword brings the pageant to a close; the new National Eisteddfod at Bro Delyn has been well and truly proclaimed.

The presentation of flowers at the proclamation ceremony in Bailey Park.

The Tanat Valley is famous for its waterfall, its magnificent scenery, and because it was the home of William Morgan. This former Bishop of St Asaph was once the rector of Llanrhaeadr-ym-Mochnant church, and over 400 years ago he translated the Bible into Welsh. Coming only fifty years after Henry VIII had banned the use of Welsh for all official purposes, this single act probably did more than any other to save the Welsh language from extinction. His simple but scholarly work made the Bible accessible to the most lowly of Welsh folk.

Llanrhaeadr-ym-Mochnant translates into English as 'the church by the falls of the swift brook'. The swift brook is the River Rhaeadr, and the falls in question Pistyll Rhaeadr, which a drop of 140 feet, the highest waterfall in Wales. In the autumn the valley and the Glan Hafon Mountains to the west are a blaze of colour. The road to the waterfall is bordered to the east by Moel Hen Fache, and to the north by the highest point on the Berwyns' Moel Sych.

The visitor will be struck by the profusion of Rowan trees, which may have been brought here by the Druids in pre-Christian times. An old superstition is that anyone sitting beneath the Rowan is protected from evil spirits. The trees bear examination through the seasons. In winter they look gnarled, bent and naked; in late summer, their bright red berries provide food for a variety of wildlife; but towards the end of the year they complement one of the finest autumn landscapes in the whole of Wales. The vast sandstone amphitheatre, fringed at its top with pines and firs, is a glorious blaze of red, orange, yellow, brown and green, into which Pistyll Rhaeadr throws the waters of the Afon Disgynfa with a thunderous, threatening roar.

Nearby is the enchanting, secluded valley known as Pennant Melangell, reached from the hamlet of Llangynog at the confluence of the Eiarth and Tanat rivers. At its head is the charming Blaen-y-Cwm waterfall, the home of many white-throated dippers, and nestling among its green hills is a church with a strange dovecote-like tower. On an oak beam inside the church appears the story of Melangell.

She was a beautiful princess who refused to marry the prince of her father's choosing and fled to a cave in the hills. Here she lived, in perfect harmony with the wildlife of the valley, until her peace was disturbed by the tumultuous barking of a pack of hounds. Suddenly, a frightened hare ran to her side. She hid it under the folds of her skirt, and told it not to be afraid. Over the hill came the Prince of Powys, Brochwel Ysgy Throg. Both he and his hounds were captivated by her beauty. He granted her that piece of land which she had made her home, and promised that no animal should ever be hunted there. The wildlife is still abundant in the valley, and the people have a special name for the hares which are found there: they call them Melangell's lambs.

Pistyll Rhaeadr waterfall in the Berwyn Mountains.

Melangell Valley.

South & Mid Wales

There is a tendency among authors writing about Mid-Wales to quote the words of poets and ancient bards, telling you what a paradise it is. I've done it myself, but why should you rely upon the words of others, when you can go an see it for yourself? Central Wales, Powys, covers the old counties of Montgomeryshire, with its rich farming territory, Radnorshire, with its lakeland valleys, and Breconshire, the former kingdom of Brycheiniog, whose Brecon Beacons provided a natural shield against any potential invaders from the south.

Gwent, the area hemmed in by the Bristol Channel and the rivers Usk, Monnow and Wye, has beauty spots and architectural treasures of its own fit to grace any calendar. Abergavenny, Monmouth, the castles of Chepstow and Raglan, and graceful Tintern Abbey all compete for the attention of the visitor from over the border. Many of the Normans, who invaded in the 11th century, decided to go no further.

Those that did pushed deep into an area known as Bro Morgannwg, or the Vale of Glamorgan. They left many landmarks behind them: castles, churches and priories, to enrich the heritage of South Wales; and they found in front of them an area of extraordinary natural beauty. The Gower Peninsula was part of the old kingdom of Deheubarth until the Act of Union transferred it to Glamorgan in 1536. Many might think that Mid Glamorgan, the old Blaenau Morgannwg, has been largely spoilt by its industrialization. They have only to hear its oratory, listen to its singing, see its rugby, to know that the area has gained as much as it has lost. It is also a botanical paradise: there are more types of plants growing here than anywhere else in Wales! The tourist driving across the hills from the Rhondda Fach to the Cynon Valley will be pleasantly surprised at the scene. There are beech woods, fir plantations, lovely isolated churches, clear mountain streams and miles of glorious walking country.

In the midst of beauty there are always scars. For some these may be the slag heaps left behind by the coal mining era in the South Wales valleys, now rapidly being reclaimed. For others it may be traffic-choked roads in our city centres, the dams on our reservoirs or the great swathes of pylons that cut through the countryside. Well, no doubt there was a time when people regarded with fear and loathing the castles which now form such an integral part of the Welsh landscape. The crumbling remains of Henry III's Montgomery castle, or Llywelyn's residence at Dolforwyn now seem to blend beautifully with their natural surroundings. In striking contrast are the clean-cut towers of Raglan in Gwent, the leaning tower of the biggest castle of them all at Caerphilly, or the coffee-tinted towers of the capital's own Cardiff castle. For those interested in combining architecture with horticulture, Powis castle in the centre of Wales offers magnificent topiary and colourful hanging gardens.

Architecturally diverse, the area's towns have a different appeal for each observer. There's Dylan Thomas's 'ugly, lovely town' of Swansea; Machynlleth, the seat of Owain Glyndŵr's parliament; Newtown, once the centre of the flannel trade. Many have outlived their former usefulness and now have a new function: Blaenavon was once a thriving colliery, and is now a museum; the crowds who once came to Llandrindod Wells for its health-giving spa waters, now flock here for its Victorian Festival. Some towns have picture-postcard fame; Merthyr Mawr for its thatched cottages; Llanidloes for its black and white Market Hall. Some achieve recognition in other ways. Llanwrtyd Wells appears twice in the *Guinness Book of Records*, once as the smallest town in Britain, and again as the site of the World Bog-snorkelling Championships!

The area abounds with record-breakers, in fact. It contains the longest river in Wales (the Severn), and the only one (the Camrad) to be born in England. The dark, deep waters of Llyn Clwedog, so beloved of trout fishermen, are held back by the highest dam in Britain. Visitors to Monmouth will see the only fortified bridge in Britain. Other Welsh records are held by Chepstow (the earliest Norman stone castle), Ewenny (the best Norman church), Tintern (the best-preserved abbey) and Llantwit Major (the only double church).

A farmhouse near Lake Vyrnwy

Once part of the old kingdom of Deheubarth, the Land of Gower, the peninsula west of Swansea, has been designated an area of outstanding natural beauty. This largely limestone, carboniferous headland boasts many picturesque bays, some of which were once the haunt of smugglers. These days the coves of Langland, Three Cliffs and Oxwich are popular for different reasons. Add to these the miles of sandy beaches, the ruins of medieval fortresses overlooking the sea, Roman encampments and some fascinating rock formations, and you can see why the Gower attracts thousands of tourists every year.

The area became part of Glamorgan during the reign of Henry VIII, and is largely unspoilt. The area abounds with nature reserves, and there are great colonies of seabirds to be found along the high cliffs. The botanist may come across some rare plants, such as rockrose, spring cinquefoil and rest-harrow. On the Cefn Bryn moorland mountain ridge lies Arthur's stone, a large millstone grit dolmen which once marked the boundary between English and Welsh Gower. Port Eynon, with its quaint, narrow streets, is known for its elegant memorial to seafarers who lost their lives in 1916, a statue which never fails to stop visitors in their tracks.

Nearby is the site of the discovery of one of Europe's oldest human remains. The Red Lady of Paviland, who later turned out to be a man whose bones had been stained red by iron oxide, is thought to date from the Cro-Magnon era, around 17000 BC. The tiny, windswept hamlet of Rhossili is totally captivating. Inside its rather austere church is a charming central altar and a plaque commemorating Petty Officer Edgar Evans, who died on Scott's abortive expedition to the South Pole. Overlooking the whitewashed village houses are the steep red sandstone ridges of the Rhossili Downs. Few these days climb up to see the Neolithic burial chambers called Sweyne's Houses, now largely flattened by years of fierce storms. It is a popular spot for hang-gliders, who swoop gracefully down to the three-mile table of sand which is Rhossili beach, stretching northwards past the dunes of Llangennith and Broughton.

A statue outside Port Eynon church commemorates seafarers who lost their lives in 1916.

Three Cliffs Bay, on the Gower Peninsula.

The Rhossili Worm stretches out from these cliffs, ending in a series of serpentine islets and a hollow, rocky promontory known as the Worm's Head. It can be reached via the isthmus known as the Devil's Bridge, but only at low tide and in fine weather. The treacherous undercurrents make it impossible to swim ashore when the tide has turned. Inside the head, the sea rages like a boiling cauldron in bad weather, while high winds whip up the waves into the ferocity that ended the days of the *Helvetia* in 1887, her cargo of wood strewn for miles along the beach.

At the north end of Rhossili bay lies the islet of Burry Holms, and as you turn back towards Gowerton and the salt marshes of the Loughor estuary, you may catch sight of the elegant remains of Weobley castle.

Paraglider's paradise: the windswept beach at Rhossili.

Swansea, Wales' maritime city, is justly proud of its 600-berth marina. In front of the Maritime Museum the 500 ton trawler *Katie*, the steamship *Canning* and the lightship *Helwick* remain permanently anchored. The statue of Dylan Thomas looks out over the loveliest part of his 'ugly, lovely town'.

Sunrise in the Vale of Glamorgan.

Dunraven bay.

It seems somewhat strange to call the coastal plateau which extends west from Barry to Port Talbot the 'Vale of Glamorgan'. This rich agricultural belt of land is dotted with castles and picturesque rural hamlets. It can also be said to have played its part in Welsh history. Penn-on is the birthplace of Iolo Morgannwg, whose fanciful theories may have led to his being discredited as a serious historian, but which have become an important part of the rituals of the National Eisteddfod.

St Illtud, a Celtic saint, is believed to have landed at Col-huw Point, near Llantwit Major (Llanilltud Fawr). It was he who founded the monastery of which only very sparse ruins remain, north of the present church. Among the first pupils were believed to be Taliesin, the father of Welsh bards, Gildas the historian and possibly even St David himself. This Christian enclave was one of many in this part of Wales. Along the coastline, twenty-six Celtic crosses have been unearthed. Some are in Margam Abbey stone museum, and two of the most important are in the original parish church of Llantwit Major. The elaborately carved cross of Hywel ap Rees, with its extremely decorative wheel-head, has a very clear Latin inscription. Translated, it reads: 'In the name of God the Father, and of the Holy Spirit, Hywel prepares this cross for the soul of Rees, his father.' The cross dates from the time when South Wales was divided into three provinces: Gwent, Brycheiniog and Glywysing. Hywel was the King of Glywysing in about the 9th or 10th century.

St Illtud's church is the only example in Wales of a double church. The original Norman church, built in the 12th century, was largely rebuilt in the 15th, but retains its fine Norman door, and has a superb roof of Irish bog oak. It is joined on its eastern side, via an outstanding 13th-century tower, to a monastic church.

One of the best examples of Norman ecclesiastical architecture in Wales is Ewenny Priory. The tower, with its high battlements, makes it look very much like a castle and suggests, perhaps, that the Benedictine monks who lived there were not always in total harmony with their surroundings. Dating back to the 12th century, it was probably founded by Maurice de Londres (some say it was his father, William de Londres). The unfussy interior has a dignified, Romanesque appearance.

Very close by, Ogmore castle, together with the Newcastle fortress at Bridgend and Coety castle to the east of the town, was built to consolidate the Norman hold on the area. Picturesquely set, this rather grim motte and bailey castle was built of stone, rather than the usual wood. Parts of the structure date back to the 12th century, and were also built by the de Londres family. Its battered stonework overlooks the point at which the Ewenny joins the River Ogmore, which flows slowly to the sea through marshy ground, skirted by sand dunes dotted with sea buckthorn.

Visitors to Merthyr Mawr often wander into The Warren, in which the sand-swamped ruins of Candleton castle still remain. Occasionally, when large volumes of sand are shifted by violent storms, Iron and Bronze Age relics come to light. The village of Merthyr Mawr is a tranquil spot, with its pretty thatched cottages, but visitors should beware of the notorious smuggler Cap Goch (Red Cap), whose ghost walks the streets after nightfall.

A cottage in the picture-postcard village of Merthyr Mawr.

The double church of Llantwit Major.

Ewenny Priory, the finest Norman church in Wales.

The bustling, cosmopolitan city of Cardiff was a mere hamlet in the 11th century when the Normans established it as a borough, built a protective wall around it, and constructed a castle on the site of an old Roman fort, surrounding it with a moat to keep the Welsh at bay. By the 13th century a round stone keep had been added, evidently strong enough to withstand the passage of time. At around the same time the churches of St John and St Mary were being constructed, and Llandaff Cathedral was being built.

Many centuries were to pass before the countrified atmosphere of the small market town was interrupted by the arrival of coal in the 1830s and the Taff Vale Railway, in 1841, to carry it to Cardiff's new docks. This creation of Isambard Kingdom Brunel, and the extension he had built to Chepstow by 1850, signalled the beginning of a prosperous era. In the first half of the 19th century, Cardiff's population increased from around 2000 to nearly 20,000 inhabitants.

The new docks had been the work of the Marquess of Bute, and before the end of the century his family were to leave their mark on the area in other ways. The Marquess commissioned the architect William Burgess to extend the castle, and this he did in 1865. The result of his efforts was the Victorian Gothic extravaganza that we see today. The flamboyant face of the castle's clock tower, from which Venus and Mercury look down on the City centre, is also his work. The impressive, renaissance-style architecture in Portland stone of the City Hall, Law Courts and National Museum of Wales have led to this area of Cathays Park being christened 'the Washington of Wales', and the imposing clock tower can be seen from miles around.

Cardiff's development has kept pace with the 20th century. Its Victorian and Edwardian shopping arcades have been joined by ultra-modern ones.

Its theatres and arts centres are great attractions; for the sports enthusiast there are the athletics stadium, Glamorgan County Cricket Club and an equestrian centre. For rugby fans, of course, Cardiff Arms Park is the centre of the Universe. Since becoming the capital of Wales in 1957, Cardiff is well on the way to becoming an international cultural centre, catering for all tastes and ages. It was recently the first city in Great Britain to host a hot-air balloon spectacular, and the first to welcome the eccentric, space-age street entertainment of Malabar from France. St Mary's Street had never seen anything like it!

The Welsh Folk Museum of St Fagan's is located on the western outskirts of Cardiff, at the site where in 1648 the biggest battle of the Civil War took place. The site covers a full 100 acres, and was opened in 1948, when it quickly became an immense attraction to those interested in the cultural and social history of Wales. The castle in its grounds was built between 1560 and 1590, and was presented to the National Museum of Wales by the 3rd Earl of Plymouth in 1946.

Of special interest are the static exhibits, from many parts of Wales, of farmhouses, old barns, a Unitarian chapel, a smithy, thatched cottages, a woollen factory and a working flour mill. Some of the best craftsmen in Wales demonstrate their skills here, and many traditional events and seasonal celebrations take place here throughout the year.

It is one of the few places in Wales where you can still see the Mari Lwyd re-enacted. This tradition is connected with pre-Christian horse worship, and was performed on Christmas Eve in Glamorganshire and Monmouthshire, or sometimes on New Year's Eve in other parts of Wales. Mari Lwyd is the name given to a grey mare, who challenges the occupants of local houses to an impromptu rhyming contest. The horse is a dummy, the head adorned with colourful ribbons and held on a pole, covered by a white sheet. The 'mouth' is worked by a wooden handle. The horse is accompanied on its quest by a group of would-be poets and singers. If the householders who are challenged can match the visitors' rhyme, they can keep them at arm's length. If they fail, however, they are obliged to open their house and offer food and drink to the entourage.

As the time changes, the times change. One traditional and two modern events at Cardiff castle: the Welsh Guards, a hot-air balloon spectacular, and French street entertainers Malabar.

Scenes from St Fagan's, the Welsh Folk Museum.

Still working at 102. Mr Hughes of Mochdre demonstrates the art of stick carving.

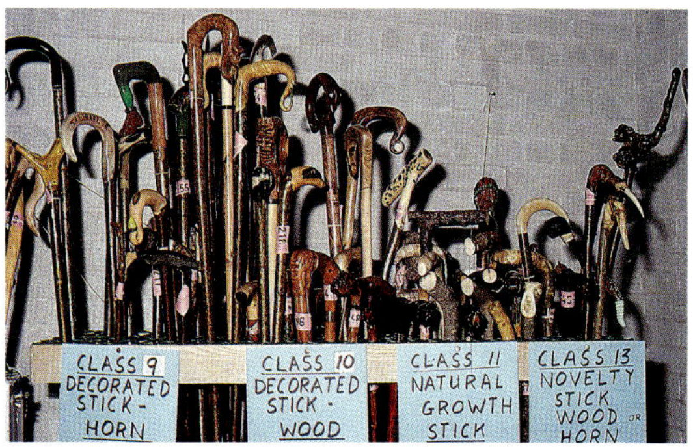

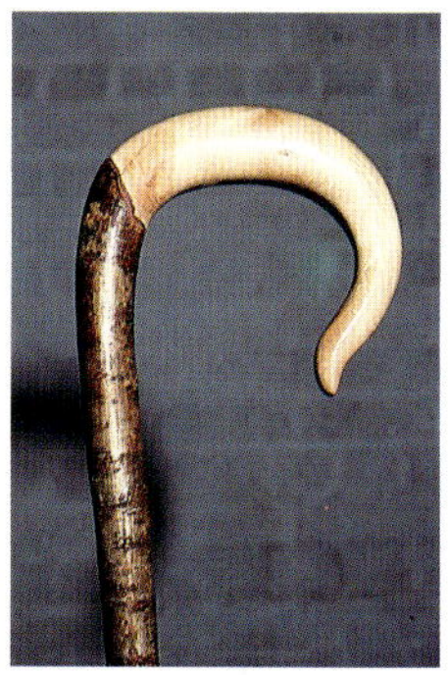

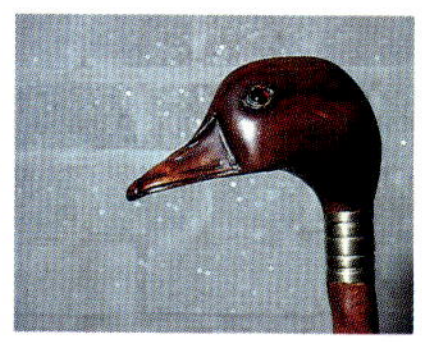

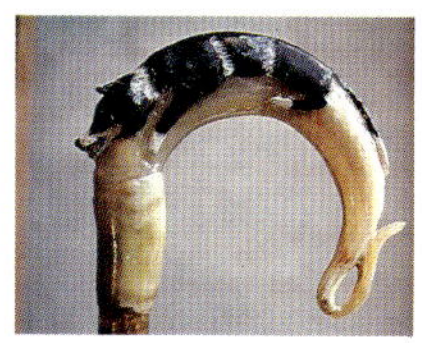

In 1989, St Fagan's hosted the Stick Carving Championship of Wales. This competition attracts enthusiasts from all over Wales, and a more contented, friendly bunch of countrymen you couldn't find anywhere. Many of them are members of the British Stickmakers Guild, and will freely admit that their obsession has all but taken over their lives.

Every stick collector, or ambulist, has heard of the firm of Henry Howell & Co., pioneers in the stick-carving business. From their London works they were turning out several hundred new sticks a month way back in 1870. But even in the time of Henry VIII, sticks were being fashioned from exotic woods: cherry, furze, juniper and ebony. There are over a hundred woods suitable for stick-making, and long experience teaches these modern experts how to recognize the potential for an exceptional stick. They appreciate the even texture of beech, the strength of birch, the lustre of cherry and blackthorn and the lovely yellow of alder and boxwood. Many have first-hand knowledge of exotic woods like angelica, juniper, whampoa and Japanese bamboo. They know their sticks well, cutting them when the sap is running low in the winter months, and seasoning them for at least a year.

This craft has its tricks like any other: fuming with ammonia to bring out a colour; selective staining with felt-tipped pens; steaming to straighten the shanks; bending crook handles in hot, damp sand. Many dress their sticks with the decorated horns of deer, ox, ram or even buffalo. Many have learnt their craft from their fathers or grandfathers. Mr. Evan Hughes, of Mochdre, has been carving sticks for over ninety years, although he admits that these days he regards even the National Championship as more of a social occasion. Now 102, he still searches the hedges near his home for the ultimate stick!

The Mari Llwyd rhyming challenge.

Caerphilly, the second-largest castle in Wales.

The formidable carcass of Caerphilly castle stands as a tribute to the ferocity of the Welsh princes. Gilbert de Clare, Earl of Gloucester, who built it in 1267, used thirty acres of land to give the inner core successive lines of defence. Walls within walls are a good idea strategically, but put water between the walls and surround the whole lot by more water, and you create an impossible task for any invader. With its seven gatehouses and around thirty portcullises, it easily withstood the attack by Llywelyn Bren of Senghenydd, and was never taken by storm. Owain Glyndŵr did temporarily capture it during his campaign, but that was rumoured to be an inside job. The Royalists attempted to demolish it during the Civil War, to prevent it being used by the Parliamentary forces, but they didn't get very far, and the leaning tower continues to lean. These days it is used for a variety of purposes, including the re-enactment of historical events and the St David's Day celebrations.

Harp and flute entertainment on St David's day in Caerphilly castle.

Harp-making is a dying craft. At one time Llanrwst, in North Wales, was the centre of the industry. Robert comes from Capel Bangor, and has a workshop in Cardiff.

On my visit to Merthyr Vale colliery, before it closed in 1989, the miners coming off shift eyed me with considerable suspicion. After all, I did have three cameras slung around my neck! 'What's going on here, then?' said one. He was tickled pink when I told him I wanted his photograph for a book on Wales.

Here in the heart of the deeply etched valleys of South Wales there are some real Welsh characters, but it's not long before you realize that valley people are among the most friendly in Wales. Their forebears worked incredibly long, unsociable hours, and in the early days women and children joined them down the pit as well. Throughout the Glamorganshire and Monmouthshire valleys, coal fed and clothed the community, built their houses, chapels and working men's clubs. It brought them a poor income, but it also brought them their community spirit, of which they are still fiercely proud.

End-of-shift at Merthyr Vale.

Monuments to a tragedy: some of the graves at Aberfan.

Merthyr Vale colliery, before its closure in 1989.

The rooftops of Ferndale.

Starting in the first half of the 19th century, the coal industry in Wales grew to a peak in 1920 or thereabouts, and has now all but disappeared again. It seems incredible that something which has stamped itself so firmly on our national consciousness should have lasted such a relatively short time. It had its benefits, naturally: prosperity for some, work for many. It had its disadvantages: dreadful working conditions, particularly in the early days, and the desecration of the valleys. It also had its tragedies: few people now will remember the explosion at the Sengenhydd pit in 1918; but the whole of Wales still mourns the 116 children and 18 adults who perished at Aberfan in 1966.

By the 1920s there were over 270,000 men working the seams. With the closure of Blaenant in 1990 only six pits are left, employing just a few thousand men. Some pits are rapidly becoming museum pieces, like the one at Blaenavon. Closed in 1980, it now attracts hundreds of tourists, who can don safety helmets and get a flavour of what it must have been like to work in the dark, cramped, humid conditions under the ground.

The terraced houses of the South Wales valleys are, almost without exception, scrupulously clean little palaces. This group near Penrhiwceiber, with their modern cars and satellite dishes suggest a new era of prosperity is dawning.

The interior of a typical miner's cottage.

Rugby has been played in Wales since the 19th century. The Welsh Rugby Union was founded in 1880, and Swansea was the first club to be formed. Since then, the game has gone from strength to strength. Many of its foremost players have become household names, and there are few people in the valleys who don't know off by heart the words of the songs heard at the matches: Sospan Fach, Cwm Rhondda and Aberystwyth. This local match is between Risca and Llanhilleth.

In 1990 the National Eisteddfod took place off the Heads of the Valley road at Bryn Bach Park, Cwm Rhymni. The largest amateur festival in Wales alternates between north and south on a yearly basis and was last in this area in 1950, when it was staged at Caerphilly. An 'all-Welsh' rule was imposed for the first time at that event. Anyone interested in Welsh cultural heritage can attend, whether they speak Welsh or are just learning the language. With more Welsh being taught in schools, and adult Welsh classes mushrooming all over Wales, there certainly seems to be a tremendous resurgence of interest in the language.

The festival is aimed at keeping and nurturing Welsh traditions. Competitions in poetry, prose and music are held in the main pavilion, and many other centres of interest are scattered around the field: a music studio, a science tent, an arts and crafts exhibition, Theatr y Maes for plays and performances, and the Welsh Learners' tent. For many, the most important of all is Babell Len, the Literature tent. It is here that the queue forms for the ceremony of Crowning the Bard, the most eagerly awaited event of the Eisteddfod.

Wales is justly proud of its National Eisteddfod, a celebration of Welsh language, culture and heritage which has survived for perhaps eight hundred years. These days, it is a great pageant in which artists, musicians and poets combine for eight days of non-stop entertainment. At local level, of course, the excitement starts very early on. In towns and villages all over Wales the Eisteddfod is a common occurrence, the goal being to compete for the County and later, perhaps ... who knows? ... The ultimate achievement: a win at the National Eisteddfod itself.

No one is quite sure when the tradition began. Was it in the 6th century, when the poet Taliesin gathered together an assembly of fellow poets? Certainly by the time of Hywel Dda, in the 10th century, the chair of the chief poet (Pencerdd) was placed next to that of the King's son, and the Bard's chair is an integral part of the modern ceremony. Could the first Eisteddfod have been the great feast at Aberteifi (Cardigan) castle in 1176, proclaimed a full year in advance by Lord Rhys, who ruled the kingdom of Deheubarth?

During the 12th and 13th centuries bands of professional travelling poets would gather for such

The Horn of Plenty is presented to the new Archdruid during the Gorsedd ceremony at Bargoed Park.

The crowning of the Bard at the National Eisteddfod, Cwm Rhymni.

events. They would recite their traditional metres in a classical style known as Cynghanedd. The first of these gatherings to be formally accorded the title of Eisteddfod was at Carmarthen in 1451. Unfortunately, there were 'cowboys' around even then who turned a quick profit by hoodwinking the public, but the Eisteddfodau at Caerwys in 1523 and 1567 helped to weed them out and consolidate the position of the true poets. Today's events, of course, are strictly amateur.

Although today the National is a sober affair, full of pomp and ceremony, in the 17th and 18th centuries tavern poets competed in many well-known public houses. The events were well advertised in almanacs of the time, but during the next hundred years or so the interest in Eisteddfodau was flagging. The revival of its fortunes began in the late 18th century through Thomas Jones, who enlisted the help of the Gwyneddigion Society, a group of Welsh exiles based in London.

At around the same time, the foundations of the modern Proclamation ceremony were laid. Green-, blue- and white-robed members of the Gorsedd of Bards of the Isle of Britain process through a town and congregate at a circle of Gorsedd stones to proclaim that next year's National Eisteddfod will take place in that town in thirteen months' time.

Despite the very 'Welshness' of the Gorsedd ceremonies, it is interesting to note that the first one almost certainly took place in London, in 1792. A Celtic historian named Edward Williams (Iolo Morgannwg) became fascinated with the theory of the druidic origins of the bardic tradition in Wales. He instituted the custom with the help of the Gwyneddigion Society. Its first appearance as an integral part of the Eisteddfod was at Carmarthen in 1819.

The first open National was the widely advertised 'Great Llangollen Eisteddfod' in 1858, and within the next few years most of the changes had taken place which established the event in its present form, including the decision to site the festival in alternate years in North and South Wales.

Since the formation of the National Eisteddfod Association in the 1880s the event has gone from strength to strength. Even though the National event is conducted entirely in Welsh, it attracts over 150,000 foreign visitors every year, and translation of the proceedings is available into many different languages. It has also given birth to two separate but linked events, namely the International Eisteddfod and the Urdd Eisteddfod for the young. Despite its chequered history and the doubts expressed about its authenticity, the Eisteddfod remains a true focus of the culture and heritage of Wales, a celebration of all things Welsh. Long may it flourish!

The only example of a fortified bridge in Britain: the Monnow at Monmouth.

The hero of Agincourt, Henry V, was born in Monmouth castle in 1387, and now has pride of place in Monmouth's Agincourt Square. From his perch on the front of Shire Hall he looks down on another hero, immortalized in bronze by Goscombe John. The aviator the Hon. C.S. Rolls, third son of the Baron of Llangattock, was the first British pilot to fly across the Channel. He is also famous because of his association with Henry Royce, and the cars which bear their names. His career was cut short by a fatal plane crash in 1910.

Lord Nelson was made a freeman of the borough in 1802, and the museum behind Shire Hall holds many artefacts donated by his family. A temple dedicated to Nelson's admirals is situated on Kymin Hill, behind the town. The reputation of Geoffrey de Monmouth, story-teller and monk, who was born here in 1154, is not so illustrious. He outraged historians by fabricating historical accounts, particularly those related to Arthurian legend.

Sitting astride the River Monnow is the famous 13th-century Monnow Bridge, recently restored, which is the only fortified bridge in Britain.

Fun and frolics are the order of the day during the annual raft race on the River Wye at Monmouth.

The statues of two local heroes. Henry V and C.S. Rolls overlook Agincourt Square, Monmouth.

Dominating the town of Chepstow, the castle built by William Fitzosbern looks out from its white limestone platform over the River Wye. It was the earliest of the Norman stone castles and, with its massive ramparts, great gate house and tall drum towers, it was certainly the mightiest in Gwent. Although it saw action in the Civil War, it is largely intact because of subsequent repairs carried out during the rule of Cromwell.

Another castle built originally by William Fitzosbern in the 11th century was Raglan. Nothing of his motte and bailey construction remains, however. The present ruined fortress, situated on the Welsh marshes, was built by Sir William ap Thomas between 1430 and 1435, after the Wars of the Roses. It was added to by William Herbert, Earl of Pembrokeshire, and in the 16th century it was turned into a sumptuous, fortified residence by William Somerset, the 3rd Earl of Worcester. The Tudors were an opportunist bunch, because the lead for the roof (and for that of Chepstow castle) came from Tintern Abbey after the dissolution of the monasteries by Henry VIII. With its portcullised gateway and fine six-sided keep, known as the Yellow Tower of Gwent, Raglan presented a formidable obstacle to the Parliamentarians, who captured it in 1646. These days, tourists are treated to re-enactments of the events of those far-off days by the Sealed Knot Society of Cavaliers and Roundheads.

Tintern Abbey.

Handsomely situated on the Welsh side of the River Wye, Tintern Abbey is a relic from a different age. It was founded by Cistercian monks from L'Aumone, in Normandy, in 1131. Without a roof for four centuries, this most intact of the Welsh abbeys is grand, solemn, decayed but still beautiful. Viewed from the Devil's Pulpit, a nearby rocky parapet, in the setting sun, there is more than a hint of its original splendour. The fine, 60-foot east window, the majestic arches casting their shadows through its interior, and its unique northern cloister, suggest that the monks who built the abbey were not short of a bob or two. In fact the records show that they owned estates as far away as Gloucester, houses in Bristol and Chepstow, and considerable quantities of livestock. Not that that had anything to do with Henry's decision to break with the Church of Rome, of course.

Ponies on the Black Mountains, overlooking the Wye Valley.

The Chapel of Ease at Capel-y-ffin.

The Black Mountain range which runs diagonally south-east to north-west on the eastern fringe of the Brecon Beacons National Park should not be confused with the Carmarthen Fan, 40 miles further west, which is also called the Black Mountain. Dominated by the wild Gadair ridge, this border territory reaches its highest point at the plateau of Waun Fach. Home to many wild mountain ponies, this desolate, windy area is perfect for mountain walkers, and is becoming increasingly popular with hang-gliders, who launch themselves from Hay Bluff. The Reverend Francis Kilvert, a noted Welsh diarist, wrote copiously about the lonely months he spent on this windswept terrain.

Penetrating deep into the mountains are three long valleys, of which the most photogenic is the Vale of Ewyas. An autumn journey from Hay-on-Wye over the Gospel Pass is a copper-and-gold delight. The lanes twist through beech and sycamore forests to the bracken wilderness above, and on to the soggy peat of Hay Bluff, which is the source of the River Honddu. The route to the summit of Chwarel-y-fan, the highest ridge in old Monmouthshire, provides an exhilarating walk. From here, the seemingly endless landscape includes the Wye Valley and a patchwork quilt of fields extending into mid-Wales. Down below, the River Honddu winds its way towards the old border between Breconshire and Monmouthshire. Here stands the enchanting Capel-y-ffin, whose name sounds so much more romantic than what it means: the Border Chapel. When Father Ignatius lived here in the 1870s wild deer roamed the hills. It was he who founded a Benedictine monastery on the banks of the river. By 1908 it was already a ruin, but a skilled stone carver called Eric Gill salvaged what he could from the remains and built what eventually became a fine chapel. Kilvert described it as 'squatting like a stout grey owl amongst its seven black yew trees'.

Kilvert country in the autumn.

The venerable ruins of Llanthony Priory, in the Vale of Ewyas.

Also in the Ewyas Valley is the venerable Llanthony Priory. Its original name, Llanddewi-nant-Honddu, 'St David's church in the Honddu Valley', dates from the mud-and-wattle monastic cell left here by the saint in the 6th century. By 1118 it was the home of the Black Canons. William de Lacy, a Norman knight turned monk, founded the Priory with the help of Ernisius, the Queen's chaplain. Hard times followed, and the monks moved to a site near Gloucester. A period of prosperity due to riches from Ireland enabled restoration work between 1175 and 1220; the nave and two western towers were added, and most of the structure is still standing. A farm has replaced the old monastic buildings, and the Prior's house adjoining the south-west tower is now a tourist hotel.

Travelling north from Abergavenny via a warren of narrow lanes snaking their way through the verdant countryside of Grwyney Fawr, you will come across the Bishop's Bridge, used by Bishop Morgan in his 1188 crusade. Farther on is Patricio church, one of the wonders of Wales. Standing inside, you get the distinct impression that time has stood still here since the Middle Ages. On the ancient font are Latin inscriptions which, when translated, read: 'Menhir made me in the time of Genillin.' This indicates that there was a church here 900 years ago. Genillin was the son of Rhys Goch, Prince of Powys and Lord of Ystradyw, before the Norman conquest.

The oldest walls date from the 13th century, as does the old chapel, permanently locked at the western end of the church. The ribbed roof of the nave was built in the 14th century. and Patricio's most prestigious art treasures are the 15th-century rood loft and screen. The immaculate carvings may owe their design to Flemish or Italian influence, but similarities with the rood screens of border churches suggest that the carver was Welsh. The rood cross which once stood above the chancel arch has gone, but the figure of a dragon consuming a vine is remarkably well preserved. A brownish skeleton on the back wall symbolizes Time with its hour-glass, scythe and spade.

Gold for the construction of the original church is believed to have been donated by a grateful 11th-century worshipper who was cured of his ailment by drinking water from St Issui's well in the hollow below the church.

Patricio church. The interior contains one of the finest rood screens in Wales.

When it comes to grand mountain scenery, the *pièce de résistance* in South Wales is undoubtedly the Brecon Beacons. On a clear evening, from the mountain centre at Libanus, the distant skyline is dominated by the silhouetted, shapely heads of a red sandstone trio which dwarf their neighbours: Pen-y-fan, Corn-ddu and Cribyn. Centuries ago, beacons burned on these peaks to carry warning messages quickly over large distances. Their summits can be reached from the Ffrwdgrech Falls, easily accessible from the Brecon–Merthyr road. From here a rough track follows the route of the Cwm Llwch brook through lush green meadows.

During the winter the carpet of fescues will have been closely cropped by Welsh mountain ewes, and approaching lambing time in March several hundred sheep can often be seen following the tractor that brings their twice-daily feed of hay and nuts, as it heads towards the feeding area.

The sloping sandstone escarpments of the Brecon Beacons National Park.

Ystradfellte. Waterfall country in the Brecon Beacons.

A steep, grassy spur leads up to a rocky escarpment which is a good place for a short rest as you look down on the circular corrie of Llyn Cwm Llwch. Walkers should be warned that, if they come this way on May Day, they are likely to be confronted by the Little People. A very old legend tells how this lake was once considered to be the gateway to Fairyland, and it is only on this day that the gate is opened. Be careful also not to disturb the giant who sleeps in the lake; he has sworn to drown the town of Brecon if he is ever awakened!

The traverse over the top of a lofty crag leads you to a sad monument; this is the spot where, in 1900, Tommy Jones lost his way and perished on the mountain. The track is now so heavily worn by thousands of walking boots that it is clearly visible, even in the densest fog. From the plateau of Corn-ddu, a curved path crosses King Arthur's chair on its way to the summit of Pen-y-fan, at 2906 feet the highest point on the Beacons. Here, you are often joined by walkers who have taken the 'tourist route' from the Storey Arms on the Merthyr Road, come via the Bryn-teg ridge to Cribyn, or taken the longer path from Torpantau.

Feeding time in the Cwm Llwch Valley.

In every direction the vistas are magnificent. On a very clear day, Cadair Idris can be seen, and to the east the Black Mountains and the Sugar Loaf. To the south, you can see as far as the Bristol Channel and even Exmoor, beyond the industrial valleys of South Wales. Towards the west the easily recognizable silhouette of the Carmarthen Fan dominates the skyline.

One of the best landscapes in the Beacons is immediately visible to the east. Contrasting vividly with a clear blue sky and snowy-white cumulus clouds, the prominent profiles of Craig-cwm-sere and Cribyn look particularly majestic in the late afternoon. Their almost vertical cliffs, striped with red scree and horizontal bands of brownstone, drop precipitously into U-shaped valleys below. Their strata, which have taken more than 350 million years to form, remain as a monument to Nature's architecture. Behind them, grassy slopes descend gradually towards the Neuadd reservoirs and the Taf Fechan forest.

A journey through the lakeland in the very heart of Wales inevitably starts with the quaint old town of Rhayader. Nothing now remains of the waterfall on the Wye, which is the literal translation of its old Welsh name, Rhaeadr Gwy. The castle, too, believed to have been built by Rhys ap Gruffydd in the 12th century, is long gone, reduced to an indistinct mound between West Street and Church Street. Rhayader these days has a friendly, unhurried atmosphere; but it was not always so. In the 12th century an Assize judge was brutally murdered during a jail break, in the course of which the town was virtually razed to the ground. The 'Rebecca Riots' raged in the town in the 19th century, when an angry mob dressed as women smashed their way through turnpike gates to protest against the levying of exorbitant toll fees. During the building of the first three Elan Valley dams, many a battle was fought between the local police and the gangs of Irish labourers who constituted the work force.

Buying and selling sheep is a serious business at Rhayader's livestock market.

The road to the Elan Valley passes over the Wye roadbridge and past Llansantffraid Cwmdauddwr (St Bridget's church in the valley of the two rivers). Traffic in the summer is heavy, and is slowed down even more by pony-trekkers heading for the low plateau. Winter is probably the best time to visit. When the black clouds retreat you can see for miles. The mountain air is invigorating, and the reservoirs are full to the brim. The dams were first built by the Birmingham Corporation between 1892 and 1906. The Claerwen, added in 1952, was opened by the young Queen Elizabeth II. Out of a total capacity of 11,000 million gallons, 50 million gallons a day can be pumped through 75 miles of pipe to the Birmingham area.

Before they were built, the area beyond the Caban Coch dam boasted a school, eighteen farmhouses, lush meadows and natural waterfalls. The poet Shelley lived there briefly with his first wife. Francis Brett-Young writes vividly of his home, Nantgwyllt, in a novel called *The House under the Water*. The proposal to extend the chain of dams further up-river brought such a storm of protest that, for the moment, the drovers' road which extends to the old lead mines of Cwmystwyth is safe.

However, there is no doubt that time, as well as distance, lends enchantment. The reflection of the wooded banks in the still waters of Pen-y-Garreg, and the splashing of the many small streams into Garreg Ddu, make a charming scene. Only Claerwen, the most recent of the four dams, can still seriously be called an eyesore; but one day, who knows, maybe even that will mellow?

Early morning at Pen-y-Garreg dam in the Elan Valley.

It has always been the tradition for the local hunt to meet on Boxing Day at Llanidloes.

Most picture-postcards of Llanidloes feature the 16th-century, half-timbered, black and white Market Hall. In 1606 the notorious Judge Marmaduke Lloyd officiated at the assizes there. By 1701 it was a meeting place for Quakers. John Wesley preached there in 1749, and his stone 'pulpit' is still to be found at the northern end. A working men's institute took over the building in 1897. Since 1910 it has been the subject of a preservation order, and in 1933 it was opened as a local history museum. Llanidloes has not always been a peaceful place. In 1839 an angry mob of flannel workers protested against poor pay and appalling working conditions, and 200 special constables were brought in to quell the riot. During the construction of the massive Clwedog dam occasional brawls broke out between the locals and the Irish labour force.

One of the first shops of the Laura Ashley chain was opened in the town. Previously it had been a café, full to the brim every lunchtime with foundry workers, sampling Mrs Jones's three-course half-crown specials. Above it was a cinema, run by the redoubtable Dick Jervis. There are more than a few who remember being banged on the head by Dick's rubber torch for not keeping quiet during a film performance! Dick was a man of many parts. He was known throughout mid-Wales as a story-teller, and he also bred dogs. He once sold the same dog three times, because it kept running back home, the last time from seventy miles away! One of my favourite stories concerns the time he used gunpowder to split an old oak tree which had been blown down in a storm. Having retired to what he thought was a safe distance, he watched in amazement as fragments of oak covered nearly half the town. It will be a long time before Dick Jervis is forgotten in Llanidloes ... especially by his grandson.

A local Llanidloes character.

October mists disguise the rich sheep farming country around Staylittle, eight miles from Llanidloes.

A view from the Camllo hills at sunset of the misty Wye and Elan valleys.

The Pennant Valley from near Dylife, showing the Afon Twymyn and the escarpments of Craig-y-maes and Creigiau Pennant.

One of the remotest public houses in Wales, the Star Inn at Dylife.

Rich sheep-farming country near Machynlleth.

Machynlleth, the seat of one of Owain Glyndwr's parliaments, is dominated by its imposing clock tower, built in 1873.

The upper Severn Valley from Caersws.

The Welsh Ploughing Championships
and the Welsh Hedging Championships,
Powys.

The old bell house at Kerry.

A dog called Dog, a horse called Lady and a man called Reg, on the road to Aberystwyth.

Powis castle, near Welshpool.

A hayfield near the Shropshire bor

Knighton town centre.

Lake Vyrnwy lies cocooned in the foothills of the Aran and Berwyn Mountains, a dramatically picturesque, man-madé beauty which is a mere 100 years old. Its most striking feature, the ornate Victorian pumping tower, is vaguely reminiscent of castles on the Rhine, and its Gothic outline is often mirrored in the still, deep waters that chill its foundations. The water from here passes through the Hirnant tunnel and along a seventy-mile aqueduct on its way to Liverpool.

The lake's many moods are best observed from the north-east, over a spread of ancient oaks or through gaps in the firs. Calm and misty at dawn, it can turn black and sullen in winter storms. Beyond the birches lining its sheltered inlets to the south-west the crags of Allt-y-Eryr are clearly visible, and on clear summer days the calls of woodpeckers, nuthatches, crossbills and siskins can be heard. Great crested grebes and Goosander ducks can often be seen at the spot where Eunant Hall lies many fathoms below. After sunset the lake takes on a sleepy mood, and often a red-peppered sky is reflected in its still waters.

Some very scenic routes lead away from the valley, and the roads have been described as some of the wildest in Wales. The one which follows the Nadroedd stream climbs to over 1500 feet at the summit of the Hirnant Pass, before making its twisting descent through heather-clad moors towards Penllyn Forest, past the old manor house of Plas Rhiwaedog, and on to Rhos-y-Gwaliau and Bala. People in the Hirnant Valley used to pin hazel branches over the fireplace to ward off evil spirits.

The route south-west skirts bubbling streams in the Eunant Valley, and then climbs steeply through Eunant Fawr to Bwlch-y-Groes, the highest pass in Wales at 1790 feet. The lucky traveller may be greeted with the cries of buzzards, hen harriers, or the occasional merlin. The unlucky ones may catch the thundering roar of birds of a different kind: Tornadoes, Harriers or Hawks, as they scream past at over seven miles per minute.

A grand expanse of water. Lake Vyrnwy now sits where once the River Vyrnwy was a mere trickle.

The Welshpool and Llanfair light railway.

West Wales

In the 5th century King Verteporix, believed to be of Irish descent, ruled an ancient Welsh kingdom. Its name was Dyfed. Including most of the land west of Carmarthen and south of Cardigan, it was incorporated into Deheubarth, one of the four provinces of Wales, in the 10th century. The modern county of Dyfed approximates to the territory covered by Deheubarth with the exception of the Gower Peninsula, which now belongs to South Glamorgan. It includes the old counties of Pembrokeshire (Sir Benfro), Carmarthenshire (Sir Gaerfyrddin) and Cardiganshire (Sir Geredigion).

In its total area of just over 2200 square miles are part of the Brecon Beacons and the immensely picturesque Pembrokeshire National Park, which in 1952 became the only coastal national park in Britain. Stretching for over 180 miles, it borders what the book of ancient Welsh folk tales *The Mabinogion* describes as 'Gwlad Hud a Lledrith', 'the Land of Magic and Enchantment'. Among those in fervent agreement with that view have been the historian George Owen of Henllys (1552–1613), who wrote lovingly about the county, and the supporters of the Save Pembrokeshire Campaign, who were unable to prevent its incorporation into Dyfed in 1974.

Carmarthen, or Caerfyrddin, now the administrative centre of Dyfed, was once the capital of Wales, home of the Chancery and the Welsh Parliament. Before that, it was known as the home of the legendary Merlin, the magician at Arthur's court. To the east the grassy escarpment of the Carmarthen Fan dominates the skyline, above the oak-covered Sawdde Valley. Beyond, on a perch overlooking the Black Mountains, stands the dramatic 12th-century Carreg Cennen castle. To the west again, and you will find the village of Bethlehem, its post boxes bulging at Christmastime, and the Towy River Bridge, one of the longest in Wales. On the Taf Estuary stands the home town of the poet Dylan Thomas, whose description of Laugharne as 'a timeless, mild, beguiling island of a town' would take some beating.

North of Carmarthen, the rich green hills stretch over the old border of Cardiganshire. Their essence has been caught by many poets, including Dafydd ap Gwilym and Taliesin himself, the Father of the Welsh Bards. Wordsworth called it 'the Sweet Shire'. It is predominantly grassy terrain, lush sheep country broken up by the wooded valleys of the Tawe, Aeron, Ystwyth, Rheidol and the Dovey, which forms its boundary with Gwynedd. Cardigan was probably named after Ceredig, one of the sons of the 5th-century Prince Cunedda, who inherited the land then known as Tyno Goch. You can follow the old drovers' route from Tregaron, via Lake Brianne, to the attractive market town of Llandovery, but be careful not to stray too far off the road; this is a very boggy area, and you can get a ducking if you don't watch your step!

In the 17th century both Cardigan and Aberystwyth were busy seaports, and valuable cargoes of lead and zinc also sailed out of Llangranog, New Quay and Aberaeron. Some say that the father of Dewi Sant (St David) was born in Aberaeron, and that the patron saint himself was ordained there. Tradition has it that St David himself was born in an area now known as Dewisland, on the Pebidiog Peninsula, south of the city of St David's.

Dyfed has certainly been blessed with more than its fair share of natural resources and a rich heritage: rivers teeming with salmon and trout; colourful, rugged headlands; quiet, sheltered coves; picturesque creeks; lovely harbours; lively seaside resorts and miles of golden sand. Add to this the fertile lowlands, the grandeur and remoteness of the Black Mountains, the tranquillity of the Cambrians and Plynlimon Fawr, the magic of the islands, and you begin to appreciate how varied Dyfed really is. Monuments to the skill of the Norman stonemasons dominate the south: Pembroke Castle, one of the best round keep castles in Wales; Manorbier, once the treasured possession of the de Barri family; and Carew castle, with its mullioned windows. The defensive ring of Landsker castles, built by the Norman Lords to keep out the marauding Welsh from the north, are now largely in ruins.

Newport Bay at lambing time.

The beach at Borth, a few miles north of Aberystwyth.

The pibgorn, or hornpipe, was banned by early churchmen as immoral. It was once as popular as the harp in Wales and is gathering interest once more, thanks to people like Jonathan Shorland. It is traditionally made from the horns of the Welsh Black.

The Welsh Black Champion of Wales.

Inside an old farmhouse near Ponterwyd.

A farmhouse on the side of Moelyllyn Mountain, near Talybont.

Owain Glyndwr steams towards the Devil's Bridge through the lush greenery of the Rheidol Valley.

Devil's Bridge (Pont-y-gwr-drwg) and the dramatic Mynnach Falls are the scenic rewards for the traveller on the Rheidol Railway from Aberystwyth. Built by Pethwick Brothers of Plymouth and opened in 1902, the project had been made possible by the 1895 Light Railway Act. Originally, two locomotives built by Davies and Metcalfe, and one by Bagnall, transported lead from the Rhiwfron mines to Aberystwyth, and lime in the opposite direction.

One of them, the *Prince of Wales*, carefully restored by the Great Western company after the takeover in 1923, can still be seen puffing its way through the heather-clad woods of spindly oaks and birch on its way to the Devil's Bridge. Threats of closure in 1948 and 1963 (the line was actually closed during World War II) were fortunately averted, and the line now flourishes under private ownership.

On the trip back to Aberystwyth, gaps through the trees give ever-widening views of the Rheidol Valley. Past the hamlet of Rhiwfron, a bare patch of rock known as the 'White Stag' heralds the approach of the point where the Rheidol Falls tumble into the reservoir. Beyond Capel Bangor the route clings to the banks of the Afon Rheidol, famous for its salmon, sewin and brown trout, before crossing the river on the last leg of its journey.

At the Devil's Bridge, the Mynnach Falls a full 200 feet into the rocky chasm b

Tyn-y-Llwyn Goat Farm is situated in the Cambrian Mountains overlooking the forests of the Ystwyth Valley.

A family of over 200 lives at Tyn-y-llwyn Farm in the Cambrian Mountains near Pontrhydygroes: two adults, 90 kids (only five of them human), 100 milking goats and four billies, all of them characters in their own right. The skills of an ex-industrial microbiologist and a culinary expert on the human side, combined with the goats' ability to produce milk of the right quality at the right time, result in the delicious Merlin Cheddar, an award-winning vegetarian cheese which is rapidly finding favour with shoppers throughout Wales.

The goats, a mixture of Tonnenburgs, Anglo-Nubians, Alpines and Saanems, are all known by name: Gypsy, one of the best milkers; Harriet, with a reputation for eating anything; Gypsy's daughter Rosalind, who has recently proudly taken her place in the milking herd. They are fed on a nourishing diet of high-protein pea hay mixed with specially concocted concentrates, and their health is carefully monitored.

The only danger to the humans is of getting licked to death at milking time!

The University town of Aberystwyth took a tremendous pounding during the 1989 winter storms. In the background is the funicular railway.

Once a seaport, Aberaeron is now popular with yachtsmen.

Llangranog, an idyllic beauty spot overlooking Cardigan Bay.

From the rocky slopes of Newquay there is a glorious view of Cardigan Bay over the harbour.

Every last Thursday of the month, horse traders descend on the quiet town of Llanybydder.

In the barren moorlands of Ffair-rhos rises the Teifi, the longest river in old Ceredigion. It has gathered a million raindrops by the time it reaches the normally quiet village of Llanybydder. I say 'normally quiet' because on every last Thursday of the month the peace is shattered by hundreds of horses being transported to the horsemart. The event attracts some characters who look almost as wild as the long-maned mountain ponies they have come to buy and sell. There have always been plenty of characters in this valley; like Christmas Evans, from Llandysul. He turned into one of the most eloquent preachers of his time, despite the fact that he was illiterate until he was seventeen. The neighbouring Aeron Valley, too, produced a real crowd-puller in Daniel Rowlands of Llangeitho, a rousing orator who helped in the spread of Methodism in the 18th century.

There's no shortage of present-day characters, either, like the Teifi fishermen, for example. In the village of Cenarth they still practise the art of coracle-making, using a lathwork frame of ash and hazel covered with a heavily tarred calico skin, just as it has been done for the last 2000 years. At a site overlooked by the ruined Cilgerran castle, they race against the fibreglass models of the Tawe fishermen during their annual coracle regatta. They still find time to fish, of course, and the silver salmon and elusive sewin are as highly prized as ever they were, soaked overnight in salt and vinegar, then fried to produce a breakfast fit for a king!

A coracle being woven at Cenarth.

Cilgerran coracle races.

A contestant in the 5th World Bog-snorkelling Championships at Llanwrtyd Wells.

Halfway point in the Man versus Horse race, the watersplash at Abergwesyn. The first man to beat the horses over the twenty- mile course stands to win £11,000.

Locked away in the Dyfed wilderness are the deep, dark waters of Brianne reservoir. A 300-foot dam extending across the Tywi gorge harnesses 13,500 million gallons of water which has its origins in the Elenydd moorlands. The only people you will see in these parts are the occasional sheep farmer, forester, or perhaps the odd artist who has decided on a life away from it all.

The waters of Llyn Brianne stretch for miles through an evergreen monotony of spruce, fir and cypress, broken only occasionally by oak, birch and rowan bushes. The forests are home to a variety of wildlife: squirrels, foxes, badgers and polecats on the ground; and in the air woodpeckers, redstarts, flycatchers and huge reddish-brown kites searching for the unwary rabbit, mouse or vole. In the next valley, Camddwr, stands one of the loneliest chapels in Wales, Soar-y-mynydd.

An outcome of the strange planning laws of bygone centuries was the appearance, literally overnight, of the caban unnos (one-night house). If a house could be constructed between sunset and sunrise, usually with turf walls and a roof of thatched straw, the builder would be entitled to the land it stood on. After a year, he was allowed to build a stone house on the same site. The remains of many of these secluded residences can still be seen beside the upper reaches of the Doethie, a tributary of the Tywi.

At about this point in the Dinas hills, above the oak forest of Allt-rhyd-y-groes and near to the hamlet of Ystrad-ffin, was the home of the legendary highwayman Twm Sion Catti, of whom many stories are told. One of my favourites describes how, when dressed in the clothes of a poor farmer, he borrowed an old horse and set out for the domain of one of his outlaw rivals. Sure enough, he was stopped by the other highwayman, who demanded his money. Feigning sheer panic, Twm threw down a large bag of sea shells on to the other side of a ditch. As the villain stooped to retrieve them, Twm saw his chance, and was soon galloping away on a fine stallion, its saddlebags bulging with the highwayman's ill-gotten gains.

Further down the valley from Ystrad-ffin is the old lead-mining community of Rhandirmwyn, and further on still the single-arched bridge of Pont Dolau-Hirion. From here the Tywi runs through Llandovery, a town full of pubs, chapels, churches, a ruined castle and an old Roman fort. At one time Llandovery was a noted cattle market, from where cows were driven all the way to London. In fact the road from Tregaron saw not only cows but sheep, and often geese, being driven to Llandovery, as well as carts carrying peat from the moors. A reminder of those times is the Georgian masterpiece which used to be the Black Ox Bank, which catered especially for drovers. It issued its own notes, on which the number of animals printed indicated the value (one sheep = £1, for example). These days the only animal visible is the Black Horse.

The remains of the 13th-century Carreg Cennen castle are south east of Llandeilo. It overlooks the ravine of the Cennen from a dramatic limestone crag, and has been dubbed 'the most theatrical castle in Wales'. It survived many attacks, including the one by the forces of Owain Glyndwr, but was finally badly mauled by William Herbert of Raglan in 1462.

The reservoir of Llyn Brianne was created by the damming of the Tywi Gorge.

A peat hag in the Carmarthen Fan.

It's not often you can get this close to the wild ponies in the area.

I have often seen the distinctive profile of the Carmarthen Fan from the highest spot on Plynlimon in Powys. Once known as the Lost Mountain, it is one of the highest points in south-west Wales, and is probably best appreciated in the early evening from the A4067 Trecastle road. It can be approached via Llanddeusant and the rich farming land of the Sawdde Valley. From Blaenau Farm a non-metalled road follows the River Sawdde to its birthplace in the watery cradle of Llyn-y-fan-fach (lake of the small peak).

According to legend, a beautiful damsel once appeared on the surface of the lake to entrance the son of the Blaensawdde Farm. She refused his offer of food, saying the bread was too hard and dry. It took a few strong hints before he realized that the way to her heart was not through stale sandwiches, and he then got his mother to bake some fresh bread for him. The girl accepted it immediately, and consented to marry him; but she warned him that should he strike her three times, she would have to return to the lake.

For years they had a happy marriage; she bore him three sons, and the farm prospered. Unintentionally, he had twice tapped her lightly on the shoulder, and she had reminded him of the conditions of their marriage. On the third occasion, the contract was broken and she returned sadly to the lake. Her three sons often visited the spot, and one day she appeared to them, handing them a bag which contained a secret healing potion. She taught them also how to use the herbs of the countryside to heal the sick, and eventually the physicians of Myddfai became the most famous doctors in Wales.

Llyn-y-fan-fach looks a desolate place in the winter, when the sun barely touches the escarpment of Bannau Sir Gaer, but by the end of March its true natural beauty is unveiled. A path leads upwards from the Northern edge of the lake, along a gentle ridge to Fan Foel, from where the stratified north face of Bannau Sir Gaer can be best appreciated. A cairn marks the summit, and provides an ideal lunching spot. The crisp mountain air and the view towards the Usk reservoir over the textured, undulating moorlands is quite exhilarating. Even my two dogs seemed totally captivated, until I realized that they, like the lady in the lake, were more interested in my lunch-box!

The next objective is to reach the summit of the marvellously photogenic Brecknock Fan (Bannau Brycheiniog) via the shallow valley of Gwal-y-cadno, and gaze down on the cobalt-blue waters of Lyn-y-fan-fawr (the lake of the big peak). This lake, gouged out by a glacier some half a million years ago, is one of the sources of the River Tawe. It can be reached via Bwlch Giedd and a route known as the Staircase. Long-distance walkers may wish to continue along the Fan Hir ridge on to the Tawe Valley, Fan Gyhirych or even Pen-y-Fan, which is visible in the distance.

From the edge of the lake sheep tracks lead through the Rhyd-wen moorland on to Waun Llwd and the source of the River Usk. In bright sunlight the Fans provide a useful reference, but in fog the terrain can become totally confusing, even with a good map and compass. Here, the thin blankets of peat which cover the moorland have been eroded in places, revealing black, wizened profiles of compacted sphagnum. These 'peat hags' often provide valuable shelter for the sheep, who graze on the tough stubble which grows on the very acid soil. Many of this hardy stock are descendants of Scottish Cheviots crossed with Welsh mountain ewes. They can even survive on matt grass when fescues are not available. They will only be brought down to the lower pastures for lambing in March and shearing in July. At other times they, and the occasional group of mountain ponies, are the only things you are likely to come across in this boggy wilderness; and even they disappear to the shelter of the roadside conifers in bad weather.

Above the waters of Llyn-y-fan-fach towers the precipitous, north-facing frontage of Bannau Sir Gaer. This view from Fan Foel shows the vertical red sandstone faults and the horizontal protuberances of grey millstone grit.

Collecting the St David's day Daffodil Tax for Madagascar, at Terrace Road School, Swansea . . .

Children from the village school of Gwynfe gather on St David's Day at an old chapel known for its association with the missionary the Reverend David Griffiths. Born at Glanmeilwch in 1792, he was one of the first to help the people of the poverty-stricken island of Madagascar. A plaque commemorating his devotion to the island hangs in Gwynfe Chapel, and his example is still followed today.

The children waving daffodils are doing so for a special reason. They have become tax collectors for the day, and St David's Day is the day on which the Daffodil Tax is collected. Throughout Wales, on St David's Day, daffodils are sold to raise money for the big red island. Madagascar lies in the Indian Ocean, off the coast of Africa. It is one of the poorest countries in the world. Eighty per cent of its land is useless, and thousands are dying of disease and starvation. Peasant farmers must be helped to sustain agriculture improve irrigation and increase seed yields. The rain forests, the source of vital medicinal plants, must be saved from extinction. New drugs are needed to save the 100,000 people who die each year from malaria.

Also in the forefront of the campaign is Terrace Road School, Swansea, where on St David's Day children of many nationalities join together to enforce the Daffodil Tax.

Llandeilo Fawr, the town named after St Teilo, has a splendid outlook over the River Towy, spanned by one of the longest bridges in Wales.

. . . and at Gwynfe Chapel near the Carmarthen Fan.

Pentre Ifan, an outstanding example of a cromlech, or burial chamber.

In medieval times the village of Nevern was the site of fierce battles against the English. Llywelyn I in 1215, Llywelyn II in 1257 and Owain Glyndŵr all carried the banner here. But the history of Nevern goes back 700 years before that, with a church that was originally founded in the 6th century. The churchyard is renowned throughout Wales for its solitude, its spread of ancient yews, and the 10th-century cross of St Brynach. This dolerite pillar, decorated with fretted, interlaced panels, is regarded as one of the most magnificent pre-Norman crosses in Wales, although its Celtic inscriptions are now virtually indecipherable. Inside the church, the window sills carry Viking and Ogham (Celtic) inscriptions, and there is a 6th-century stone inscribed in Latin and Ogham.

Still within the boundaries of the Pembrokeshire National Park are the undulating moorlands of Mynydd Preseli. The druids thought this area to be sacred, and came here 4000 years ago to quarry the spotted blue dolerite stones for Stonehenge from Carn Menyn. It is an area with a wealth of historical features: Bronze Age antiquities, hut circles, round barrows, standing stones and the most highly prized cromlech in Wales, Pentre Ifan. Stories of this mysterious area are well documented in the *The Mabinogion.*

The Brynach cross in Nevern churchyard.

Nevern church.

Today, visitors to Dewisland bask on the golden sands of Whitesands Bay, from where St Patrick sailed for Ireland. Inland from Abercastell it is quite common to see daffodil plantations in full bloom towards the end of February, just in time for St David's Day on 1 March. Along the Pen-caer Peninsula, beyond the cliffs of Pwllden, is the wonderfully dramatic lighthouse on the islet of Ynys Michael at Strumble Head. Commanding a distant view of Cardigan Bay and the Gwaun estuary, it is often a good vantage point to catch a glimpse of the Rosslare ferry heading out of Fishguard. The lower town, or *y cwm*, like a quaint fishing village, is particularly attractive in the late evening sun and its narrow street, the gateway to the west coast resorts, has been the scene of many a traffic jam! Newport, its Welsh name *Trefdraeth* meaning 'town on the beach', was once the capital of the Barony of Cemmaes. At lambing time, the quiet, secluded bay is at its best, but the summer brings much-needed revenue from hordes of tourists.

It is believed that the most important cathedral in Wales started life originally as a humble monastic *llan* (the word originally meant 'enclosure' before adopting its later meaning of 'church'). At the beginning of the 6th century the seafaring Celtic saints, of whom St David was one, founded religious cells wherever they landed to give thanks for their safe journey across the seas in their flimsy skin-covered boats. The Vikings, who plundered the cathedral in 844 and 1091, had no respect of the sanctity of Dewisland, and it was left to the Normans to rebuild it. Their stonemasons set to work, using the purple sandstone from the cliffs of nearby Caerfai to build a monument worthy of the great Saint.

Some say that the exquisite stonework of the nearby Bishop's Palace, with its ornate parapets, crenellated walls and splendid windows, is even better than that of the cathedral. Although now largely in ruins, it is a testament to the skill of the workforce assembled by Bishop Gower in the 14th century.

Strumble Head lighthouse, five miles north-west of Fishguard.

Daffodils are collected in late February near Abercastell for distribution throughout Wales on St David's day. Because of a mild winter, this field has bloomed too soon and will be wasted. However, the bulbs will double up for next year's crop.

An aerial view of St. David's Cathedral and the Bishop's Palace.

The launch of the St Justinian's lifeboat at St David's Head.

The Pembrokeshire coast is a fascinating contrast. There are times when its rugged, often dangerous coastline seems to be bearing the full brunt of the Atlantic storms. At other times, the picturesque bays of Broad Haven, Porthclais or St Bride's are lapped by the gentlest of waves. The small, sheltered harbour of Solva copes equally well with both eventualities. Larger sanctuaries are scattered along the restless coast, and few are better known than the huge Milford Haven fjord, which once sheltered the largest ship in the world, the *Great Eastern*, in 1878. Viking war lords docked here, and Nelson used it on more than one occasion. Before the refineries came the area was a naturalists' delight, and most people now quite rightly scorn the ugliness. But a view over the tall refinery stacks and the countless pylons of the Pembrokeshire power station can still reveal some of the area's former glory.

Just across the estuary is the Castlemartin Peninsular. Here millions of years of geological upheaval, and the fierce buffeting of as many storms, have fragmented, twisted and eroded limestone buttresses into grotesquely shaped headlands. Against the blue-green sea, the whitish carbonate Stack Rocks provide the onlooker with some of the best cliff scenery in the whole of Wales.

Pembroke is a town which has lost little of its appeal over the years. Tenby, a distinctive medieval walled town perched on a limestone parapet, was once the home of the painter Augustus John, born in the Esplanade in 1878. It is a town of steep lanes, winding streets and one of the most attractive harbours in Wales. Haverfordwest, a former county town of Pembrokeshire, still retains some of its Norman features; most prominent is the frontal wall of the castle, over 12 feet thick, which overlooks the Western Cleddau from a steep, rocky crag.

Ramsey Island.▶

Some of the best features of Wales are also the least accessible: this is just as true of the islands as it is of the mountains and the lakes. The Welsh islands reward the intrepid visitor with spectacular scenery, teeming wildlife and one or two historical oddities.

Ramsey is separated (you might almost say 'protected') from the Pembrokeshire coast by the Ramsey Sound and some very sharp teeth in the form of a line of rocks known, appropriately, as the Bitches. Once the home of St Justinian, a friend of St David's, who was brutally murdered there, it now supports countless rabbits, deer and seals.

Guillemots resting on the Ramsey cliffs.

One of the seals for which Ramsey Island is famous.

Ramsey's rugged coastline.

The guillemot colony on Skomer Island.

There are over 70,000 breeding pairs of puffins on Skomer.

Skomer Island.

Also receiving the full brunt of the Atlantic storms are three islands with very Scandinavian-sounding names; Skomer, Skokholm and Grassholm. These are all bird sanctuaries which can be reached from Martin's Haven via the turbulent waters of Jack Sound and Broad Sound. Skomer has one of the largest seabird colonies in southern Britain, including 7000 pairs of puffins, together with razorbills, kittiwakes and fulmars. The cries of guillemots are everywhere, and at night the island is alive with over 100,000 Manx shearwaters, each one concealed in its burrow during daylight hours. Here, too, you are likely to see short-eared owls, and even a few peregrine falcons. For the ardent botanist, there are acres of pink thrift and white sea campion.

A gull guards her well-camouflaged chicks.

Skokholm's bleak red sandstone contrasts sharply with the dark, igneous rock of Skomer. Skokholm was one of the first of Britain's wildlife sanctuaries, and boasts Britain's first Bird Observatory, built in 1933. The keen ornithologist may spot a rare American visitor among the local wheatears, oystercatchers, gulls, terns, puffins, Manx shearwaters and storm petrels.

It will take a strong stomach to attempt the nine-mile crossing to Grassholm in rough weather, and an even stronger one when you get there. What appears initially to be a white carpet over the dome-shaped island becomes on closer inspection a colony of over 60,000 gannets, and their guano. It is an amazing spectacle – but it's definitely a clothes-peg-on-the-nose job!

The lighthouse on Skokholm Island, with a carpet of pink thrift in the foreground.

The gannetry on Grassholm Island is said to support over 60,000 breeding pairs.

The red sandstone rocks of Caldey Island.

In direct contrast, farther around the coast towards Tenby, is the quiet, religious sanctuary of Caldey Island. Here, reformed Cistercians still live by the rule of St Benedict, who advocated that the monks should be self-supporting. The nearby St Margaret's island supports an impressive colony of cormorants, with smaller groupings of other seabirds.

Father Richard is the Abbot of the Cistercian monastery on Caldey.

The navigator and winchman, 202 squadron, RAF Brawdy.

An ambulance stands by to rush the casualty to hospital.

The rescue victim.

I was feeling decidedly the worse for wear as the Sea King helicopter hovered over the murky waters of the Severn estuary. The weather was deteriorating badly; the wind was blowing furiously, and just a few minutes before we had been pelted with hailstones. A look at the calm, competent faces of the winchman and navigator was reassuring, even if it didn't improve the state of my stomach!

Our mission was to link up with SARA I, II and III, bases of the Severn and Avon Rescue Association. Then a message came over the headphones from SMRCC, the Swansea Maritime Rescue Co-ordination Centre. Our instructions were to rendezvous with the Chepstow coastguard near the Severn Bridge area. They had made contact with a man in a dinghy who was suffering from hypothermia and required fast assistance. The pilot soon had the Sea King over the exact location. No time was wasted as the winchman was lowered to the dinghy, and within minutes the man had been harnessed and hauled to safety.

Operations like these are everyday occurrences for these dedicated professionals. Sometimes it's a practice run, and sometimes the real thing. They may be rescuing a fisherman off Cornwall, a cliff-faller at Aberystwyth, or assisting at a pile-up on the roads. Some of their assignments can be extremely dangerous: a cabin cruiser on fire in the Bristol Channel, or a ferry with hundreds of passengers burning furiously off Fishguard. One thing can be almost guaranteed: the time they are needed most is when the weather is at its worst. Fortunately, they are equipped for any emergency; they can even operate in dense fog, with their sophisticated electronic navigational aids.

Despite the obvious risks, the crews of 202 Squadron, RAF Brawdy seem to enjoy their work tremendously. Having sat with them for only a few hours in cramped, deafeningly noisy conditions, buffeted by the wind and with the vibration almost tearing the camera from my hands, I am full of admiration.

The winchman being lowered on to the Green Bridge of Wales. ▶

Wild Atlantic breakers pound St Govan's Head.

From the air, the beauty of the Milford Haven area can still be appreciated.

The main street of Pembroke.

As a biologist, I was fascinated by the workings of the Carew Oyster Farm, which I found on the Cleddau estuary.

In open water, the three million eggs which may be produced by an adult oyster would have a less than one per cent survival rate. Here in the protected two acres of lagoons, many more of them grow to maturity. The larvae, initially free-floating, settle into specially-prepared nursery pots suspended from rafts anchored in the lagoons. Fine-meshed sieves prevent them being washed out of the pots, and protect them from predators, while a pumped circulation system brings in their food. The shallowness of the lagoons encourages the growth of algae, thus producing the phytoplankton on which the sprat feed.

On reaching 15mm in length, the sprat are transferred to meshed bags, and later transported by plywood-clad polystyrene pontoons to the Cleddau estuary. Here they are attached to timber trestles and allowed to feed on the twice-daily tidal waters of the River Carew. As well as plankton, the tides also bring in the marine fouling organisms such as barnacles, so familiar to sailors, which can settle on the bags. To prevent these causing too much of a clogging problem, each of the 10,000 or so bags is turned once a month. Each year, they are brought in on rafts for grading and re-bagging. At 100 grammes they are considered to be of marketable size; this can be achieved in two years, but may take as long as seven!

Oysters being graded.

The oysters are laid out in meshed bags on trestles in the Cleddau estuary, where the incoming tide will bring them vital planktonic food.

Each metal mesh bag is then transferred again to the trestles on the rising tide. Those required for the market will be pressure-hosed before finally being placed in purification tanks, where UV-treated water is circulated through them for two days to kill the bacteria.

An entrant in the Welsh Town Crier's Championship at Tenby.

Tenby harbour.

Dylan Thomas's house
at Laugharne,
on the Taf estuary.

Images of Wales

Town criers at Tenby.

The Victorian spa town of Llandrindod Wells became popular with the gentry in Victorian times, after the health-giving properties of its water were discovered by Dr Williams of Aberystwyth. These days, every August is pleasantly interrupted by its week-long Victorian festival, which takes over the whole town.

LEEDS

MISS FLOWER

The Tanat Valley,
near Pistyll Rhaeadr.

The Swallow falls, on the river
Llugwy near Betws-y-coed.

Crafnant Water, in a windy corner of the Carneddau range.

Bwlch-y-groes, at 1790 feet the highest pass in Wales.

The Mawddach estuary.

The transporter bridge at Newport, built in 1906, and 117ft high. ▶

WALES
EARLY 20TH C
The Skerries
Cemass Bay
Amlwch
ANGLESEY
Moelfre
Holyhead
Rhoscolyn
Aberffraw
Beaumaris
Llangefni
Bangor
Newborough
Menai Strait
Caernarvon
Snowdon
Puffin I.
Gt. Orme
Llandudno
Colwyn Bay
Conway
Carneddau
R. Conwy
Rhyl
Prestatyn
Rhuddlan
Holywell
Abergele
St. Asaph
Flint
Denbigh
FLINTSHIRE
Mold
Ruthin
R. Clwyd
DENBIGHSHIRE
Llanrwst
Betws-y-Coed
CAERNARVONSHIRE
Holt
Wrexham
Bangor
Overton
Beddgelart
Blaenau Ffestiniog
Nevin
Eifl
Criccieth
Portmadoc
Bala
R. Dee
Corwen
Llangollen
Pwllheli
Trawsfynydd
Berwyn
Braich y Pwll
Bardsey Is.
Aberdaron
Harlech
MERIONETH
Rhinog
Aran Fawddwy
FLINTSHIRE DETACHED
(MAELOR SAESNEG)
Trwyn Cilan
Barmouth
Dolgellau
Llanfyllin
Cadair Idris
Dinas
Mawddwy
Meifod
Welshpool
R. Severn
Tywyn
R. Dovey
MONTGOMERYSHIRE
Cardigan Bay
Aberdovey
Machynlleth
Montgomery
Borth
Plynlimon
(Pumlumon)
Llanidloes
Newtown
Aberystwyth
Devil's Bridge
Knighton
Rhayader
RADNORSHIRE
Presteigns
CARDIGANSHIRE
Aberaeron
Strata Florida
New Radnor
New Quay
R. Teifi
Tregaron
Llandrindod
Wells
Builth
Lampeter
Llanwrtyd
R. Wye
Strumble Head
Cardigan
Llandysul
Mynydd Epynt
Hay
Newport
Newcastle Emlyn
Llandovery
Talgarth
Fishguard
Mynydd Preseli
CARMARTHENSHIRE
BRECONSHIRE
St. David's
R. Towy
Brecon
Black
Mountains
Ramsey I.
PEMBROKE-
SHIRE
Llandeilo
Brecon
Beacons
Crickhowell
Carmarthen
Fforest
Fawr
St. Bride's Bay
Haverfordwest
Laugharne
Black
Mountains
Abergavenny
Monmouth
Skomer I.
Milford
Kidwelly
R. Rhondda
Merthyr
Tydfil
MONMOUTHSHIRE
Pendine
Skokholm I.
Llanelli
Usk
Milford Haven
Pembroke
Tenby
Neath
Pontypool
Chepstow
Swansea
Caldy I.
GLAMORGAN
St. Govan's Head
Manorbier
Gower
Port Talbot
Pontypridd
Margant
Caerphilly
Newport
Severn Bridge
Worms Head
Port Eynon
Kenfig
Llantrisant
Bridgend
Porthcawl
Cowbridge
Cardiff
Llantwit Major
Barry
5 0 5 10 20 30
Scale of English miles